HERMES

在古希腊神话中，赫耳墨斯是宙斯和迈亚的儿子，奥林波斯神们的信使，道路与边界之神，睡眠与梦想之神，亡灵的引导者，演说者、商人、小偷、旅者和牧人的保护神……

西方传统 经典与解释 HERMES
Classici et Commentarii

迈尔集
Heinrich Meier's
Gesammelte Schriften
刘小枫◎主编

政治哲学与启示宗教的挑战

Politische Philosophie und die Herausforderung der Offenbarungsreligion

[德]亨利希·迈尔 Heinrich Meier | 著
余明锋 | 译

華夏出版社

古典教育基金·蒲衣子资助项目

“迈尔集”出版说明

1988年，迈尔（Heinrich Meier，1953—）因发表《隐匿的对话：施米特、施特劳斯与〈政治的概念〉》（1988/1998/2013）一举成名，时年35岁。

人们以为迈尔是研究施米特的专家，其实，他的本行是卢梭研究。31岁那年，他出版了卢梭《论人类不平等的起源和基础》的法-德对照考订笺注本（附三个手稿残篇，还有涉及《论不平等》的书信、评论和对批评的回应等历史文献），就版本校勘和笺注而言，法国的卢梭专家编订的本子也相形见绌。

迈尔出生的前一年（1952），西德政府与占领军经过九个月谈判，在波恩签订了确认相互关系的“一般性条约”（史称《波恩条约》）：美、英、法三国结束对德国西部的军事占领（柏林除外），承认其为“国际社会中自由平等的一员”。可是，《波恩条约》之一《关于外国军队及人员在德意志联邦共和国境内的权利和义务条约》规定，美、英、法三国仍保留在联邦德国驻军的权利，所谓联邦德国获得了“内部独立权”无异于自欺欺人。迈尔做《论人类不平等的起源和基础》的法-德对照考订笺注本，恐怕不仅仅是出于政治思想史的旨趣：何谓“国际社会中的自由平等”？

从为考订本撰写的导言来看，迈尔熟悉施特劳斯提倡的“字里行间阅读法”。这让笔者感到好奇：迈尔还在念大学的时候，施特劳斯就去世了，他从何得知施特劳斯的思想？直到今天，施特劳斯在德语学界也算不上什么如雷贯耳的人物，何况迈尔上大学的1970年代。

迈尔那么年轻就遇上施特劳斯让笔者羡慕，更让笔者感激，因为他随后投入了大量时间和精力考订编辑施特劳斯的早期文稿和书信，让后学受益无穷，为学界作出了具有思想史意义的重大贡献。

迈尔的学术思考有幸在一开始就追随施特劳斯关切的根本问题，即追问何谓真正的哲人生活。在现代学术语境中，这个问题仅仅对极少数人来说具有迫切性和严峻性。如今大多数学人根本不觉得这是个问题，因为我们已经认为，实现民主是一切思考的前提。

欧洲进入民主时代之后，最具争议的思想家莫过于卢梭和尼采——他们是真正的哲人吗？卢梭显得是“人民民主”的思想家，尼采则痛斥民主思想，叱骂卢梭是“毒蜘蛛”。迈尔模仿施特劳斯的读书方式识读卢梭和尼采，得出的结论让人刮目相看：卢梭与尼采都是真正的哲人。

迈尔年轻时细究过施特劳斯与施米特之间的“隐匿对话”，差不多三十年后，迈尔提醒读者，他释读卢梭和尼采的专著应该被视为姊妹篇。这是否在暗示我们，尼采与卢梭也有过“隐匿的对话”？对话不得不以“隐匿”形式呈现，多半是政治处境的含混和严峻使然。毕竟，美国对德国的占领绝非仅仅是军事性的，毋宁说，文教性的占领更为有效。如今德语学界的现状的确让人们有理由问：德国还会产生真正热爱智慧的头脑吗？

迈尔的写作风格明显模仿施特劳斯的《思索马基雅维利》，

其形式特征主要体现为：语言表述具有沉思品质，注释非常讲究，以辅助正文铺展思考线索。笔者相信，迈尔的论著为以哲学方式阅读经典作品树立了榜样，这意味着，模仿施特劳斯不仅可能而且值得。

我们的文教领域早已被美国占领，即便我们在军事上有底气也有能力排斥美国的军事占领。既然如此，迈尔的论著系列对我们中的极少数人的思考肯定具有启发性。

刘小枫

古典文明研究工作坊

2019年5月

目　录

中译本序

一

政治哲学如今已是一个颇为流行的词语，以此为题的著作或文章不计其数，可人们对于何谓政治哲学，或许仍然少有深入的思考，大概也并不觉得有什么深思的必要。政治哲学嘛，顾名思义，是对政治的哲学思考；就像科学哲学、文化哲学或教育哲学等名词一样，所指无非哲学的一个分支领域。这种看法当然并不算错，可这与本书所讨论的“政治哲学”基本上是两回事，或者用作者迈尔自己的话来说，只有“擦边而过的关系”。迈尔有他自己的政治哲学概念。从全书构造来看，第一篇《为何政治哲学?》着力阐明这一概念，而另外两篇则是“对 2000 年这份纲领性草案的印证和充实”（前言，段 4），因此，在一定程度上，我们可以说，具体地规定政治哲学、将作者对政治哲学的独特理解区别于通常的流俗理解、深入阐发这个概念所包含的实事领域和问题结构，正是这本书的主旨所在。

无论是在时间次序上还是在事理上，我们都首先生活于日常的意见世界之中。这个先在的生活世界以一系列“意见”或“熟知”为组成要素，这些要素构成了我们的共识，特别是我们在基本价值和习俗道德上的共识。共识既规范着我们的生活，又让个体感到熟悉和安稳，由此在根本上维系着政治体的秩序，组成了一个有着高度凝聚力和认同感的政治共同体，一个有着决断和行动能力的“共我”。对于这样一个生活世界来说，习俗、传统和权威都有着不容置疑的价值。而哲学思考却恰恰要打破生活世界中未经反思的自明性，要悬搁判断，要质疑习俗、传统和权威的真理性，要变“熟悉”为“陌生”，要从“意见”上升到“真理”。哲学的发问以“什么是”或“是什么”（Was ist）为基本语式，它追问事物的本性或自然，它把目光从切近引向遥远，从当下的行动生活引向忘却时间的沉思。与共同体的需要相比较，哲思在本性上是“疯狂的”，是“出轨之思”（德语中的 verrückt 意为疯狂，而其字面含义恰是“出轨”或“越位”）。如果一个人不是偶有“出轨之思”，而是为爱欲所充满，以思想为自己的生活，安居于常人眼中的无家可归，那就是所谓的哲人了。哲人是以哲学为家的人，对于哲人而言，哲学乃是一种生活方式——这是迈尔的政治哲学概念的起点。政治哲学的第一要义在于重申哲学的本义乃是一种生活方式，或者说，在于重新思考什么是哲学。

迈尔的政治哲学概念以哲学生活概念为出发点和归宿，另一方面，哲学生活概念又必需政治哲学概念，因为一旦哲学被理解为一种生活方式，追问者就由此重新回到政治的领域：他就必须面对政治共同体对于“好生活”的判断或定见，意识到政治生活与哲学生活之间的张力；他必须掉转追问的矛头，反观政治体的礼法与信仰，并反思自身的正当性与合理性。政治哲学所要完成的就是这样一种转向：仰望星空的目光被重新拉回人间，疯狂的哲人重获审慎的品质。如果没有完成政治哲学的转向，那么哲学就会“蔽于天而不知人”，就缺乏真正意义上的自我认识，就仍是盲目的。如此意义上的政治哲学着眼于哲人的自我认识，是对反思的反思，是将哲学反思带向它所需要的完成。可见，“为何（warum）政治哲学?”这个问题本身就采取了政治哲学的提问方式，它要求我们在“何以（wozu）是好的”这一视域中探究“是什么”（was）的问题，或者使得对于“是什么”的追问无法脱离对于“何以是好的”这一问题的回答（《为何政治哲学?》，段19）。并且，“为何政治哲学?”还指向一个更本源的问题，即“为何哲学?”（《为何政治哲学?》，段23）。

在政治哲学概念的理路中，哲人与政治之间有着奇妙的出离又回归、上升又下降的关系。这是事情本身的性质使然。没有对习俗（政治领域）的超越，就不会有自然（哲学）的视野，所以首先总得出离。然后才能回归，也总得回归，否则，反思的事业就仍然悬在半空，停留在反思的中途。这种运动结构也表现在“为何哲学”的具体论辩中。在迈尔看来，对“为何哲学”这个奠基性问题的回答无法寄希望于所谓的“第一哲学”。因为，一方面，哲学的爱欲固然同样被“第一哲学”的问题所吸引，却不可能也不需要达至完满无缺的“智慧”，而是完全可以满足于“爱-智慧”本身的无尽追索（用尼采的话来说，教条主义者和体系哲学家们不懂爱，不会调情，不知道如何赢得真理这个女人的芳心）；另一方面，对这个问题的回答，关系到哲人的生活基础，每个哲人必须在当下亲自完成这一问答过程，而不是等待体系工作在将来某一时刻的完成。哲学之为爱智慧的生活，并不预设人类对终极问题会有最后的答案，但一定需要证明，对终极问题的探求是合理的。这种证明只能采取苏格拉底式的辩证法、在与替代者的论辩中完成。正是在这里，哲人遇到了神学—政治问题。人们可以用政治信念或宗教信仰的名义来质疑哲学生活的合理性，因为就"什么是正确生活"的问题，此两者都给出了自己的答案，都对哲学提出了挑战。其中，以政治本身为名义的答案，虽然要求服从，却并没有真正的真理诉求。而只要宗教没有超出政治共同体的诉求范围（如公民宗教），那么哲学在它面前所需要做的就还只是政治的辩护。启示宗教却不然。启示宣称自身是道路、真理和生命，是上帝的恩典，只有信仰之服从才能把原罪之人引向救赎。哲学的怀疑和追问试图仅仅以人的智慧来探求真理，仅仅在人类智慧的基础上回答道路和生命的问题，这只能是虚妄的骄傲，是罪。启示宗教的真理诉求在根本上否认了哲学生活的正当与合理，哲学在此遇到了最严苛的挑战者。启示宗教的挑战当然有政治的层面，不仅对哲学生活的现实可能性提出挑战，也对政治共同体的权威提出了挑战，面对启示宗教的挑战，政治哲学需要在政治上反驳任何形式的神权政制，将宗教重新纳入政治需要的规约之下（详见第三篇《政治的权利与哲人的认识》，第二篇《哲学的更新与启示宗教的挑战》也部分地涉及这一方面）。可启示宗教的挑战还有超越政治的层面，此即上帝及其福音的真理性问题。随着真理问题的展开，政治哲学又一次出离了政治。政治哲学的神学—政治辩证法由此而超越了客观精神的层面，达至绝对精神的领域。可如果我们一直停留在这个领域，就无法有效地回答启示宗教的挑战，就只能在事实上拖延问题的回答。因为，在终极问题获得完满的解答之前，人类又如何能够证明或证伪上帝的存在呢？就哲学生活的奠基而言，上帝的存在问题仿佛一个思想的泥潭，让人裹足不前。于是政治哲学另辟蹊径，转向对上帝属性的论辩。一方面就信仰者对上帝属性所做的断言进行分析，把诸如爱和公义等属性回溯至政治生活的基本需要，此即所谓的针锋相对论证，因为它以信仰所宣称的神性作为基础展开论证，揭示对方所没有意识到的前提和矛盾；另一方面通过对哲学意义上的“完满存在者”的刻画来描绘哲学生活，并确立自然神学的标准。如迈尔所解释的那样，在施特劳斯的《思索马基雅维里》中，针锋相对论证将启示宗教的上帝揭示为僭主；与此相应，我们可以说，自然神学论证确立了有德君主的标准。神性问题和政治问题在此出现了有趣的相关性。随着神性问题的论辩，政治哲学又一次回到了政治的领域，由此赢得对话得以展开的地基。但和第一次一样，超越之后的回归都不再局限于原点。“什么是神？”这个问题最终所指向的是作为生活方式的哲学，是哲人的自我认识。

二

“本书尝试将政治哲学规定为哲学概念，并让政治哲学面对面地经受启示宗教的挑战。”以上所论，可以说，是对这句开篇语的一个诠释。而作者的这句开篇语，又可以视为他就本书标题所做的一个说明。“政治哲学”与“启示宗教的挑战”之间的“与”，不是一个偶然的关联，而是内在于“政治哲学”这个哲学概念本身当中的联系。“启示宗教的挑战”（Herausforderung der Offenbarungsreligion）其实有着双重含义。首先并且主要的含义是启示宗教对政治哲学所提出的挑战，这也是通常的读法；其次的含义是政治哲学向启示宗教提出来的或启示宗教在这本书中所受到的挑战，这第二层含义是隐藏着的、其次的，但并非不重要。以上分析也大致说明了，政治哲学与启示宗教的“面对面”，这种神学—政治辩证法的展开，最终服务于哲人的自我认识。挑战亦激发被挑战者加深对于自我的反思，书名当中的 Herausforderung 因而在“挑战”之外，其实还有“激发”的含义（就此可参看施米特在《政治的概念》的重版序言中对 Herausforderung 的双重含义所做的运用和解说：“在这里，德语词 Herausforderung 既有 Challenge［挑战］，也有 Provokation［激发或触发］的含义。”）对于政治哲学来说，启示宗教的挑战同时又是一种激发。无疑，在这两种类似的情况下，译者只能取词语在文本当中的主要含义，这是翻译所不得不接受的局限。

德语当中的 Lehre 和 Doktrin 在汉语中只能一并译为“学说”，可在迈尔那里，这两个概念有着细微的差别。简单来说，Lehre 含义较广，Doktrin 含义较狭，Doktrin 是 Lehre 当中容易作为教科书内容或学派共见来传讲的一种。比如，亚里士多德的德性学说，马基雅维里的命运学说，卢梭的公意学说，以及施特劳斯的“古今学说”，在原文中都是 Doktrin。将施特劳斯的古今学说界定为 Doktrin，是这本书的核心文章《哲学的更新与启示宗教的挑战》的论题之一，也是全书中最为惊人的部分之一。译者将 Lehre 和 Doktrin 一并译为“学说”，但在 Doktrin 出现的地方，除了明显重复之外，都标了原文。当然，对于迈尔来说，更根本的是思想（Thought，Denken）与学说（Teaching，Lehre）的区分，其次才是 Lehre 与 Doktrin 这一从属区分。思想与学说的区分是其解释学的基本入手点。这里无法展开论述迈尔的解释学（具体可参看《施特劳斯的思想运动：哲学史与哲人的意图》，中文载《隐匿的对话》，以及本书第二篇第一部分)，只能联系本书第二和第三篇的副标题对之加以简单说明。专为本书而作的第二篇和第三篇事实上构成了本书的主体部分（在这个意义上，又可以把第一篇读作全书的引论)，第二篇侧重从理性奠基的角度，第三篇则侧重从政治辩护的角度，回应启示宗教的挑战。而这两篇的副标题又有着相同的结构："论施特劳斯《思索马基雅维里》的意图"和"论卢梭《社会契约论》的意图"。所谓"论述意图"，实际上是要通过解构哲人在著作中所构造的学说，来进入学说背后的思想运动。这个解构、进入、运动的过程围绕着"政治哲学的实事"，参与了神学—政治问题的提出和解答，而参与者也在这个过程中完成哲学生活的奠基并深化哲人的自我认识。在此意义上，迈尔把施特劳斯的《思索马基雅维里》称为一本"用评注和批判来保障"、"以至高的精审所写成的神学—政治论"（《哲学的更新与启示宗教的挑战》，段1)。在"评注"这种学术文体底下隐含着的，是一篇神学—政治论。而这也适用于迈尔自己的"意图"论述。

与 Lehre/Doktrin 情况相反的是，Volk 一词在德语中具有可能的含糊性，在汉语中却要准确地区分为"人民"和"民众"，这两个词语的色彩差别甚大。大概来说，在有关马基雅维里的第二篇中，Volk 基本上意为与"君主"或"贵族"相对的"民众"，而在有关卢梭的第三篇中，Volk 基本上意为拥有主权、囊括了整个政治共同体的"人民"。当然这一区分在事实上并非绝对，因为民众是人民当中的绝大部分，在人民主权的共和理念之下，民众与人民的区别往往只是概念侧重点和修辞色彩的差异。为避免混乱，在第二篇中，统一把 Volk 译为“民众”，在第三篇中则统一译为“人民”。至于马基雅维里那里的“民众”在文中少数地方是否有“人民”的含义，而卢梭那里的“人民”在文中少数地方是否有“民众”的含义，就要读者自己去体会了。

三

第一篇《为何政治哲学?》之前已有林国华译本（题为《为什么是政治哲学?》，刊在《隐匿的对话》，华夏出版社，2007），译者在翻译时作了参考。第二篇中引自《思索马基雅维里》的段落，译者也对照了申彤译本（题为《关于马基雅维里的思考》，译林出版社，2003）。翻译第三篇的时候，引自《社会契约论》的段落均根据何兆武译本（商务印书馆，2003），译者只在少数几处根据迈尔的德文译法做了调整。刘小枫教授看了初稿，在汉语方面提出了很好的建议，让我受益匪浅；编辑陈希米女士帮我改正了诸多错漏；学友斐迪南德（Ferdinand Deanini）和瑞恩（Ryan Scheerlinck）在拉丁语和法语方面给予译者很多帮助，在此一并致谢。感谢我的博士生导师孙周兴教授，在他 2007 年秋季开设的海德格尔翻译课上，我学会了翻译的基本常识和感觉。最后要感谢迈尔教授五年来的悉心教诲，能有这样的老师，是学生的幸运和幸福。

译事艰难，译者能力也有限，若有不当乃至错讹，望读者批评指正。

余明锋

2014 年 3 月 19 日于慕尼黑

前 言

[7] 本书尝试将政治哲学（Politische Philosophie）规定为哲学概念，并让政治哲学面对面地经受启示宗教的挑战。本书所依循的看法是，哲学必须与可能提出来反对自己的最强有力的异议相对峙，必须在这种对峙中证明自身的权利和必然性；本书还主张，这种对峙该成为政治哲学的职责（Officium）所在。正如哲学不能被理解为一门学科或一个文化领域，政治哲学也不能被理解为哲学花苑中的一块田地或一个特殊分支。政治哲学毋宁是一种特殊的转向，是一种观看方向和提问方向的转变，这种转变为哲学在整全中奠定了一种分别。因为，哲学只有在对其前提的沉思中，在与其最为严苛的替代者的相遇中，才能完成自身的反思性。本书的第一部分在对其实事的一种四重规定的意义上来把握政治哲学的概念：按照政治哲学的对象，即政治事物或人类事物；作为哲学的一种样式或着眼于哲学生活的政治辩护；顾及哲学生活的理性奠基；以及最终作为哲人的自我认识之所，而这又将其他三重规定连成一体。这四个要素相互交织，构成了一个既分殊又贯通的整全，整全有着各式各样的历史形态，却又保持着内在的统一。第二和第三部分则通过解释政治哲学的两篇杰作来示范性地阐明这个概念。

位于中心的是对施特劳斯（Leo Strauss）最复杂也最有争议

的著作《思索马基雅维里》（*Thoughts on Machiavelli*）的深入研究。施特劳斯把“政治哲学”的概念［8］引入了哲学论述，在他的这本内容最为丰富的著作中，施特劳斯将标志着政治哲学开端的苏格拉底问题与命名了现代政治哲学开端的马基雅维里问题连接起来。位于苏格拉底与马基雅维里之间的是启示宗教的神学和政治挑战，《思索马基雅维里》是施特劳斯就此写下的最为惊人的论述。

第三部分包含对卢梭（Jean – Jacques Rousseau）《社会契约论》（*Du contrat social*）的一种新解释。对这本书的理路和构造的解析说明了，只要还没有把它读作对于一切形式的神权政治构想的系统的政治哲学回答，就无法恰切地理解卢梭这本最为著名的著作。《社会契约论》清楚地规定了政治的权利和边界，在这方面，没有任何另一本现代哲人的著作能够与之媲美。

《为何政治哲学?》本是我于 2000 年 2 月 16 日在慕尼黑大学大礼堂所作的教授就职演说。它在 2000 年单独发行，2001 年再版，并被译成了五种语言。德文原版已脱销很久。另外两篇是对 2000 年这份纲领性草案的印证和充实，两篇皆专为本书而作。《哲学的更新与启示宗教的挑战》写于两个讨论班期间，即我于 2010 年夏季在慕尼黑大学和 2011 年春季在芝加哥大学社会思想史委员会所开设的《思索马基雅维里》讨论班。2012 年春季在芝加哥举行的《社会契约论》讨论班为《政治的权利与哲人的认识》做了准备。在 2012 年 9 月、10 月和 12 月于哈雷大学、苏黎世大学和柏林自由大学的公开演讲中，我宣读了此篇第 1 和第 2 节的部分内容。我从 1974 年开始着手研究《社会契约论》。2000/2001 年冬季学期和 2006 年夏季学期，我在慕尼黑的讨论班都以《社会契约论》为主题；很久之前，在 1980 年夏季，我受黑尼斯（Wilhelm Hennis）邀请和他一起在弗莱堡大学所举办的讨论班，也以《社会契约论》为主题。[9]《思索马基雅维里》则在 1977 年 10 月的第一次阅读后就一直陪伴着我。它属于那种要求读者日思夜想并能日夜从中受益的书。

迈 尔

2013 年 4 月 8 日，芝加哥

为何政治哲学？

[13]我们都知道阿里斯托芬在《云》(*Wolken*)中为哲人和非哲人们所描绘的哲人画像。这部极著名也极为值得深思的戏剧向我们展现的哲人，被一种炙热的求知欲所充满，完全献身于研究。哲人在选择研究对象的时候，既不让自己受爱国主义动机或社会利益所引导，也不让自己受善恶、美丑、利害的区分所规定。宗教禁令同多数人的权力和无知者的嘲讽一样，不能让他恐惧。他最为关心的是自然哲学和语言哲学，尤其是宇宙论、生物学和逻辑学问题。其精神力量之尖锐、科学精神之刚毅和语言能力之优越，为他吸引门生、赢得同工，襄助他进行动物学实验、天文学和气象学观察，或者几何学测量。哲人的自制和坚忍使得他能够经受在实施自己的科学计划时所遇到的一切匮乏。然而，他缺少审慎(Besonnenheit)。虔诚和正义并不在那些为他赢得声名的特征之列。对他来说，权威和传统没有任何意义。他在革新之际对古老而受人尊敬之物的顾忌，和他在教学时对性命攸关的社会需要的考虑，同样微乎其微，他与自己的朋友和门生一道处身社会的边缘。哲人从事研究的场所根本上靠外在的自愿捐助来维持，而且，这样的场所还多亏了其深深的孤寂和落寞才能存在。这场所仿佛一个气泡，只通过一点微弱的气流交换与周遭相连。而学派的预防措施又是如此不充分，[14]准入门槛又被运用

得如此草率，以至于门外汉只要愿意，无需进一步的能力检验，就可以被接纳，就能够成为最惊人的论断和论证的见证者。那情形，就仿佛哲人对一位新入门者说了类似这样的话作为开场白：人们在共同体中所敬拜的至高的神不仅不存在，而且不值得敬拜，因此根本就不是神。①

什么是政治哲学（Politische Philosophie）？何以必需政治哲学？我将尝试就此给出一个回答。我所勾勒的《云》中的前苏格拉底哲人形象有理由位于这一尝试的开端处。因为前苏格拉底哲学不仅在历史的意义上先行于政治哲学的转向，而且从事情的逻辑来说也位于它的前面。《云》在这个转向中扮演着关键角色，无论其名字与这一转向有着最为紧密关联的是否就是这位哲人，无论他是否前苏格拉底哲人在阿里斯托芬喜剧中的化身，也无论苏格拉底是自己在年龄更长之后完成了这一转向，还是从前苏格拉底的苏格拉底到政治哲学的苏格拉底的转向是由柏拉图和色诺芬完成的。无论怎样，这部喜剧对一个具有世界历史意义的过程的催化作用，都可以得到高度评价。② 我在此所指的首先并不是雅典民众在399年对苏格拉底的审判，虽然这个事件对于政治哲学的无可混淆的标志做出了决定性的贡献，虽然阿里斯托芬在他的喜剧中几乎一字不差地预告了后来的两点指控，即苏格拉底不信城邦所信的诸神，引入新神取而代之，以及他败坏了青年。③ 当历史学家首先想到苏格拉底之死

---

① 参看阿里斯托芬，《云》（*Die Wolken*），行367。

② 就此请参看施特劳斯，《苏格拉底与阿里斯托芬》（*Sokrates and Aristophanes*，New York，1966），页314。

③ 色诺芬，《回忆录》（*Memorabilia*）I，1.1；《苏格拉底在法庭上的申辩》（*Apologie des Sokrates vor dem Gerichtshof*）10；柏拉图，《苏格拉底的申辩》（*Apologie des Sokrates*）24b－c；《游叙弗伦》（*Euthyphron*）2c－3b；第

的时候，哲人所想到的是政治哲学的诞生。并且，《云》的作者应当在这一诞生中享有助产士的美誉。

[15]这部喜剧对前苏格拉底的苏格拉底所施加的批判并非一位敌人的批判。尽管它预告了公民审判程序中的两点指控，却又与之有着显著的区别。首先，阿里斯托芬将自己也算在他的苏格拉底的新神之列，也算作云神之一，从而将自己的声音传达给他们，甚至要置身他们的顶端；④ 其次，有目共睹的是，苏格拉底在《云》中所“败坏”的青年早在遭受哲学学说的危险影响之前，已经被他的父亲所败坏，并被不怀好意地送往苏格拉底那里。从学派领袖置身云端醉心于自然哲学的观察，到整个“思想所”毁于一位天真的公民之手——他为道德义愤所驱使、在一位奴隶的有力支持下、在一位神灵的掌声中，烧毁了苏格拉底及其同伴的栖身之地——整部喜剧的情节包含了一个不可忽视的告诫。这是一位朋友的告诫，阿里斯托芬及时地向苏格拉底发出了这个告诫。至于对诗人具有规定性的究竟是对朋友的关切，还是其他的想法和动机，我们在此就无需细究了。⑤

就政治哲学的实事来说，在阿里斯托芬以自己的方式对青年苏格拉底所施加的批判中，⑥ 有四点尤为重要。前苏格拉底哲人缺乏的首先是自我认识（Selbsterkenntnis）。他不知道什么对他而言是好的，可他缺乏的不只是这种洞见或者那行劝阻之事的苏格拉底的 daimonion［守护神］，后者会阻止他去同不利于他的人物

欧根尼·拉尔修，《名哲言行录》（*Leben berühmter Philosophen*）Ⅱ，40。

④ 阿里斯托芬，《云》（*Die Wolken*）合唱队主唱段，行 518–626。

⑤ 参看柏拉图，《斐勒布》（*Philebos*）48a–50a；以及施特劳斯，《苏格拉底与阿里斯托芬》，前揭，页 5–6。

⑥ 参看柏拉图，《书简二》（*Zweiter Brief*）314c。

和事物打交道。他特别缺乏的是一种清楚的意识，即没有明确意识到他和他的朋友们在多大程度上依赖于他们生活其中的共同体，而哲学研究和学说对这个共同体的基础、对其法律和组织的力量、对家庭的存续及其公民的政治观点与宗教信念又有着怎样的影响或能够有怎样的影响。与这第一个批评密切相关的，其次是哲人明显无能于令人信服地为哲学的生活方式奠基，[16]再次是几乎同样令人担忧地无能于为哲学生活进行有效的辩护。在所有这三点考虑中——即自我认识、对自身活动的奠基和对外保护——诗人都声称自己具有一种优越性，因为他知道如何用他的手段来操纵公民意见、如何亲自塑造哲人不得不维系其中的政治—神学现实。诗人优越的塑造能力最终基于一种对 politika[政治事物]的更好的理解和一种对人性的更出色的认识。这就是批判的第四个要点。与苏格拉底及其门生退居沉思之地（Phrontisterion）、献身于 physiologia[自然学]的研究不同，阿里斯托芬和其他那些在其喜剧中面向公共世界，同时向智者和愚者说话的云神们，洞察人类本性、精神能力与灵魂需要之殊异。在阿里斯托芬的苏格拉底口中，没有“灵魂”一词。⑦

阿里斯托芬的四点批判把我们直接引向接下来将要探讨的政治哲学的四重规定，或对于哲学何以必须完成政治哲学的转向这个问题的四重回答。这个答案分为四个要素，它们分别关乎：第一，政治哲学的对象；第二，哲学生活的政治辩护；第三，哲学生活的理性奠基；第四，政治哲学作为哲人的自我认识之所。我

---

⑦ “……他用空气替代了灵魂。”施特劳斯，《苏格拉底与阿里斯托芬》(*Sokrates and Aristophanes*)，页 31。施特劳斯的这本晚年巨著不仅是对《云》，而且是对阿里斯托芬全部作品的最重要的哲学评注。这里还要再一次请读者特别参阅这本书。

们将会看到，这四个要素互相交错，形成了一个分殊而又贯通的整全。阿里斯托芬在这部他自认为其最有智慧的喜剧中所做的批判，⑧ 索要一个回答（Eine Antwort），要求一个哲学的奠基，正是这一点体现了其批判水准。这还使它超越了[17]现代人与那“一个所谓的世界历史的转折点和旋涡”⑨ 的最为急迫的争执，并使它区别于两千多年来所有受它启发、想要重启苏格拉底审判的其他尝试。尼采对“理论人”的批判采纳了阿里斯托芬的主题，反过来用它来反对柏拉图的苏格拉底，这是尼采自己的政治哲学的一部分。尼采的批判在事理上预设了我们这里所谈论的哲学奠基，并且不只是历史性地位于其轨道之上。⑩ 另一方面，索雷尔（Sorel）将批判的矛头指向作为雅典公民的苏格拉底，并只关心哲人作为公众人物如何发生现实的影响，他的政治攻击所依据的有可能正是阿里斯托芬的批判所源出的保守主义精神。⑪ 然而，这种攻击却完全无法与阿里斯托芬的批判力量相媲美，后者——尽管或者恰恰因为它充满着友爱的精神——能够将批判对

---

⑧ 阿里斯托芬，《云》（*Die Wolken*），行522。

⑨ 尼采，《悲剧的诞生》（*Die Geburt der Tragödie*），*KGW* Ⅲ1，页96。

⑩ 参看尼采，《善恶的彼岸》（*Jenseits von Gut und Böse*），前言，格言28、30、40、61、190、191。

⑪ Georges Sorel，《苏格拉底的审判》（*Le procès de Socrate. Examen critique des thèses socratiques.*），Paris 1889。“国家转变成教会，公共力量置于各教派之手，如此便是苏格拉底派的理想。这样一种组织会让城邦中的一切趋向于首领们所理解的善。‘要么兄弟友爱，要么统统完蛋！’九三年的迷幻者们如此叫嚷。”（页9）“如同所有的智者，他[苏格拉底]致力于摧毁旧风俗。新的一代觉得前人如此欣羡的一切作品很是荒诞可笑。像阿里斯托芬和阿尼图斯（Anytus）这样的保守主义者则认为，只有用英雄诗篇去滋养年轻人，只有用这种老方法才能造就有英雄气概的一代又一代人。战争的大灾难过后，所有有头脑的人都分享这种看法。此即，复辟或灭亡。”（页235）。

象提升至一种至为根本的沉思，并最终强迫被批判者完成一种转变，这种转变在整全中建立了一种分别。

只有在政治哲学中，哲学才能达至其完全的反思性，就此而言，政治哲学的转向在整全中建立了一种分别。我们这里所谈论的政治哲学是哲学的一个特殊部分和一种特殊样式，我们在论述的时候始终考虑着它对 Philosophie tout court[总而言之的哲学]所具有的意义。[18]当今对于这个概念的使用将其不加分别地延伸至各种形式的政治理论，与我们所讨论的事情的四重规定只有擦边而过的关系。近来可以观察到的对“政治哲学”(politische Philosophie) 一语的泛滥使用，即用它来标榜任何一种政治意见、政治蓝图和政治信念，与我们的讨论更是毫不相干。随着世界的意识形态两分的结束和到那时为止具有支配地位的政治乌托邦的没落，对“政治哲学”的诉求成了一时的风气。可即便对于政治理论的根本问题的思考或者对于 Res publica[公共事物]之基础的非常严肃的谈论，也还是与政治哲学无关。因为无论是对政治议题和政治问题的合格的理论思考，还是处理这些问题时的严肃，就其本身而言，都还不是政治哲学的身份证明。政治哲学不能与一种 philosophie engagée[介入现实政治的哲学]相等同，正如不能与一种“公众哲学”或“现存秩序的哲学”相等同一样。政治哲学最为本己的使命既不是政治意义的创建、公众的提升和鼓舞，也不是公民的道德教育或充当政治行动的实践指南，无论它对于这些事务的贡献是多是少。我们在尝试回答“为何政治哲学?”的问题时所着眼的，正是这项使政治哲学区别于其他一切的使命，是政治哲学作为哲学并为了哲人而承担的使命。

政治哲学的对象是政治事物：共同体的基础，共同体成员的义务和权利，他们的行动目的和手段，对内和对外的战争与和平。就题材而言，政治哲学只构成了哲学的一个部分，可尽管如此，它的对象绝不只局限于人类生活现实的一个狭小片段。我们在其中所遇见的也不是诸多自主的生活范畴或“文化领域”中等次相同的一个。最好的政治秩序，正确的生活，正义的统治，[19]以及权威、知识与暴力的必要分量，所有这些政治哲学的中心问题只有在与其他一些问题的关联中才能恰切地提出，此即追问人的本性、人在动物与上帝之间的位置、人类精神的能力、人类灵魂的权能，和人类身体的需要问题。因此，政治哲学的对象是广泛意义上的人类事物，并且政治哲学的所有问题都要回溯至人之为人所要面对的一个问题：什么是正确的？如果一个人想要严肃地回答这个问题，如果他想要为自己弄个明白，他就会发现自己面对着许多相互矛盾的要求。他置身共同体的律法、上帝或人类的诫命之下，他遭遇到许多回答，这些答案要求服从或者想要得到贯彻。换言之，“什么是正确的”这个问题是在政治的领域中向人提出来的。这既标识了政治事物的等次，也说明了政治事物对于哲学而言的紧迫性。

既然政治事物有着这样的紧迫性，哲人又如何能够在某个时候低估或者忽视对政治事物的论辩呢？我在此仅限于就一种可能的回答给出三个简短的提示：正是那些互相矛盾的政治和神学要求促使哲人追问 nomoi［礼法］的前提和根基，并因此将他引向对于 physis［自然］的发现，促使他跟随自己的本性（Natur）；他的天性倾向规定了他的生活方式；而对于政治制度的习俗特征的洞见更加确证了其生活方式的正确性。他的求知欲和他的思想是朝向整全的，而初看起来，政治事物并不在其中具有突出的意义，反之，对永恒事物的静观、对第一原理的沉思或者对存在所发送讯息的聆听，看起来要比探究政治事物或仅仅人性之物（无论就其脆弱、非理性还是不确定性而言）来得远为尊贵。并且，对政治事物的哲学理解必定要以对最普遍的原理或自然法则的认识为前提，后者才使得远离意见之阴影世界和将政治事物提升到知识王国并在其中取得位置成为可能，[20]对政治事物的哲学理解不是也会因此而被视为次要的吗?

这些以及类似的一些考虑表明了哲学在何种意义上是先于政治哲学的，对此，我们的回答是：哲学的政治转向尤其基于一种洞见，即对于哲学的期待和哲人的价值判断本身必须得经受一番检验，而这种检验只有在对政治事物的探究、论辩中才能得以实行。正如献身真理的愿望或求确定性的意志以各种方式处于为一种新的教条主义或一种哲学的自我遗忘推波助澜的危险之中，因此而有待追问；同样有待追问的是，与哲学相关的对于崇高、高贵、美或高尚的诸种看法，对哲人所试图超越的共同体的政治、道德和宗教意见具有何种依赖性。于哲学而言的最为切近之物，需要哲学予以最为批判性的考察。这也适用于前苏格拉底的信念，即相信政治事物必定可以从各种第一原理出发得到解释，或者城邦的意见、习俗和制度可以在一种先行的对于真实存在者的认识的基础上被重构。柏拉图在《理想国》的洞穴比喻中唤起了对于这种立场的回忆，从而带着批判的意图追随这种立场，直至其最极端的结果，此即哲人王的假设（Philosophen - Könige - Postulat）。这同样适用于对一种bios theoretikos[理论生活]的展望，这种生活在对于高贵和最崇高之物的幸福沉思中获得完全的满足，它又是一副前苏格拉底的图景，亚里士多德在《尼各马可伦理学》第十卷中为这种图景树立了一座纪念碑。[12] 简而言之，这适用于一种智慧理想（Weisheits – Ideal），这种理想试图拆解关于原理的普遍知识与哲人的自我认识的联系，[13] 或者将一种所谓的纯粹知识［21］与那生长于痛苦[14]而又被快乐装上翅膀的知识相分离。

让我们回到前面的论述。如果政治哲学的各种核心问题都关乎“何谓正确”的问题，而后者又是在政治的领域中向哲人提出来的，那么，对于政治哲学来说，这就意味着它无法回避政治的风险。从对其对象的研究中同样也生出对可能发生的政治影响抱有政治警惕的必要性。换言之，政治哲学的对象规定了政治哲学的样式。所以，政治哲学从一开始就一直是政治的哲学，是哲人的政治行为，并且首先是被环境所促发的、服务于哲学的政治行为：对哲学生活的保护和辩护，或者一种包含了对于未来哲人的关切的、友爱政治（Politik der Freundschaft）的行动。可正如我们所看到的那样，哲学并不只是在公开讨论“何谓正确”的问题并深入研究政治事物的时候才需要保护。作为一种生活方式，哲学本身就已经是对“何谓正确”的问题的一个回答。它已经划分了敌友。哲学因此而在根本上——无论它自己对此是否有清楚的

---

⑫ 亚里士多德，《尼各马可伦理学》（*Nikomachische Ethik*），X，6 – 9（尤其 1177a12 – 28，b19 – 26，1178b7 – 23）；参看 VI，7（1141a16 – 20，1141b1 – 8）和 I，3（1095b19，1096a4）；另参《劝学篇》（*Protreptikos*），Ingemar Düring 编，B29，50，86。

⑬ 将这种智慧理想当作哲学生活的指路明灯乃是一种自我误解，对于这种自我误解，Seth Benardete 有精辟的论述：“智慧是洞穴里的偶像。”《苏格拉底的第二次航行》（*Sokrates' second Sailing. On Plato's* Republic，Chicago，1989），页 179，参看页 178 和 192。

⑭ 参看 Aischylos，《阿伽门农》（*Agamemnon*），行 178；《普罗米修斯》（*Prometheus*），行 585 – 586。

意识——需要政治的辩护。

以为曾经能够在“政治的无辜”中发现自然，是一个错误。相信通过回退到政治哲学之前、回溯到前苏格拉底的physis[自然]之思，便能回归到一种政治哲学所远离了的且让我们远离了的“本原的和谐”，同样也是一个错误——尽管有些现代哲人持有这种看法，就仿佛自然之思不是与nomoi[律法]批判同根同源似的。⑮ 阿里斯托芬的《云》及其首演前几年所发生的[22]对阿那克萨哥拉的无神论指控——这项指控将那位伊奥尼亚的自然哲人逐出了雅典——已经足以提醒我们，physiologia[自然学]研究在那时可以是一件具有高度政治含义的事件。哲学本然地处于一种棘手的境地，向politika[政治事物]的转向是这种境地带来的一个结果。这种转向使得哲人可以在公众面前为哲学进行政治辩护，同时又将公众的政治—道德—宗教律法置于哲学的追问之下，以促成它们的改良。只要看看柏拉图、色诺芬和亚里士多德在希腊城邦以及西塞罗在罗马如何为哲学赢得声望，阿尔法拉比、阿威森纳和阿威罗伊在伊斯兰世界或迈蒙尼德在犹太世界如何确保哲学生活方式的延续，现代政治哲人（首要的是马基雅维利、培根、霍布斯和斯宾诺莎）又如何争取国家来保护哲思的自由，就可以见出政治哲学在上述两个方面取得了怎样的成就。这些哲人的大部分著作都得到了保存，而在面对前苏格拉底哲人的时候，我们却只能满足于可怜的残篇，单单这个事实就已经很有说服力了。

---

⑮ 对此请参看我的后记：《一种神学的抑或一种哲学的友爱政治?》(*Eine theologische oder eine philosophische Politik der Freundschaft*?)，载《隐匿的对话》(*Carl Schmitt*, *Leo Strauss und* Der Begriff des Politischen. *Zu einem Dialog unter Abwesenden.* Erweiterte Neuausgabe, Stuttgart – Weimar 1998, dritte Auflage 2013)，页179–180。

在一种友爱政治的意义上，政治哲学试图跨越代际地保障哲学生活的政治前提，为此它不但要注意其眼下的直接保护，还得同样留心哲学对于共同体的益处。从长期来看，这两个目标之间是可能发生冲突的。与此相似，为防止政治或宗教迫害而在制度保障上所取得的历史成就，会使人在一种具有欺骗性的安全感中估量哲学，并掩盖了哲学和共同体之间的原则性张力，而这也不仅会给他自己带来危害。因此，哲学的友爱政治一方面要求反思哲学的必然性，另一方面也要求反思组织良好的政治共同体的必然性。[23]这种反思可以防止政治的辩护蜕变为一种单纯的哲学护教学，或者防止反过来把哲学勾连于一种政治状态，让哲学服务于某个历史时刻、宗教使命或民族复兴，一言以蔽之，防止将哲学变成任何一位他者的婢女。对于哲学生活而言是好的，未必有益于共同体，适用于哲学者因而根本不适用于政治。哲学生活的 raison d'être[存在理由]在于无所顾忌的追问，这种追问无法安于任何由权威所许可的答案。而社会的生存根基却在于意见和信仰：社会的基本原则被持以为真、它的规范被毫无疑问地遵循、它的禁忌被视为理所当然、它的制度获得广泛的信任，一个社会的力量正源于此。社会所要求的不是怀疑和悬置判断，而是坚决的行动和果敢的投入，甚至是公民对于集体利益的满腔热情，这种热情又必定是特定的和偏颇的。组织良好的共同体的基础是认同感、献身精神和万众一心，而哲学的 eros[爱欲]却处处都“全然地安居于无家可归”。⑯ 对于哲人的自我思考来说，危

---

⑯ 伯纳德特（Seth Benardete），《论柏拉图的〈会饮〉》（*On Plato's* Symposium /*über Platons* Symposium，München，1994，dritte，durchgesehne Auflage，2012），页77。

险地生活是恰切的准则，可如果将这种准则搬用到政治当中去，就会是致命的危险；⑰ 反之亦然，对于政治实践和社会整体而言，中庸和适度的准则是理所当然的，可如果哲学也用这样的准则来要求自己，那么哲学的mania[疯狂]在尚未展翅进行理论飞翔的时候，就已经被剪去翅膀了。类似的抵牾还表现在例外和规则上：对于哲学来说，提供了认识机缘的是例外而非规则，相反，在政治上，诉诸例外情况的危险是显而易见的。更不用说制度解体的阶段或社会衰退的时期了。[24]从柏拉图直到卢梭，伟大的政治哲人都将对于族类或社会而言的最优状态和对于个体或哲学生活而言的至善至福状态归于不同的时代或人类发展的不同阶段，以此来表达哲学和共同体之间存在的无可化解的张力。⑱

哲学所需要于政治哲学的，不仅是哲学的政治辩护，而且首要的是哲学的理性奠基。政治哲学着手应对哲学生活所面对的神学—政治要求。它就何谓正确的问题给出了自己的回答，它将注意力集中于那些可能对自己的回答构成致命威胁的生活方式。它转向那些迫使哲学证明自身权利的信条和禁令——只要哲学不该停留在一种单纯的决断之巅或保持为一桩信仰之举。因为只有当哲学将那些依据一种人类的或超人类的权威而提出来或可能提出来反对哲学的意见和异议纳入哲学研究的时候，它才能证明自己的权利和真理。哲学必须在这个意义上变成政治的，才能获得一个哲学上牢靠的基

---

⑰ 参看尼采，《快乐的科学》(*Die fröhliche Wissenschaft*)，格言283。

⑱ 参看柏拉图，《治邦者》(*Politikos*)，271d－273a，274b－d；《法义》(*Nomoi*)，713a－e；卢梭，《论人类不平等的起源和基础》(*Discours sur l'origine et les fondemens de l'inégalité parmi les hommes*)，Kritische Edition，Paderborn，1984，sechste Auflage 2008，页166，192－194，256，264－270，342。

础，这是包含在苏格拉底转向中的决定性洞见。⑲ 哲学生活的理性奠基既不能通过理论设定和推演的方式来达到，也不能依赖于遥遥无期的体系工作的完成。哲学必须在与其最强有力的对手、最严苛的替代者的对峙中，用问答辩难的方式（elenktisch）来检验自身的合理性。并且哲学必须在当下就进行这种对峙。[25]对于哲学生活来说，这种对峙是奠基性（grundlegend）的——“奠基”一词要字面地理解，无法被拖延，同样也无法委诸他人。

正是在这种关联中，政治神学的批判引起了哲学的特别兴趣。因为政治神学在反驳哲学时所依据的权威是全能的上帝。政治神学和政治哲学一样以政治事物为其对象。两者都认为，在政治的领域中爆发的对于何谓正确的争论是最重要的争论，“我当如何生活?”的问题对于人类而言是第一位的问题。两者的与众不同在于它们都是反思性的、都劳心于它们的自我理解，虽然出于极为不同的理由，两者都要求自己对于自身有着清楚的解释：哲人和信靠启示的理论家的思想与行动分别是政治哲学和政治神学各自的核心。与政治哲学不同的是，政治神学要求自己陈述一种以神圣启示为最终根据的政治理论或政治学说。政治神学毫无保留地以信仰的答案为地基，希望能够在它试图进行解释和应用的启示真理中寻得确信，与之相反，政治哲学——用柏拉图的苏格拉底的话来说——则完全在“人类智慧”⑳ 的基础上提出何谓正确的问题，它努力就人类从自

---

⑲ 参看柏拉图，《斐多》（*Phaidon*），96a－100b，274b－d；色诺芬，《回忆苏格拉底》（*Memorabilia*），I，1.11－16；以及 Marcus Tullius Cicero，《图斯库鲁姆论辩录》（*Tusculanae Disputationes*），V，10。

⑳ 柏拉图，《苏格拉底的申辩》（*Apologie des Sokrates*），20d－e；参看施特劳斯，《迫害与写作艺术》（*Persecution and the Art of Writing*），Glencoe，Ill. 1952，页 107。

身力量出发所能达到的深度和广度来尽可能地展开这个问题。政治神学从信仰之服从㉑［26］来理解自身并想要作为理论来服务于绝

㉑ 加尔文如是注解保罗在《罗马书》1章5节中的说法：

> 因此，所有带着不敬和藐视拒绝福音传讲的人，都违逆了上帝清楚的命令、颠倒了他的全部秩序，因为福音的目标就是要驱使我们服从上帝。保罗在这里对信仰本质的描述值得注意：他将其称为“服从”，因为上帝通过福音来召唤我们，以便我们通过信仰来回应这呼召者。反之，不信仰则总括了对上帝的一切不顺服的拒绝。

《保罗的〈罗马书〉注疏》（*Commentarius in Epistolam Pauli ad Romanos*），T. H. L. Parker 编辑，Leiden，1981，页 16；Haarbeck 译，Otto. Weber 编，Neukirchen，1960，页 21）——彼德森（Erik Peterson）把服从的诫命称为上帝的实在权利诉求，上帝在福音中 jure divino［以神法的形式］与人相遇，并延伸至“教义和圣事”（“福音并非‘指向所有人’的好消息——否则何以区别于共产党宣言呢？——而是上帝的一种实在权利诉求，这种诉求出于基督的身体，具体地与我们当中的每一个人相遇，并且是 jure divino［以神法的形式］与人相遇”），以便服从的诫命在教会的教义中取得客观化的形式。（“可只有通过教义才能清楚地看到，服从属于启示。因为在教义所要求的服从当中，对基督的服从获得了完成。”）彼德森想以此来回避服从的诫命向普遍意义上的历史行动和特殊意义上的政治神学家的历史行动所提出的问题，这诚然是可疑的。主体主义和自我欺骗的问题像影子一样跟随着信仰之服从，基督教中一些最重要的政治神学家把这个问题理解为恩典与公义的争执，他们试图以此来摆平这个问题，指向“统辖了一切人类知识”的教义，或逃向一个居中的权威，都只能掩盖或转移问题，却不能解决它。Erik Peterson，《什么是神学？》（*Was ist Theologie?*），Bonn，1925，页 20，23－24，25；参看页 8，16（《神学论文集》［*Theologische Traktate*］，Barbara Nichtweiβ 编，Würzburg，1994，页 13－14，16；参看页 4－5，11）。还需提及的是，彼德森将神学隶属于教会教义给神学所带来的结果是：“只有在基督教中，并且只有当上帝之道成了肉身、开口说话，才有神学，犹太人和异教徒没有神学［es gibt 译为“有”，德语的字面含义是“它给予”，原文两处 es gibt 中的 gibt 均为斜体，强调神学为上帝的给予。中文无法对应译出，故此说明。——译注］。犹太人可以搞解经，异教徒可以搞神话学和形而上学，但真正意义上的神学只有在上帝道成肉身开口说话之后才有。”见页 18－19

对的权威，如此意义上的政治神学自认为有义务从事历史的行动和政治的决断，有义务否定试图单单依从自然理性、给予知识以优先性的生活。[27]哲学在政治神学中遇到了一位严苛的替代者。哲学有充分理由深入地与这样一种立场对峙，因为这种立场不仅能够在政治上对哲学构成威胁，而且能够在原则上对哲学提出质疑。㉒

只有在与最为严苛的替代者的对峙中，或者只有取道极端的批判，哲学的生活方式才能获得理性的奠基；这一洞见对于那些哲学的自我审问的尝试也具有规定性，它们不再从神学和政治的对立立场出发来进行检查，而是将哲学带到了自然的审判席面前。我们可以将其理解为对一种历史发展进程的回应，哲学在这个进程中赢得了如此之高的声望——特别是作为其政治转向的结果——并且是如此让自己被社会性的目的所吸引或为之服务，以致降入了一种程度更深的自明性。哲学的教诲活动及其政治介入在历史上所取得的成就，尤其导致哲学学说（Doktrinen）和概念

（12）。彼德森的这个神学概念立场鲜明且有政治上的区分性，可就我所知，那些引用了他的政治神学论文《一神论之为政治问题——论罗马帝国的政治神学史》（*Der Monotheismus als politisches Problem. Ein Beitrag zur Geschichte der politischen Theologie im Imperium Romanum*）的著名结论（Leipzig，1935，页99）的作者们，至今都还没有注意到他的这个神学概念。

㉒ 就此请参看海德格尔的话："相对于本质上属于哲学的，并在实际上极为变动不居的生存形式来说，作为一种特殊的生存可能性，信仰在其最内在的核心中保持为前者的死敌。这两者是如此截然相对，以至于哲学全然不曾想要以任何一种方式与这位死敌斗争！"海德格尔在1927—1928年从"信仰与对全部此在自由的自我接管之间的生存论上的对立"所得出的结论，仿佛用一束强光显明了其哲学的前苏格拉底的基本立场。Martin Heidegger，《现象学与神学》（*Phänomenolo-gie und Theologie*），Frankfurt/Main，1970，页32，全集第9卷（*GA* 9），页66。

日益浸透了占统治地位的世界观，并在神学—政治的对立立场中深深地铭刻了自己的印记。哲学既需要对抗社会性的驯化，也需要抵制传统的僵化，为此所能使用的策略之一是将自我批判尖锐化。当尼采为了哲学而反对人文主义传统的成见，试图“将人回置入自然”并将其推向“homo natura[人即自然]这永恒的基本文本”的时候，㉓ 或者当卢梭准备从长久以来流为俗见的[28]animal ratinale[理性的动物]的观念回溯到人最初的、孤独的、动物性的自然状态的时候，所关系到的并非对于自然哲学意义上的起源的忘我沉思，而是他们的政治哲学的真正篇章，它们属于这里所讨论的自我审问、自我批判和自我理解。卢梭在自然的视野中达到了对于哲学的最极端的质问，没有人比他更清楚地知道，如果想要作为哲人达至完全的自足，就先得居于一种离心的立场。㉔

在开始解释政治哲学的四重规定的时候，我们曾说，政治哲学是哲学的一个特殊部分和一种特殊样式，从而将政治哲学区别于形形色色的政治理论，现在我们可以进一步更明确地说：政治哲学是哲学当中那个使得哲学的整全在其中得到追问的部分；因为我们前面所讨论了的三重规定在第四重规定中部分地结成了一体，即政治哲学之为哲人的自我认识之所。为了达到自我认识，哲人必须将政治事物作为其研究和观察的对象。而对于哲学所置身的、在原则上棘手的政治处境的认识，又导向了哲学生活的政

㉓ 尼采，《善恶的彼岸》(*Jenseits von Gut und Böse*)，格言230；参看格言259以及《快乐的科学》(*Die fröhliche Wissenschaft*)，格言109，《遗稿》(Nachgelassene Fragmente)，全集8.1卷(*KGW* Ⅷ 1)，页130。

㉔ 请参看我为卢梭的《论人类不平等的起源和基础》考订版所写的《导论》(*Einführenden Essay über die Rhetorik und die Intention des Werkes*)，页LVⅢ－LXVⅢ，LXXVI－LXXVⅡ。

治辩护和理性奠基这双重任务，这双重任务进而又会提升哲人的自我认识。所以，哲人的自我认识是联结了其他三者、规定了它们在相互关系中的位置的支配性规定。不过，这第四个规定在此之外也有自己的功能和意义。

这首先适用于哲学生活本身，它的内在统一性和具体形态都系于对其特殊品格、界限和前提的认识。如果说人确实是自然地被引向哲思的，[29]如果说，哲学坚持不渝地怀着疑问来探究整全，只是把那种出于人类生活和人类“在世存在”之必然性的倾向变成了自己的天职，那么同样正确的是，哲学生活基于一种非连续性、一种有意识的断裂，并因此基于一种选择，这种选择从根本上规定了这种生活，而这种生活又排除万难持守着这一选择。因此，差别的意识对于哲学生活来说并不是外在的。我们可以用航海者的形象，来描绘那位于这种生活的开端处，并构成了一种转折的脱身和启程的经验：航海者扬帆驶向一望无际的大海，扬帆之时他并不知道自己的双脚能否重新踏上坚固的土地。这些以及类似的经验使哲学区别于各种学科，后者可以在原则上将对科学问题的探究局限于某个狭隘的生活领域；这些以及类似的经验在政治哲学中成为主题，因为对于哲学的生活方式具有决定性的选择和这种生活方式所必须反驳的权威性异议在政治哲学中成为核心论题。㉕ 作为特殊的和有意识的生活方式，哲学要在很大程度上感谢那种异议，对于这一点的洞识是政治哲学为自我认识备好的且并非微不足道的收获。

㉕ 1933 年，一位伟大的神学家在一个句子中表达了启示信仰的异议：“信仰只能将选择哲学生存判定为一种自己为自身奠基的人类自由的行为，这种行为否定了上帝对于自身的约束。” Rudolf Bultmann，《神学百科全书》（*Theologische Enzyklopädie*），Tübingen，1984，页 89。

此外，政治哲学也在另一种意义上是自我认识之所：它迫使哲人仔细审查他对于政治、道德和宗教事物的意见、信念和成见，从而能够与那些因其出身、偏好或其时代所以为的自明之物而离他最近的东西保持距离。和普遍而言的哲学一样，个体哲人需要对最为切近之物加以最为批判性的考察。当他作为哲人与政治事物相对峙的时候，[30]他不会让自己的“个人意见”免于毫无顾忌的追问。相反，他必定会印证柏拉图《理想国》中的真理，即哲学的上升始于对个体有约束性的政治意见，完成于对这种意见的本性或界限的洞察。我们在航海者的原型图像中所描绘的断裂与启程的经验包含着政治哲人的个体色彩，诸如告别其青年时期的民族主义希望或社会主义梦想，摆脱其原生家庭或阶级所养成的各种怨恨，以及抛弃从前的信念，不再把当权者的暴力视为一种神赋的机制或将自由主义的宪政国家视为人类历史的完成，等等。只要仔细观察一下那些没有完成政治哲学转向的哲人——他们因此而在一种准确的意义上保持为“前苏格拉底哲人”——就能清楚地看到，政治哲学的这个第四重含义具有何种分量。海德格尔可谓一例。㉖[31]维特根斯坦和弗雷格的日记同

㉖ 海德格尔在1933年的历史性时刻相信自己被召唤去进行政治行动并能够“领导领袖”，这次政治“觉醒”来得快去得也快，对于其中的错误与幻想已多有讨论，可更富教益的是位于这次行动根基中的、被提升至形而上学要素的政治期待和在当下的政治希望破灭之后为其哲学所抹上的、朝向一种存有事件（Ereignis）的虔诚色彩，这种事件将在未来开启一种决定一切的骤变（参看《哲学论文集》[*Beiträge zur Philosophie*]，Frankfurt/Main，1989，全集第65卷[*GA* 65]，页11－13，28，369－370，399－400，411，412－414）。政治哲学的缺席尤可清楚地见于海德格尔看似谋求一种政治意图、谈论政治事物或使用一种政治语言的时候。就此可参看《一位年轻人与

样也提供了一些直观的材料。[27]

政治哲学转向的核心是哲学向自身的回转和回涉(Rückwendung und Rückbeziehung)。政治批判用哲学自身的成问题性来反驳哲学，这导致了原初的、首要的和最为切近的追问方向的一种转变。哲人任由自己的eros[爱欲]来引导自己的时候所遭遇的阻力、他遵循自己的天性之时所必须与之对峙的指责，都使他不至于在追问世界的时候遗忘了自身。苏格拉底—柏拉图—

一位长者在俄国战俘营中的夜间谈话》（*Abendgespräch in einem Kriegsgefangenenlager in Rußland zwischen einem Jüngeren und einem Älteren*），海德格尔为这篇对话标署的日期为1945年5月8日。（“那一天，世界在欢庆它的胜利，并且尚未认识到，千百年来它已是其自身起义的被战胜者。”）载《田间路对话》（*Feldweg - Gespräche*）（1944—1945），Frankfurt/Main，1995，全集第77卷（*GA* 77），一方面注意页208-209、215-216、235-236、242、240，另一方面注意页216-217、224-225、227、231、233-234、237、244、240。

㉗ 维特根斯坦，《1914—1916年秘密日记》（*Geheime Tagebücher 1914-1916*），Wien-Berlin，1991，页21（12.9.14），49-50，70，71，72（27.5.16）。《思想运动——1930—1932和1936—1937日记》（*Denkbewegungen. Tagebücher 1930-1932，1936-1937*），Innsbruck，1997，卷1，页39-40（65），43（75），51（95），54（102），75（160-161），78（167），80（174），91（204），96（217-218），99（225-226），101-102（232-233）。参看《评注集》（*Vermischte Bemerkungen*），载：Werkausgabe，Frankfurt/Main，1989，卷8，页495-496及497。弗雷格的“政治日记”向我们展示了一位作者在其生命的尽头讲述他的政治希望、意见和怨恨，我们可以带着几分把握地预言，和他有着相同出身、教育和社会阶层的同时代人大概都会持有类似的观点——换言之，只要我们不考虑这里所关系到的是一位哲人。Gottlob Frege，《日记》（*Tagebuch*），载：Deutsche Zeitschrift für Philosophie，42，H.6，1994，页1067-1098；特别参看页1075、1078（3.4.1924），1080，1081-1082，1083（13.4.1924），1087（22.4.1924），1088-1089，1091，1092（30.4.1924），1094-1095，1096-1097。日记的最后一句话是：“我认为，如我所想象的那样一种耶稣的生活，必定会发生一种创立宗教的影响，而无需有意为之。”（页1098）

色诺芬的转向以政治哲学的形态对阿里斯托芬的批判所做的回答，将哲学的追问回系到了对于善的追问，将认识回系到了哲人的自我认识。因此，柏拉图借助“是什么?”的问题来表述整全的尝试，是在“何以是好的?”这一问题视域中进行的。这两个问题的联结缔造了哲学研究和个体的哲学生活的关联，并将哲学的反思性带向了具体的对象，㉗ 其中，“是什么?”的问题的最重要应用[32]关系到政治哲学的核心对象。㉘ 这种联结同样适用于政治哲学的概念本身，我们的四重规定也因此绝非偶然地同时回答了两个问题：“什么是政治哲学?”和“政治哲学何以是好的?”。这四重规定由此考虑了政治哲学的实事，对于后者来说，哲人的自我认识这个支配性的规定具有决定性的意义。就此而言，我们可以把政治哲学的基本结构称为柏拉图式的。㉙

由上述四重含义所规定的政治哲学的实事，在与我们相遇的

㉗ 在其对柏拉图的《治邦者》的义疏中，伯纳德特指出了这种反思的根本性质：“苏格拉底拒绝分离思考方式和思考对象，这使得‘是什么?’的问题总与‘何以是好的?’这一问题相伴随。”伯纳德特，《美之在》(*The Being of the Beautiful. Plato's* Theaetetus, Sophist, *and* Statesman), Chicago 1984, Ⅲ，页69；参看《苏格拉底的第二次航行》(*Socrates' Second Sailing*)，页44、163。

㉘ 参看《一种神学的抑或哲学的友爱政治?》，页170、179－180、189；《施米特的学说》(*Die Lehre Carl Schmitts. Vier Kapitel zur Unterscheidung Politischer Theologie und Politischer Philosophie*), Stuttgart－Weimar 1994, vierte Auflage 2012，页84－86、138－140、299－300以及《神学—政治问题》(*Das theologisch-politische Problem. Zum Thema von Leo Strauss.*), Stuttgart－Weimar 2003，页45－47。

㉙ 所有的政治哲学都可以在此意义上被称为柏拉图式的，也许正是这一点促使施特劳斯将他最后构思的著作取名为《柏拉图式政治哲学研究》(*Studies in Platonic Political Philosophy*)，这本书包含十五篇研究，其中只有两篇与柏拉图直接相关。

不同形式中，以不同的方式证明自身是一个内在运动的、灵活的整全。它是内在运动的，因为四个要素相互交错、相互影响。我们又可以说，它是一个灵活的整全，因为每个要素的分量在各种政治哲学中是变化的，它在整全中的定向也因此表现出显著的差别。与政治事物的对峙、对哲学的政治辩护和理性奠基、自我认识或哲人的自我追问，这个四边形在自身中隐藏着一种动力，然而，与政治哲学定格的而且大多极具匠心的表达所具有的静力相比，这种动力如此退居幕后，以至于极容易被忽视。作为解释者，我们当从陈述学说的层面（Ebene der doktrinalen Präsentation）出发、回问作者的意图，[33]以使我们自己可以进入那种曾经进行于那个四边形、不断重新进行的思想运动（Denkbewegung），只有这样，我们才可能公正地对待这种动力。

在对个别要素的估量中，哲人的个体能力与经验，他的时代诊断，他对哲学处境及其与哲学传统之关系的评估，都具有重要性。所以，在政治迫害极为严重的时代，位于学说中心的自然是对哲学的政治辩护，而非理性的奠基。另一方面，政治辩护所采用的修辞也因情形而异，鉴于——当前现实的或将来可能的——组织良好的共同体所采用的修辞，显然会不同于顾及一个没落的、非常成问题的社会所采用的修辞。政治辩护在面对哲学的强大敌人或坚决质疑者时的遭遇，会不同于对哲学的诉求成为时尚之时。在前一种情况中，辩护会突出强调哲学有益的政治影响和巨大的社会用处，或至少会声称哲学的相容性和安全性，在后一种情况中，辩护更多地会强调对立，突出根本的区别，着重指出哲学对于奠基的需求，以防止哲学被收编，变得没有方向和浅薄化。

自苏格拉底转向以来，政治哲学已有两千多年的历史，我们同样可以从中见出这种现象的多元性。我们看到，亚里士多德首先尝试从哲学出发将政治事物归为一个自足的知识领域。他既以柏拉图对政治哲学的奠基为前提又与之相脱离，他将一门可教可学、可以被公民掌握的政治科学独立出来，由此能够赢得未来的政治家作为哲学的同盟，而且将哲学生活对于政治生活的严格凌驾提升为政治—哲学学说的有机组成部分，这种凌驾还在一定程度上成了传统中的不言而喻之物。我们穿上历史的七里靴，从这次卓越的友爱政治行动[34]直接跨越到马基雅维利的大胆之举，他通过对哲学的极端政治化来重新赢取 libertas philosophandi[哲思的自由]。他也试图赢得一门实践科学作为自己的同盟。他所谋求的与主权者——君主或者民众——的联合当通过政治与神学的有效分离持久地保护哲学的安全。他是如此一贯地用精神战争的要求来统摄他的政治哲学陈述，以至于他不仅抛弃或避免了哲学传统中所有能够为对手提供出发点或者能够使未来哲人柔弱化的概念、术语和理论，而且甚至还不把全部行动的目标，即哲学生活本身明确地作为论题。然而，如果从马基雅维利专注于政治事物的认识和对这种认识的政治陈述而得出结论，认为实事的另外两重规定*对于他的政治哲学是没有意义的，那就错了。同样的情形也适用于阿尔法拉比和迈蒙尼德的政治哲学，他们分别在马基雅维利之前六百和四百年对启示宗教的挑战做出了回应。当他们把启示信仰的基础置于中心的时候，他们考虑到了哲学处境的变化。他们把神法、神意和先知作为政治事物来理解，这是接续了柏拉图式的政治哲学。当阿尔法拉比和迈蒙尼德着眼于“完美城邦”的奠基而作为奠基者和立法者为律法奠定哲学基础的时

* [译注]即哲学的理性奠基和哲人的自我认识。

候，他们所依循的也绝不只是政治意图。因为他们正要在为律法奠定哲学基础的时候，却极其尖锐地提出哲学生活的权利问题，而哲学的理性奠基也一同在其中成为议题。

马基雅维利及其追随者所发起的与政治主权者一道有计划地征服自然、理性地重新安排社会秩序所引发的历史剧变，深刻地改变了哲学的处境。政治从神学的解放[35]成功地释放出一个日益目的理性化、不断繁荣的世界，而这最终导向了政治要求同宗教要求一样被不加疑问地拒斥。随着一次旨在巩固和平与安全的行动，哲学失去了最严肃的对峙所必需的严苛的替代者。哲学的轮廓渐渐模糊于纯粹私人事物之杂多，在这当中，一切看起来都与一切相容。于是，政治哲学就面临着一个问题，即哲学的逾越和上升在这种条件下是否比以前都更需要预先进行一种反向奠基(Gegen－Gründung)，这种奠基的发起者是哲人自己，它重新让人意识到政治事物的品级，看到政治生活的尊严，并就那些最合适的人选对于现存关系的不满足而予以新的方向，将他们引向哲学。在此意义上，哲人如卢梭、黑格尔和尼采在18和19世纪是用相反的政治计划来回应他们所看到的那个过程，即“市民”或“末人”到来并占据主导，这种生存形式对一切关乎整全的要求全都不加理睬。在20世纪，鉴于之前的反向计划的政治和哲学后果，施特劳斯试图“重演”历史上的奠基和政治哲学的querelles célebres[著名争论]，即阐明它们的基本原则和从中赢得的思想经验，使之在当下获得新的现实意义，并重新把注意力引向对于唯一紧迫之物的追问。这种追问在居于支配地位的“文化哲学”的领域和行省思维中被“相对化”，以至于此类“哲学”最终同样无法回答“为何哲学？”的问题。

就其本然的意义而言，哲学不是文化帝国中的一个行省，而是一种生活方式，同样，政治哲学也不是哲学花苑中的一块田地。如我们所看到的那样，它毋宁是一种特殊的转向，是一种观看方向和提问方向的转变，这种转变为哲学在整全中奠定了一种分别。自我认识的增长可以丰富并深化生活，政治哲学在此意义上丰富并深化了哲学生活。[36]政治哲学还将哲学生活全然浸入了另一道光亮之中。我们可以借助一位政治哲人留给我们的一段对于哲学的自足与幸福的著名描述来理解这一点。我指的是卢梭的《一个孤独漫步者的遐思》之 Cinquième promenade［第五漫步］。哲人躺卧在一叶小舟上随波逐流，在比尔湖畔静观波浪的起伏来回，在美丽的河岸或小溪旁倾听水花无目的地拍打，这时，他正追随着自己的“孤独遐思”，此情此景，初看上去，与阿里斯托芬所描绘的那位高悬在其吊篮之上的、前苏格拉底的苏格拉底同样远离任何一种对政治哲学的联想。即便我们回想起，在柏拉图和色诺芬的苏格拉底身上，雅典公民的身份绝没有占据哲人的全部，焕然一新的苏格拉底也没有放弃他的自然研究，色诺芬还在合适的时候向我们描绘了一位独自舞蹈、自足自乐的苏格拉底㉚——即便我们考虑到了这一切，一位日内瓦公民和一位哲人之间的反差首先还是足以让人惊讶的，前者呼唤德性、指向一条通往秩序良好的共同体的道路，后者却正孤独而悠闲地漫步走来。如果说 législateur［立法者］卢梭在构造其政治理论、受托为其时代的共和国拟定宪法草案时，是要竭尽所能地提升政治生活，那么 promeneur［漫步者］让－雅克就描绘了一种私人的、退隐的孤独生存之极乐，直到生命的最后时日他还在进行植物学研究、写作《彼得岛植物志》（*Flora petrinsularis*），他赞美这给他

㉚ 色诺芬，《会饮》（*Symposion*），Ⅱ，19。

所带来的快乐。卢梭将他在其“孤独遐思”中所达到的完满幸福描绘成一种不受时间限制的、持续而充满的当下，灵魂在其中寻得了一块足够坚固的地基，能够全然地栖身其上并在此之上聚集其全部的存在。“在这样一种境况中，人所欢享的是些什么？”卢梭如是问。“不是任何外在的东西，不是任何外在于自身及其本己生存的东西，[37]只要这样的状态在持续，人就满足于他自身，像神一样。”㉛ 可卢梭同时又补充说，这种状态不仅“很少”被“大多数人”知晓，而且“就事物的当前状态来说”，这对他们甚至“并非好事”，因为它会损害他们“积极行动的生活”。相反，对于因迫害流落到像圣彼得岛那般荒凉之地的卢梭而言，这种状态恰恰“弥补”了遭受迫害之苦。正像忙于政治事物之时不曾忘记自我一样，㉜ 卢梭在指向他的最高幸福之际，也不曾不加审慎地遗忘政治的关联。谁要是停留于 Cinquième promenade［第五漫步］的诗性表达而没有着手具体细致地分析卢梭在之前和之后的漫步中所展开的论证，就无法知道，对于卢梭 bonheur suffisant, parfait et plein［充足、完美且满溢的幸福］来说，哲学意味着什么，他的灵魂又在何处寻得了那块“足够坚固的地基”。因为仔

㉛ 卢梭，《一个孤独漫步者的遐思》（*Les rêveries du Promeneur Solitaire*），V，*OCP* I，页 1043、1045、1046－1047。更详细的讨论可参看我的近作《论哲学生活的幸福》（*Über das Glück des philosophischen Lebens. Reflexionen zu Rousseaus* Rêveries *in zwei Büchern*），München 2011，尤其可参看第一卷第四章。

㉜ 参看《社会契约论》最后一章（IV，9；*OCP* Ⅲ，页 470），吉尔丁（Hilail Gildin）对这一章的评注极好：《设计论证：卢梭的社会契约论》（*Rousseau's* Social Contract. *The Design of the Argument*），Chicago 1983，页 190－191。《社会契约论》以 *Je*［我］开篇，以 *moi*［“我”的重读人称代词形式］结尾。

细看一看就会发现，《遐思》这本卢梭在其写作过程中去世的书，是一本政治哲学的杰作。对哲学的辩护、与最严苛的替代者的对峙和哲人的自我认识在其中以特殊的方式结成一体，这本书既让哲人也让非哲人心感陶醉。能与之相提并论者，寥寥无几。

哲学的更新与启示宗教的挑战

——论施特劳斯《思索马基雅维利》的意图

像柏拉图和亚里士多德这样两个如此完全不同的人，
就什么是**最高的幸福**，却有着相同的看法，
不仅是对于他们或对于人类而言的最高幸福，而且是最高幸福本身，
甚至是对于享有无上福乐的诸神而言的最高幸福：
他们在**认识**中找到了它……
笛卡尔和斯宾诺莎也有着类似的判断。

尼采，《朝霞》

[41]《思索马基雅维利》在施特劳斯的全部著作中占有特殊的位置。只有在这本书中，施特劳斯才选用了一个指向自己、指向他自身活动的书名。思想标示着哲人生活的核心活动，就此而言，这个书名也指向了施特劳斯的生活核心。同时，也正是在这本书中，施特劳斯与启示宗教展开了最为深入的争辩。书名也为此提供了重要的指引。它邀人把它与那个至为著名的、宣告了一位作者的思想的书名相比较。这些思想关乎宗教。施特劳斯却既没有向我们许诺"思索宗教"，也没有止于缺少进一步说明的"思索"。他要通过谈论马基雅维利来传达自己关于宗教的思想。他看似在解释一种思

想——这种思想规定了一位前人的生活，实际上是要借此来讲述他与启示宗教的争辩。于是，施特劳斯必须以评注者与批判者的身份，通过评注和批判一位声名败坏者来发出自己的声音。① 不同于帕斯卡尔的《思想录》，在《思索马基雅维利》中，我们所拥有的不是一卷错综凌乱的笔记，而是一本用评注和批判来保障的神学—政治论，它以至高的精审写成。

施特劳斯在《思索马基雅维利》中以传统的解释者的身份出场，[42]就像在其几乎所有的著作中一样。然而，书名之外第一次提及马基雅维利就已经表明，在这儿说话的是一位哲人，并且他的解释着眼于一位完全非传统的马基雅维利。在前言中，施特劳斯感谢了芝加哥大学 1953 年秋季系列讲座的主办者——这本书就源于这个系列讲座，因为“他们为我提供了机会来陈述我对马基雅维利问题的观察和反思”。② 施特劳斯在《思索马基雅维

---

① 在第一章中，当施特劳斯谈到一位精审写作艺术的大师所能使用的艺术手法的时候，他写道：“一位作者或许会通过其著作的标题来启示他的意图。”这话显然不适用于马基雅维利，因为施特劳斯继而写道：“在这方面，马基雅维利的两本书[《君主论》（*Il Principe*）和《论李维》（*Discorsi sopra la prima deca di Tito Livio*）]最乏启示性。”这话却适用于这本书，因为这毋宁是施特劳斯的自我暗示，是作者在这本书中给出的无数自我暗示中的一个。《思索马基雅维利》（*Thoughts on Machiavelli*），Glencoe，Ill. 1958；第二版，Seattle und London 1969（施特劳斯审阅过的最后版本，修正了一些打印错误和疏漏，页码与第一版相同），I，27（37）。笔者按照章节（I，Ⅱ，Ⅲ，Ⅳ章以及“前言”和“导论”）和段落来引用；页码位于括号中。

② 前言，2（5）。——在《自然正当与历史》（*Natural Right and History*，Chicago，1953）的前言中，施特劳斯用相同的话感谢了同样的主办者，只有这一处例外：“因为他们劝诱我条理融贯地陈述我对自然正当问题的观察。”（页Ⅷ）没有人需要劝诱施特劳斯陈述他“对马基雅维利问题的观察和反思”。反思担保了书名中的思索。施特劳斯关于宗教的思索，在他对马基雅维利的反思中找到了入口并在其中得到了表达。——非常规的作者懂得如何利用

利》中将马基雅维利问题提上了哲学日程，就像在一代人之前，尼采在《偶像的黄昏》中将苏格拉底问题提上哲学日程。当施特劳斯把马基雅维利宣告为一个问题的时候，便是将之置于一个突出位置，在他的著作中，此外只有苏格拉底被放在了如此突出的位置。③ 施特劳斯将之提升为一个关键的历史人物，恰切地理解这个人物是一项具有哲学意义的使命。事实上，施特劳斯在《思索马基雅维利》中对马基雅维利思想的参入，他之前的任何论者都不曾做到。并且他所谈论的马基雅维利也从未被谈过。施特劳斯严肃地将马基雅维利作为哲人来看待。这决定了该书在所有马基雅维利研究中的独特品格。并且，施特劳斯是第一位不仅把马基雅维利作为哲人来阅读，而且作为哲人来描述的哲人。④ 这里有一种革新，施特劳斯比谁都清楚，这种革新具有超出他自己的全部著作之外的意义。

[43]《思索马基雅维利》是一位革新者的作品。它是施特劳斯更新哲学的行动的一部分，更确切地说，是这项行动中最显露的部分之一，施特劳斯选择了赋予这项行动以一种复兴哲学传统的外观。于是，他的追随者和反对者们都并非偶然地持有一个共同的观点，即施特劳斯要做的是返回“古人的教诲”，或者重建一种他自己所谓的“古典政治哲学”的立场。可是，一位哲人对一种传统的复兴，必定包含了这种复兴所需要的对于传统的批判。施特劳斯所具体重建的和所略去的，都服从于他的洞见。他在表述中的偏离和

常规的文体（无论是一个题献，还是对一位主办者的感谢）来为自己的目的服务。施特劳斯在第一章中也提请读者注意这种手法：“……即便不是所有人，但一位非同寻常的人肯定会自由地使用一种惯常的做法来表达某种非同寻常的意义。”I，8（20）。

③ 《苏格拉底与阿里斯托芬》，页6。

④ 导论，2（10）；Ⅲ，30（127）；Ⅲ，59（173）；Ⅳ，84（294）。

概念上的革新，都归因于他在回顾哲学所处的历史情境时所达到的判断。一个公开为传统辩护的人，他的偏离和革新容易被忽视。就施特劳斯来说，如果缺少某些创新之举，他的行动完全无法被理解，可即便这些创新也被忽视了。我在此举出三点，施特劳斯在上世纪四十年代很快连续提出这三点，它们对于理解后来的一切都具有重要意义。(1) 施特劳斯为过去的哲人们所使用的精审写作艺术提供了一种连贯的表述，给予了自 18 世纪末以来明显遭到遗忘的显白—隐微陈述以一种哲学的奠基，且他是第一个这样做的哲人。⑤ (2) 在施特劳斯之前，没有哪位哲人曾像他那样强调，要把哲学理解为一种生活方式，也少有人[44]曾像他第一次使用这个概念的时候那样尖锐地理解哲学生活，将哲学生活区别于无关痛痒的心灵鸡汤或貌似无辜的博采众长。⑥ (3) 与哲学

⑤ 《迫害与写作艺术》(*Persecution and the Art of Writing*), Social Research, 8: 4 (1941 年 11 月), 页 488 - 504 (施特劳斯在 1940 年 11 月 10 日至 25 日之间写作了这篇文章。它可回溯到施特劳斯在 1939 年 10 月、12 月以及 1940 年 2 月、3 月和 4 月所做的讲座)。修改之后重收于《迫害与写作艺术》, Glencoe, Ill. 1952, 页 22 - 37。施特劳斯最早是在解释色诺芬的《斯巴达政制》(*Verfassung der Lakedämonier*) 的时候，第一次在出版物中将隐微与显白传达的区分作为一个案例研究的对象，并论述了“写作艺术”与“迫害”的关联：《斯巴达精神或色诺芬的品味》(*The Spirit of Sparta or the Taste of Xenophon*), Social Research, 6: 4 (1939 年 11 月), 页 502 - 536 (写于 1939 年 1 月 14 日至 4 月 7 日间); 尤其参看页 528 - 532 和 534 - 535。

⑥ 《〈库萨里〉中的理性法》(“*The Law of Reason in the* Kuzari”), *Proceedings of the American Academy for Jewish Research*, 13 (1943), 页 47 - 96, (写于“1941 年 12 月—1942 年 8 月——多次被长时间打断”,) 重印于《迫害与写作艺术》, 前揭, 页 95 - 141。施特劳斯在其中六次使用了 the philosophic life[哲学生活]的概念：第 11、20 和 24 段，脚注 77、29 和 43 (两次), 页 106、117、121、126 和 138。早在《斯巴达精神或色诺芬的品味》中，施特劳斯已经三度提及 philosophic life[哲学生活]——尚且没有加定冠词 (第 34 段,

生活的概念关联极为紧密的是政治哲学的概念，在传统中几乎找不到这个概念，而施特劳斯却将它作为其全部著作实际上的主导概念。在引入这个概念的文章中，施特劳斯再一次对其作了最尖锐、哲学上最严苛的规定，使之与所有非哲学的倾向最清楚地划清了界限。在这篇文章中，施特劳斯说，政治哲学的最高对象是哲学生活，他将第一部分的顶点安排在此，在第二部分，他又将哲学的政治辩护和理性奠基，以及对于“为何哲学?”这个问题的回答作为任务交付给政治哲学，以此表明，这两个概念必定相互交错。⑦ 昭示显白—隐微的区分，[45]将哲学生活置于中心，以及引入政治哲学的概念，所有这三项革新都考虑到了哲学的历史处境。施特劳斯回应了历史主义（Historismus）的挑战，因为历史主义将哲学等同于其学说的时代性，并把哲思活动简化为次要的教条内容。施特劳斯应对了决断主义（Dezisionismus）和非理性主义（Irrationalismus）的危险，它们渗透进哲学，否认或没有认识到，哲学如果想要自足，就得为其权利和必然性奠基。施特劳斯抵制了文化

页531-532)。可只有在《“库萨里”中的理性法》——施特劳斯最强硬、最极端的文章之一——当中，他才在严格意义上引入了哲学生活作为哲学概念，并用精确的规定展开了他在1939年的文章中勾勒的三个特点：哲学生活与政治生活有着根本的差别，它必定是私人性的，它意味着要否定城邦的诸神。施特劳斯还试图防止这个概念在未来被教条化地误用，及时抵制它被另一种宗教或一种新的宗教混淆，关于这一点，请参看页117。

⑦ 《论古典政治哲学》(*On Classical Political Philosophy*), Social Research, 12: 1 (1945年2月), 页98-117，修改后重刊于《什么是政治哲学? 及其他研究》(*What Is Political Philosophy? And Other Studies*), Glencoe, Ill. 1959，页78-94。文章的第一部分（最终版本的第2-31段）从一种政治生活的解释学发展出了政治哲学的概念，并尝试从公民的视角来阐明政治哲学的需要。第二部分（第32-36段）从哲学来论证政治哲学转向的必要性，并从哲人的角度来展开政治哲学的概念。

哲学的小家子气，这种哲学将人类生活并列为许多自主的领域，在各种文化行省既有差别又和平共处的帝国中为哲学指定了一个狭小区域。在一长串有力的研究中，施特劳斯证明了其革新的丰硕成果。通过这些研究，他审查了哲学史及其从海德格尔上溯至前苏格拉底的未被化解的争执。不过，这种丰硕成果特别地表现于对三位作者的研究，施特劳斯通过自己的解释首先为哲学赢得了他们，或者将他们重新纳入哲学史，他们分别是中世纪、古代和现代的哲人：首先是迈蒙尼德，⑧ 施特劳斯在其处女作中还没有将他视为哲人；⑨ 其次[46]是色诺芬，⑩ 自 18 世纪以来几乎无人将他视为哲人；最后是马基雅维利。

将注意力转向之前未被理解为哲人的哲人或在传统中长期苦熬于默默无闻的哲人，这是哲人的惯常手法，用来表明其哲学更

---

⑧ 《〈迷途指津〉的文学特征》（*The Literary Character of the* Guide for the Perplexed），载：Salo Wittmayer Baron（编），《论迈蒙尼德》（*Essays on Maimonides*），New York，1941，页 37－91，重刊于《迫害与写作艺术》，前揭，页 38－94。施特劳斯于 1938 年完成了这篇文章。之前已有多篇准备性的研究——其中的《哲学与律法》（*Philosophie und Gesetz. Beiträge zum Verständnis Maimunis und seiner Vorläufer*. Berlin，1935）和《对迈蒙尼德与法拉比的政治科学的几点评论》（*Quelques remarques sur la science politique de Maïmonide et de Fârâbî*，1936）收在《文集》（*Gesammelten Schriften*）第 2 卷，Stuttgart－Weimar，1997。

⑨ 《斯宾诺莎的宗教批判之为其圣经科学的基础》（*Die Religionskritik Spinozas als Grundlage seiner Bibelwissenschaft. Untersuchungen zu Spinozas Theologisch－politischem Traktat*），Berlin，1930，重刊于《文集》（*Gesammelten Schriften*）第 1 卷，Stuttgart－Weimar，1996，页 208，238，254。参看《文集》第 2 卷的编者前言，页 XXII－XXV。

⑩ 《斯巴达精神或色诺芬的品味》，1939；《论僭政》（*On Tyranny*：*An Interpretation of Xenophon's* Hiero），New York，1948。它们分别是施特劳斯论述古代哲人著作的第一篇文章和第一本书。

新事业的冲击方向，并让其草图形象地凸显出来。如此被强调的哲人对于事业本身又有着这样一种重要性，即他们在何种程度上符合其根本规定成了一个不只是历史性的问题。当施特劳斯把马基雅维利称为哲人的时候，他向马基雅维利的思想、自我理解及其自身的事业提出了要求，这些要求的兑现必定要成为他这本书的一个核心论题。马基雅维利的事业与哲学的政治辩护和理性奠基是何关系？哲学生活在马基雅维利的思想中居于何等地位？马基雅维利又是如何运用精审写作艺术的？施特劳斯的全部著作所触发的问题指向了通往其意图的道路，这种意图使得施特劳斯将马基雅维利问题提上了哲学的议事日程。因此，要通过《思索马基雅维利》的意图，才能找到恰切地理解这个问题的入口。

二

[47]有关精审写作艺术的问题，就马基雅维利来说，答案似乎是显而易见的。施特劳斯在书中将马基雅维利描述为写作艺术的大师，有哪一位《思索马基雅维利》的读者能够对此视而不见呢？可马基雅维利为何要运用这种艺术，却绝不是显而易见的。这种艺术完全服务于马基雅维利的“精神战争”吗？⑪ 它仅仅局限于一个政治计谋、一种策略性的实践，从而意在有计划地征服并最终改造世界吗？或者，《君主论》和《论李维》也是“因爱

---

⑪ 参看I，24（35）；Ⅲ，14（102）；Ⅲ，36（138）；Ⅲ，58（171－172）；Ⅳ，43（231）；Ⅳ，84（293）；Ⅳ，87（298－299）。

而写下的话语”?[12] 换言之：那个被施特劳斯称为“青年”（the young），并因为这个统一的称呼而仿佛作为一个人来宣布的、马基雅维利著作的首要接受者究竟是谁？因为在马基雅维利之前和之后运用精审写作艺术的哲人，其隐微传达的目标是一种接受者，即潜在哲人意义上的“青年”，而进一步的观察则表明，马基雅维利的目标接受者看似一个，实际上却是两类。[13] 马基雅维利的显白—隐微表达所面向的因而不是两类（一类为显白的，一类为隐微的）接受者，而是至少三类不同的接受者。在《思索马基雅维利》中，写作艺术比在施特劳斯其他的任何一本著作中都扮演了更为重要的角色，可恰在这本书中，施特劳斯从未谈及显白—隐微的区分，原因或许就在于，马基雅维利的隐微交谈有着双重接受者。[14] [48]施特劳斯以惹人注意的方式避免像惯常那样谈论显白和隐微，暗示着马基雅维利偏离了精审写作的惯常实践，施特劳斯没有在任何地方明确地指出这一偏离，而这种模棱两可对于理解《思索马基雅维利》有着深远的意义。

“双重性”（twofoldness）被施特劳斯用作其马基雅维利解释的关键词及其神学—政治论的结构原则，这就使得双重接受者

---

[12] 《迫害与写作艺术》，前揭，页36。

[13] I，37（53）；Ⅲ，16（105）；Ⅲ，29（126－127）；Ⅲ，56（168－169）以及Ⅲ，56（170）；注意I，35（50）；Ⅱ，20（77）；Ⅱ，24（81－82）；Ⅳ，81（290）并参看Ⅳ，45（233）。

[14] “智者的沉默总是意味深长。不能用健忘来解释”，I，18（30）。施特劳斯在手稿中给书中的段落配备了标题，供自己使用，在其中一个标题中出现了“显白”（Ⅱ，18：“[《君主论》]24章的特殊忠告的显白品格”），在另一个标题中谈到了“隐微”（Ⅳ，1：“为我自己和马基雅维利 captatio benevolentiae[赢取（倾听者的）欢心]——隐微与哲学”）。第一章的一个评注将读者指向了《迫害与写作艺术》（注50，页304）。

(隐含在“青年”一词当中)的未被言明更加值得注意了。双重与两分、二元与加倍的交融与分殊决定了全书的构造和组织。从马基雅维利的思想(thought)与学说(teaching)的二元性开始——从导论起就小心地区分这两者;⑮ 继而在第一章中纲领性地阐述马基雅维利学说的双重品格;然后在两个核心章节(第二和第三章)中两次讨论了马基雅维利的意图(intention);接着,第一和第四章的标题表明,马基雅维利的学说得到了两度探讨;直至施特劳斯的思想与学说的二元性,这种二元性构造了《思索马基雅维利》,并开展于这本书的标题和结尾所标识的张力范围之中。第一章由两部分组成,其主题显然是马基雅维利学说的双重陈述[49]和马基雅维利的写作艺术。其中的第二部分回答解释学问题,即如何阅读马基雅维利,这一部分在对《君主论》和《论李维》的读者所要注意的十种手法的解说中达到顶点——这些手法在《思索马基雅维利》中也得到了运用——⑯而第一部分则表明,解释学问题是真正哲学性的问题。“蕴含在事物表面的

---

⑮ 在导论中,马基雅维利的“思想”出现了7次,马基雅维利的“学说”出现了4次:导论,4(10-11);8(12);9(13);10(14);7(12);9(13);12(14)。导论第一部分(1-9段)从“马基雅维利是一位邪恶之师这个老调而简单的观点”(第1段第1句话)开始,上升至施特劳斯所认为的“马基雅维利身上真正值得赞赏的东西:其思想之无畏,其视野之宽阔,其言辞之优美精微”,同时施特劳斯还说明了他的解释所要达到的目标:“不是对那个简单观点的鄙夷,也不是对它的漠视,而是从它出发的考虑周全的上升,才把我们引向*马基雅维利思想的核心*”(第9段,强调为引者所加)。

⑯ 第一章的第一部分包括第1-16段,第二部分包括第17-37段。关于施特劳斯促人注意的各种手法,参看本文脚注1,14,25,29,65,74,110,146,150。

问题，而且只有蕴含在事物表面的问题，才是事物的核心。”⑰ 这是导论第一部分的结束语，施特劳斯正是以马基雅维利全部著作的“表面”所蕴含的问题为例，说明了这句话的有效范围。施特劳斯的讨论始于《君主论》和《论李维》的困难关系，这个问题如此显而易见，没有哪个马基雅维利的解释者会无视之。可与大多数的解释者不同，施特劳斯并没有尝试通过历史学构造，或者一种合乎马基雅维利的政治信念的等级化，来解决两本书如何相互合辙的问题，而是把双重表述的问题尖锐化了——他第一个提出，马基雅维利在两本书的题献信中说明了，其中的每一本书都包含了作者所知道的一切。如果马基雅维利既对《君主论》又对《论李维》提出了一种全面的要求，那么，两本书的“表面”都必定要求读者提出意图的问题，这意图位于两本书的根基处而又没有消融在其中的任何一本里。是什么意图在推动着马基雅维利用两种形态来陈述他的学说，[50]当这个问题被严肃地提出的时候，处于中心位置的就是马基雅维利的思想了。施特劳斯对出发点的选择服务于他对“马基雅维利身上真正值得赞赏之处”的接近。这一点反过来也适用于他对惯常做法的拒绝，即他拒绝将马基雅维利的观点等同于《君主论》或《论李维》的视角。过于匆忙地将马基雅维利的视角等同于这两种视角中的某一种——很久以来大多等同于《论李维》的“共和”视角——就把这位佛罗伦

---

⑰ 导论，9（13）；注意 IV，47（237）。这句话的第一层含义——即要让读者注意，事物的本性表现在对于事物的意见之中，并且只有从于我们而言的最先之物出发才能通达事物的本性——与其在哲学著作的文学特征上的运用之间的实质关联在于，精审写作艺术使得读者可以在与哲学著作之为一个表达清楚的整全的对峙中获得一种经验，一种与那些在与一个不服从任何目的的整全的对峙中具有决定性的思想、理解和认识经验相同的经验。

萨人简化成了一位党派主义者或教条主义者。[18] 不恰当的解释学堵塞了通往哲人马基雅维利的道路，而施特劳斯对马基雅维利学说的双重特征的坚执从一开始就着眼于此。

第一章（“马基雅维利学说的双重品格”[19]）的结论决定了《思索马基雅维利》的构造。因为马基雅维利并没有整个地表述他的学说，而是部分地，并声称每个部分对于自身来说都是一个整体，所以，只有通过深入研究这些部分，才能触及马基雅维利的学说，这些部分是马基雅维利写作艺术的作品，它们有着各自的目标设置和特殊“表面”。深入地研究要求回溯作者的意图，正是这意图作为组织原则将作品构造成了一个自足的整体。相应地，第二和第三章的标题分别是“马基雅维利的意图：《君主论》”和“马基雅维利的意图：《论李维》”。只有在对意图进行了双重探究之后，即分别探究了对《君主论》和《论李维》具有规定性的意图之后，施特劳斯才能够深入到位于两本著作根基处的意图。只有证明了他知道在解释《君主论》和《论李维》的时候如何公正地对待马基雅维利的双重学说，施特劳斯才获得许可，即获得必要的手段，在第四章陈述“马基雅维利的学说”，并在这当中做马基雅维利自己没有做的事情。马基雅维利的学说产生于[51]施特劳斯的思想，这种思想从表面问题跃入学说的核心。从学说到意图和从意图到学说，施特劳斯的思想运动和马基

---

⑱ “我们不得不提出马基雅维利的视角是否等同于《君主论》或《论李维》的视角，或者与这两者皆不相同的问题。*无论如何，我们都不能像大多数当代学者那样教条地假定*，马基雅维利的观点与《论李维》的观点相同，而与《君主论》的观点不同。”I，16（29），强调处为引者所标。

⑲ 施特劳斯在草稿中首先用的是 dual character，后用 twofold［双重］替代了 dual。

雅维利的思想运动在彼此相反的方向中相遇。[20] 施特劳斯思索马基雅维利，这意味着他要让马基雅维利的思想遭受一些要求，如果马基雅维利的思想与其意图所指向的实事能够相应的话，这些要求就是马基雅维利的思想所必须满足的。共同的思想实事是施特劳斯能够陈述马基雅维利学说的根据。可陈述马基雅维利学说的是施特劳斯，正如马基雅维利在双重陈述中追随着自己的意图一样，施特劳斯也在陈述中追随着他自己的意图。施特劳斯在第二和第三章分别阐述了马基雅维利在《君主论》和《论李维》中所依照的计划，此后在第四章中所依照的则是他自己的计划。“马基雅维利的学说”是全书中最长的一章，其篇幅远远超过其他几章，这一章的表述和编排都依循施特劳斯的思想目标。

马基雅维利学说的双重特征并不仅只表现在《君主论》和《论李维》的双重陈述中。与马基雅维利在题献信中的说法或施特劳斯在第一章中的说明所建议的不同，这两本书是否足够在整

---

[20] 有关施特劳斯解释学的哲学意涵，请参看《施特劳斯的思想运动——哲学史与哲人的意图》(*Die Denkbewegung von Leo Strauss. Die Geschichte der Philosophie und die Intention des Philosophen*), Stuttgart - Weimar 1996，页 41-43。在施特劳斯的著作中，唯有《思索马基雅维利》这一本书，明确地将一位哲人的意图作为一章的讨论对象，并且还讨论了两次。施特劳斯三次使用了 movement of thought[思想运动]和 movement of fundamental thought[根本思想的运动]的表达：IV，30（213）；IV，36（223）；IV，75（278）。在《论霍布斯政治哲学的基础》(*On the Basis of Hobbes's Political Philosophy*) 中他已经用过这个表达，此文在深处与《思索马基雅维利》有着重要的共同点。这篇文章首先被译成法文，发表在 *Critique*（Paris）83，1954 年 4 月，页 338-362。英文原版于 1959 年刊发在《什么是政治哲学？及其他研究》，前揭，页 170-196。施特劳斯细致地区分了霍布斯的思想和霍布斯的学说，参看页 170、173、174、177、181、182、189、190、196，特别参看文章的第一段和最后一段，他还谈到“霍布斯思想的运动”（页 173；法文本，页 340）。

体上构成马基雅维利的学说，并不是一清二楚。“马基雅维利在两本书中陈述了他的政治学说”，施特劳斯用第一章的这句开篇辞微妙地提醒人们注意这个问题。[52]《君主论》和《论李维》所陈述的远不只是狭义上的马基雅维利的政治学说，也就是说不只是他关于政治、宗教和道德等问题的学说，[21] 对此施特劳斯在接下来的解释中绝未让人置疑，可尽管如此，当把其他著作也纳入考虑时，《君主论》和《论李维》的学说的超政治轮廓至少得到了更清晰的表现。施特劳斯不动声色地回答了这个问题，他在第四章中不仅多次引用马基雅维利的其他著作乃至书信，而且还用专门的段落来讨论《卡斯特乌齐奥·卡斯特拉卡尼传》（*La vita di Castruccio Castracani da Lucca*）和《曼陀罗》（*La Mandragola*），这些段落构成了其哲学论证过程中的重要铰链。[22] 施特劳斯将《君主论》和《论李维》的双重性用作构造的契机，让人看到马基雅维利学说的统一性并非给定的，而是必须被构造出来。如果读者参入了《思索马基雅维利》大胆的解释行动，思考这种统一性的任务就会显得更加多面也更具挑战。因为施特劳斯在第二和第三章中表明，《君主论》和《论李维》又各被一种内在的双重性所规定，所以，起初在两本书中表现出来的马基雅维利学说的双重特征又在每一本书中重复并尖锐化了。就《君主论》来说，这本书一方面是有着理论上的真理诉求的学术论文（treatise），另一方面又是有着实践上的目标设置的时论册子（tract for

㉑ “假定他对于世上事物的知识仅只局限于狭义上的政治和军事事物，显然是不明智的。更明智的做法是假定他的知识和他在《君主论》或《论李维》中的学说是涵盖一切的。”“……苏格拉底教导我们，政治事物或人类事物是理解一切事物的钥匙。”I，6（19）；参看 I，35（51）以及 I，37（53）。

㉒ IV，37（223－225）以及 IV，79（284－285）。

the times)，这种双重角色要求读者去思考它们的统一性。特别是当施特劳斯从一个为“表面”做好了准备的问题出发的时候，他从第26章的修辞（即马基雅维利著名的“从野蛮人手中夺取意大利的呼喊”）赢得了决定性的视角，来理解学术论文和时论册子的相互协调。他指出了《君主论》最后一章的双重功能，[53]即一方面使得前25章的共同学说通过这个特殊的目标而在读者们的眼中得到了奠基或合理性论证，另一方面又引领读者鉴于所宣称的实践目标而联系理论上的创制，进行实验性地运用并仿佛将其置入运动之中，从而亲自得出作者所没有说出的结论，体察作者所没有道出的麻烦。㉓ 就《论李维》来说，这本书的标题明确涉及李维（Titus Livius）全书前十章，而它的142章构造又隐晦地指向李维全书的142章构造，这就要求读者从马基雅维利对其“圣经”或“反圣经”的使用来思考其学说的统一性。《论李维》是如何让李维发挥作用的，它接纳了什么又对什么保持了沉默，当马基雅维利征引、追随或偏离李维的时候，他以什么方式展示了他的谋篇布局，当马基雅维利将李维用作传声筒或者在公开的批判中脱离李维的时候，他是如何让这位罗马历史学家服务于他的更新的事业的，所有这些问题都将读者指向一点，即把《罗马建城以来史》（*Ab urbe condita*）视为《论李维》背后的第二本书

㉓ “……《君主论》所明确传达的普遍学说和特殊建议都比全部的普遍学说和特殊建议更为传统或更少革命性。《君主论》既是一篇学术论文又是一本时论册子，既有一副传统的外表又有着一个革命的核心，这两对矛盾是《君主论》的特征，它们漂亮地交织在一起。正如马基雅维利在第二章开头所暗示的那样，全本《君主论》是一张精致的网。这张网精巧微妙，与他有时加以使用或造成的语言之惊人坦率，形成了鲜明的对比。” Ⅱ，13（69）。

或一种被转移和被囊括了的文本。㉔

不过，凭借《君主论》与《论李维》的双重两分或两次双重，我们也还没有能够穷尽马基雅维利学说的双重品格。只有在两本书所共有的、面向两类受众的双重讨论[54]和双重陈述的层面上，我们才算穷尽了这种双重品格。换言之，只有活动于精审写作艺术在马基雅维利之前就已布置妥当的地基之上，我们才能穷尽之。事实上，施特劳斯就双重论述（twofold discussion）和第一与第二陈述（first and second statements）针对马基雅维利所说的话，与他在之前的著作中针对中世和古代哲人著作所展示的东西，全然相合。重复阐发相同或相近的对象，就同一事物先后加以第一和第二陈述、判断及论断，这些手段都被证明可以有效地让不同的受众理解不同的内容。受众依照能力而自行区分，有能力的受众能够理解包含在重复中的区别，能够把第一与第二论断的次序转译成对事情的一种更深的理解。对于马基雅维利的艺术来说，这意味着受众根据自身思考马基雅维利学说之“双重特征”的能力，主动地相互区分开来。《思索马基雅维利》的第一章从马基雅维利在《君主论》和《论李维》中对其学说的双重陈述，过渡到其学说的陈述所面向的两类受众，施特劳斯将这两类受众区分为“青年”读者和“老年”读者。施特劳斯在这一章的第一段中把《君主论》和《论李维》的关系称为“模糊不清的”（obscure），而在最后一段则将其称为“谜一般的”（enigmatic），这里展示出某种进步，而一旦我们理解了双重陈述和第一第二陈

㉔ “《论李维》的独特魅力和它独特的遥远气息都归因于一个事实，即它的部分学说不仅是从字里行间，而且是从《论李维》和李维的《罗马史》的封面之间传递出来的。”Ⅲ，26（121）。

述的次序要求真正的受众努力自我思考，并使自己的理解经验到某种进步，我们就能理解这种进步。㉕

如果学说的双重特征在受众区分中有其最深的根据，那么只有真正的受众才能纵观并理解全部学说。为此，他必须占有作者能够从中理解自身的最高视角。马基雅维利为“精神战争”而试图赢取的“青年”能够做到这一点吗？[55]肯定不能，只要他们是有朝一日要在马基雅维利的军队中效力并热情战斗的士兵和军官。可如果是那些未来的统帅呢？为了将马基雅维利的事业带向成功，他们出于洞见而将之变成了自己的事业。答案显然取决于，他们赋予马基雅维利所发起的战役及其自身在其中的任务以何种意义。关于马基雅维利学说的出色受众问题，与马基雅维利事业在马基雅维利思想中所处状态的问题，有着最为紧密的关联。如果马基雅维利的最高视角是计划一种政治上的重新奠基、modi e ordini nuovi[新风尚和新秩序]的发现与施行、对世界进行一种全面的改造，如果马基雅维利在根本上把自己理解为新君主，那么，其学说的出色受众看起来就是哲人—战士、哲人—君主、哲人—领导，也就是一种新型哲人。这正是《思索马基雅维利》邀请读者们得出的结论。这本书在其最暴露无遗的段落描绘了一种事业的图像，这种事业受制于实践的绝对优先性，坚决地将哲学工具化以用来改造人类的生活关系，服从无条件的求统治的意志，以宣传为决定性的武器来和基督教的权力作斗争；这种事业的真正目标是植根于清醒的知识，并在这个稳固的基础之上建立一个稳定的秩序。正如马基雅维利接受史所表明的那样，有

㉕ I，1（15）；I，4（17）；I，37（53）。——“……一本书的表面如果是由它的作者所规划的，那就和它的内容一样属于这本书。”I，12（24）。

些读者将这幅图像补全了，他们用奠基者盼望不朽声名来解释哲人的服务意愿——因为谁要统治，就必须服务——对于一位哲人来说，这种心甘情愿是令人惊讶的。另一些人则相信这幅图像的和谐，他们想要把马基雅维利的开端回溯到“反神学的愤怒”热情；“反神学的愤怒”是一个施特劳斯的表达，尽管没有在《思索马基雅维利》中出现，却具有一种强大的影响力，以至于“邪恶的教师”这个《思索马基雅维利》著名的开篇作为施特劳斯最常被引用的马基雅维利评语的地位都被动摇了。㉖ 施特劳斯将马基雅维利提升为现代政治哲学的奠基者，[56]因此，我们有充分理由更细致地观察他如何审理马基雅维利的事业。

施特劳斯给出了双重陈述，一种是具有宣传效应的，另一种是精微难辨的。具有宣传效应的陈述通向一种宏大的历史叙事，精微难辨的陈述则回指马基雅维利的哲学反思。第一重陈述突出了马基雅维利事业前所未有的革命特征，第二重陈述则将马基雅维利回置入一种根本的连续性，从而将马基雅维利与之前和之后的哲人连在了一起。在其引起轰动的陈述中，施特劳斯创造性地使用了马基雅维利的一句评语，这句评语在此前的解释中从未起

㉖ 在他 1955 年的文章《什么是政治哲学?》(*What Is Political Philosophy?*) 中，施特劳斯用了 13 个段落来对马基雅维利的学说进行一种显白处理。“反神学的愤怒”就出现在这里，这个表达脱离了原句中的保留和限制，被广泛征引：“马基雅维利是缩小视野的第一人，我建议把反神学的愤怒视为这种缩小的原因*或至少是缘发因素*——这种热情，我们能够理解，但无法证明。”《什么是政治哲学?》，前揭，页 44，强调为引者加。这个广受征引的表达位于一个段落的末尾，这一段的第 13 句话是：“他*看似认为*，宗教迫害的巨大邪恶是基督教原则，并且最终是圣经原则的一个必然后果。”页 44，强调为引者所加。在《思索马基雅维利》中，施特劳斯自告奋勇去具体地发展并证实这个诊断。

过任何值得一提的作用。这句评语位于《论李维》第三卷第35章的开篇，施特劳斯的翻译如下：“让自己成为一件牵涉许多人的新事物的头领，是多么危险的事，管理并完成它，在完成之后保持它，又是多么困难。这个问题太冗长、太高贵而无法在此讨论，所以，我将它留待更合适的场合。”这句话，施特劳斯全文征引了不下三次，这在《思索马基雅维利》中是绝无仅有的，也表明马基雅维利这句评语对于施特劳斯的陈述有着怎样的意义。㉗在第三次征引时，施特劳斯说出了马基雅维利事业[57]与出色受众的交叉关系：“那太冗长、太高贵而无法讨论的问题是他自己的事业，因为它取决于‘青年’的合作。”在同一处，施特劳斯就马基雅维利阐发其事业的合适场合问题给出了回答。

> 我们相信他的话，即他不想“谈论那冗长而高贵的问题”。然而，在讨论与完全的沉默之间难道没有中间道路吗？除了一本书的文字之外难道没有别的“场合”吗？一系列的提示难道不是传达“太冗长太高贵而不能讨论之事”的“一个合适场所”吗？

这是对青年受众的激发，紧接着，施特劳斯就进一步研究马基雅维利的暗示如何给我们指出了三个地方。首先我们听到：“简言之，我们相信，《论李维》的最后一章间接地讨论了马基雅维利的事业。他从李维的第七章至第十章选取了一些故事，这些故事

㉗ 对这句话的三次完整引用可见于Ⅰ，6（19），Ⅰ，15（28）和Ⅲ，16（105），其中头两次的表达都是“这个问题太冗长、太高贵而无法在此讨论”，这可由第一章的语境来说明，最后一次他代之以“这个问题太庞大、太高贵而无法在此讨论”，他紧接着又三度重复了这个表达，文辞有（另）一处变动。

如果得到恰当的理解，就能启发我们领会他的战略战术。”然后我们得知：“第一和第二卷的最后部分与第三卷的最后部分有着相同的主题。”《论李维》三卷的最后部分都以马基雅维利的事业为主题。其中，第三卷的最后部分以三度引用的评语开始，共包括15章（Ⅲ，35-49），第一和第二卷的最后部分却都只包含了一章（I，60和Ⅱ，33），这可以很快得到证实。因此，施特劳斯对这些最后部分的谈论虽然完全正确，却也令人惊讶。如果我们尝试理解《思索马基雅维利》的谋篇，就会发现这是非常有帮助的。因为，接着讨论写作艺术的一章，施特劳斯确实在其著作后三章的最后部分讨论了这个问题，即Ⅱ章25-26段，Ⅲ章55-59段和Ⅳ章82-87段。施特劳斯的这些最后部分描绘了影响巨大的马基雅维利画像：一位身后执政的新君主，一位身负新十诫的现代摩西，一位没有武装的先知，他设想出一种新的精神战争策略，打造了一种新的、过去从未被考虑过的与民众的联合。这些最后部分把马基雅维利的“大冒险”惊人地描写成“一场敌基督者或魔鬼的战斗，他在反对上帝或耶稣指挥的军队的战斗中或通过这场战斗招募军队”。这些最后部分还在最后指责马基雅维利的“行动”是“对视野的一种惊人缩小”，忽视了超政治之物，隐去了哲学。[58]施特劳斯令人印象深刻的陈述共包含13段，中心段落是对马基雅维利“事业”的历史定位，即马基雅维利乃是另一个“所谓的世界历史的转折点和漩涡”所标志的断裂和开端：

马基雅维利是相信可以通过宣传来联合哲学与政治力量的第一位哲人。宣传为新模式和新秩序不断赢得更多的民众，并由此把一个人或少数人的思想转变成了大众的意见，变成公共的力量。马基雅维利与伟大的传统决裂，开了启蒙的先河。我们得考虑的是，那启蒙是否名实相符，或者它真实的名字毋宁是蒙蔽。

我们该如何看待这样一位哲人呢？——如果他相信可以取道宣传或启蒙达至哲学与政治力量的耦合，如果他的行动为这种信念所规定？哪怕他只是将哲学与政治的最终和解视为值得追求的，而这无非是将哲学之被扬弃于政治视为可能？如果他将适于或愿意成为战士、君主和领导的哲人选为其学说的真实受众？更不用提"那些年轻人或潜在君主或狭义上的阴谋策划者"了，他为了在实际中贯彻他的想法而将依赖于这些人。㉘

施特劳斯用三个最后部分来讨论马基雅维利的事业，他让读者们在这三章的最后都各带着一部分离开，可他又在每一部分前面各用了一段（Ⅱ章 24 段，Ⅲ章 54 段和 Ⅳ 章 81 段），来让读者能够将马基雅维利看作严格意义上的哲人，并将读者纳入他对事业的精微陈述，这种精微陈述闪现在这三段中并在其中达到了顶点。施特劳斯对于《君主论》根柢中的意图的解释在其中的第一段达至高峰。在第三段中，对马基雅维利思想的阐述，综合所有解释线索，达到了圆满的结束。第二段[59]关系到哲人面对最高权威时的姿态。这将在事情允许的场合再次得到讨论。Ⅱ章 24

㉘ Ⅲ，16（105－106）。Ⅱ，25－26（83－84）；Ⅲ，55（168）；56（170）；57（171－172）；59（173）；Ⅳ，85（295）。——"马基雅维利和青年的关系诱人将其描述为一种潜在的同谋。《论李维》中篇幅最大并远大于其他章节的一章讨论的就是同谋问题，即对风尚和秩序或多或少的激进变革。"Ⅲ，56（168），强调为引者所加。

段同样简洁地以说明理论对于马基雅维利的优先性开篇。[29] 与之相连的是一种新的定位，即把马基雅维利的实践论说相对化，就施特劳斯此前对《君主论》学说[30]的论述来看，这对于大多数读者而言都必定是个意外："一旦我们理解了马基雅维利的理论关切的毫不妥协品质，我们就不再感到压力，要让他对他所常常推荐的实践上的不顾后果负全部责任。"对作者的大胆之举的评判，关键取决于对其意图的理解，并因此取决于对其受众问题的回答：

> 《君主论》通篇所给予的那些冷酷的建议，与其说是给那些并不很需要这些建议的君主的，不如说是给那些想要理解社会之本性（Natur der Gesellschaft）的"青年"的。《君主论》的那些真正受众所生长于其中的学说，与马基雅维利的全部学说相比，显得太过于相信人性之善，甚至是造物之善，并因此显得太温文尔雅、太女人气了。

㉙ 在前面一段，施特劳斯接续导论中的话来谈马基雅维利："其存在的核心是他关于人、关于人的条件和人类事物的思想。"Ⅱ，23（80），强调为引者所加；参看导论，4（10－11）；9（13）。Ⅱ，23 和 24 两段构成了一段典型的题外话。

㉚ 比如这一处："……《君主论》通篇所提倡的那些违反道德的政策，并不是以共同福祉为依据，而仅仅只是以君主的一己私利为依据，仅仅只是以君主对他个人的福祉、安全和荣耀的利己关注为依据来论证的。全书最后对爱国主义的诉求为马基雅维利倡导违反道德的行动方针提供了一个托辞。从这个事实来看，他的品格，完全可能甚至比他的最为势不两立的宿敌所可能设想到的还要阴暗。然而，与此同时，我们并不必定要认为，只要我们断言《君主论》最后一章不过是纯粹的修辞而已，他不具备思想清澈明晰、写作神工鬼斧的能力，我们的探讨就可以了事了。"Ⅱ，22（80）；参看导论，1（9）。有关前引段落的最后一句话，请注意导论，9（13）以及本章脚注 15。

马基雅维利给出他那些毫无顾虑的建议，首先是基于一种教育目的。它们可以磨炼真正的受众，让他们变得更加清醒、更加坚强。这些建议之被说出，正顾虑到了那些想要理解社会本性的人。它们所面向的[60]是那些应该可以认识真理的人。要预见施特劳斯对Ⅱ章24段中的受众问题的回答有多大的影响范围，我们就得回溯到这一章的之前四段。因为施特劳斯就关心理解的“青年”所作的论述乃是一种“第二陈述”，我们只有把它和它所要与之比较的“第一陈述”合看，才能揭示其准确含义。在Ⅱ章20段中，施特劳斯强调，《君主论》的作者既以“一位君主的潜在智囊”的理解力，又以一位“政治智慧的教师”或一位教授“君主本性之真理”的理论家的理解力在发言。施特劳斯就《君主论》的一个修辞细节来解说这两种理解力，这径直将他引向了对于这本书的受众的规定：

> 他用他对第二人称代词的使用来暗示他的双重能力，以及他的受众相应的双重性：他用“汝”（Thou）来称呼君主甚至称呼图谋推翻君主的人，即称呼行动中的人，而用“你”（You）来称呼那些以理论为首要兴趣的人，无论这种兴趣是纯粹的还是暂时的。后一种《君主论》的受众与《论李维》的受众相同，即“青年”。

只有在《思索马基雅维利》Ⅱ章20段这唯一一处，读者才被告知对于理解这本书具有根本性的东西：《君主论》和《论李维》的出色受众必须被分为两类。怀着一种首要的理论兴趣的“青年”又可区分为对理论有着纯粹（simple）兴趣的和只有暂时（for the time being）兴趣的青年，后者将理论视为对某种东西的准备，在他们看来，这种东西比理论知识本身更重要。前一种青年所关心的是理解世界，后一种则是改变世界。所以，马基雅维利的学说有一类传统的受众，这一类又可分为能听进劝告的“君主”或“行动中人”，和被教授“君主本性”的民众。马基雅维利的学说还有一类出色的受众，这一类又分为未来的哲人和以后的哲人-王（Philosophen-Fürsten）。前一种出色的受众想要作苏格拉底意义上的“潜在君主”或“政治家”，他们拥有君主的知识却并不因此而打算占有君主的位置，除非他们被迫如此或以一种游戏的态度来坐这个位置，也就是说，带有一种严肃的保留。后者则相反。他们想[61]为了那些实践目标而成为当前或身后的君主，这些目标的实现与他们的严肃关切（Ernst）有着真正的关联。当施特劳斯在Ⅱ章24段将想要理解社会之本性的“青年”规定为“真正的受众”的时候，他没有重复他在四段之前所做的评定。他明确地把那些“忧心于理解社会之本性的人”和“马基雅维利毫不妥协的理论关切”相提并论，由此可见，他在这里乃是要规定真正的受众，而不是为两种出色受众另选一个共同名称，或回溯到两者的一种暂时的相符。此外，施特劳斯在同一段就《君主论》的教育目标所下的惊人乃至骇人的评论也可以强调这一点：“《君主论》中的很多话不能当真，不仅某些最令人心安的陈述，而且恰是其中某些最骇人的话，只有一种教育的功能。人们一旦理解了，就会看到这些话是可笑的，并且就是用来让人发笑的。”只有两种出色受众中的第一种，只有居于沉思之宁静中的未来哲人，才能在最后把闻所未闻、骇人至极的陈述理解为“可笑的并且就是用来让人发笑的”。[31]

---

[31] Ⅱ，20（77）和24（81-82）。注意Ⅳ，45（233）；68（265）；78（282-284）。施特劳斯后来才在打印稿中、在Ⅱ，20那句话上加入“纯粹的或

马基雅维利学说的真正受众问题与马基雅维利事业的哲学地位问题联成一体，我们对施特劳斯就这个问题所给出的隐微回答的解释，可以通过观察出色受众在《思索马基雅维利》中第一次和最后一次被提及之处，获得一种附加的和总结性的确证。在他将隐秘的渎神解释为马基雅维利的修辞手段的段落中，施特劳斯开始谈论“青年”（I章35段）。[62]在前面一段，施特劳斯揭示了马基雅维利在《论李维》第I卷第26章中引用《马利亚尊主颂》中的一句诗时，在其中植入了“巨大的渎神”之意，并且表明，马基雅维利“引导我们得出结论，不，他实际上说了，上帝是一位僭主”（I章34段），有关这个发现我们在下文还将讨论。施特劳斯对《论李维》第I卷第26章的著名解释让这一段中被揭示的渎神之举几乎成了人所共知之事，㉜ 在I章35段中，我们得知，这“还只是冰山一角”，我们还就作者何以不断使用这一手段获得了一个解释：“通过隐藏他的渎神，马基雅维利迫使读者自己去思考渎神并由此成为马基雅维利的同谋。”马基雅维利要将其变为他的同谋、

是暂时的”（either simply or for the time being）。第二章曾事先发表在 *The American Political Science Review*，51：1（March 1957），页13－40上，这一处和II，20的最后一句话都是后加的，在这个版本中都找不到，参页33。文章发表的时候，施特劳斯的书尚未完稿。在手稿的最后施特劳斯记有：“Finis－Laus Deo. December，9，1957[完成——感谢上帝。1957年12月9日]”。

㉜ 在施特劳斯1955年对马基雅维利学说的显白陈述中，他解释道：“马基雅维利在这方面[即宗教批判，主要是圣经宗教批判]的原创性只局限于一个事实，即他是一位伟大的渎神大师。不过，与其惊世骇俗的特征相比，其渎神之优美与雅致倒是很少被我们感受到。我们还是让它们继续待在他用来遮掩它们的帷幕之下吧。我得赶紧讨论他的道德批判，而这也正是他对古典政治哲学的批判。”《什么是政治哲学?》，前揭，页41，强调为引者所加。关于施特劳斯在此所使用的修辞手段，参看《自然权利与历史》，前揭，页76和《论霍布斯政治哲学的基础》，前揭，页189。

将其诱向“禁区中的漫游”、尝试将其纳入他的思想的读者，并非普遍意义上的读者。这种读者知道自己去思考作者给予他思考的东西，对于这种读者，作者有理由假定，他由此所获得的经验与作者自己的思想经验密切地相亲近。

> 马基雅维利急切地想要建立这种亲密关系，即便只是要和他称为“青年”的一类特定读者建立这样的关系。马基雅维利所使用的隐藏是一种精微的败坏或引诱工具。他用谜语来让自己的读者着迷。因此，对于解决问题的迷恋让读者忽视了一切更高的义务，乃至一切义务。

如此被诱向思想的读者醉心于问题的解决，这些问题的魅力让他忘记了所有更高的义务，这样的读者很难被选中去在马基雅维利的军队中服役，无论身居何职。我们没有理由把马基雅维利著作的真正受众[63]在一场战争事业中服从与献身的才能估计得太高，高过那些通过与苏格拉底的谈话而被败坏的青年在这方面的才能。㉝

“青年”最后一次被提及是在Ⅳ章81段，施特劳斯让三个段落位于他讨论马基雅维利事业的三个“最后章节”之前，而这是其中的最后一段。以马基雅维利对好生活或合乎自然的生活（一种重与轻的抑扬交替）的概念为主线，施特劳斯深彻地解释了马基雅维利的自我理解，在解释的结尾处，施特劳斯将哲人以“最优秀的人”的形象置于读者眼前，这种人超越了“政治之善

㉝ I，34（48－49）和I，35（49－50）。——“不消说，从已有秩序的观点来看他必定是一位败坏者，然而在事实上，他却可能是那些纯粹合乎自然的风尚和秩序的发现者。”Ⅲ，56（169）。

和情爱之善相反相成”的层面，区别于被战争和爱情两极所规定的“最优秀的战争或情爱的将军或士兵”，能够通过知识达至“完全的满足并豁免于时机的力量”。就事情本身来说，马基雅维利具有一种基于认识的、与哲学传统相合的自足和欢愉，紧接着这一刻画，施特劳斯在其最后一个解释步骤中将马基雅维利的重与轻的抑扬交替运用到哲人的生活。正是在这里，真正的受众最后一次登场：

> 即便在最高的层面上，重与轻的抑扬交替也是合乎自然的，如果这是真的，那么我们就必须得说，重属于对真理的认识，而轻则在真理的传达中发挥作用。这同一个人，他既是创始者或君主的教师，也是“世界”真相的发现者，他把这真理传达给青年。

哲人严肃地看待对真理的认识。对他来说，把真理传达给真正的受众看起来反而并不那么严肃。可又如何定位他作为“创始者或君主”（他们明确地区别于“青年”）教师的活动呢？从“重”与“轻”这两极来看，马基雅维利的事业又处于什么位置呢？施特劳斯接着[64]说：“在前一种能力中”，即作为“行动中人”的教师，“他是半人半兽或人道与非人的交替”，在后一种能力中，即作为一位使真正的受众能够通达真理的作者，“他在轻重之间抑扬交替”。在初看起来属于轻的一极，轻重交替惊人地回归，这里有两点值得关注。一方面，施特劳斯让人清楚地看到，他在对政治事业进行定位的时候没有提及重和轻的视角，他所选用的“半兽半人”这一表达可以让读者回忆起他在一个对“最优秀之人”的重要解说中所作的论证：一位思想者，如果他想要作为马基雅维利意义上的政治教师发生最大的影响，就必得承受对他而言最为可耻的顺从，只要他没有以“轻”来理解这种顺从，即把这种顺从理解为他允许自己所进行的一次不会触及其存在核心的冒险。㉞ 另一方面，对轻—重分岔的重复修正了关于“传达真理”的第一陈述所造成的印象。不严肃的并非向真正的受众传达真理。不严肃的是传达真理的方式。真理被间接地传达给真正的受众，它披上外衣，在隐藏中显现。马基雅维利直接向创始者或君主所传达的学说可以有间接传达之用。施特劳斯补充说：“因为在后一种能力中，他带来了一束照亮事物的光，而这些事物是太阳所不能照亮的。知识与传达知识的联结可以比作人与马的结合，虽然不能比作半人半马的怪物。”在Ⅳ章81段的最后一句话中，两极交替的真理被证明是两种能力的协同作用。重与轻的变换在最高的层面被扬弃为一种统一。间接传达使得携带光亮的作者可以保护这光亮，以使它只被恰切的读者所领悟。哲人向他的受众说话，却没有说出他被禁止说的东西。施特劳斯在第Ⅳ章第1段[65]将一句谜语般的真理置于论证之前，这个论证在第81段到达了它的目的地，“不该被说出的就不能说”。㉟ 施特劳斯在最后用马上的骑士这个喻像来形容《君主论》和《论李维》的作者，由此将马基雅维利不打折扣地置入运用显白—隐微书写艺术的哲人传统。他强化了自己的判断，即马基雅维利“绝非不合格

㉞ Ⅳ，51（244）。

㉟ Ⅳ，1（174）。此外，注意施特劳斯在Ⅳ，54（246－247）对哲人德性的讨论：“最高意义上的德性，‘非同寻常的德性’，头脑与意志的雄壮宽宏，那使伟人区别于其他人的前道德的或超道德的品质，是自然的礼物。这样一种并非认为选取的德性迫使一个人为自己设定高远的目标，又因为这种德性不能与最高的审慎相分离，所以他就为自己设定了在各种环境中可能的最为智慧的目标……在有着非同寻常的德性或审慎的人那里，‘实然’与‘应然’相合无间：他们不能做他们应该做的事；对于他们来说，审慎的命令具有强制的力量。”

的继承人”，要把马基雅维利视为那种最高“写作艺术”的继承者，这种艺术“彰显于那个传统的各个峰巅之上”。[36] 因为施特劳斯于1957年在《法拉比是如何读柏拉图的〈法义〉的》中引入了这个隐喻，并将它指向法拉比和柏拉图的著作，以刻画当中的双重性。[37] 马基雅维利将其事业之使命整个地交与其学说的两类出色受众中的一类即真正的未来哲人去思考，他也以此跻身哲学的伟大更新者之列。

二

[66]与启示宗教争辩是《思索马基雅维利》的核心关切。这种关切又分为两个方面。它首先对启示宗教的统治所造成的政治情势的变化做了历史性的回答。可更重要的在于对启示宗教的真理诉求所蕴含的挑战做出哲学性的回答。尤为历史性的关切将马基雅维利与法拉比相联，后者是启示宗教登场之后第一个为政治

---

[36] Ⅲ，26（120）。

[37] “和他之前的柏拉图一样，法拉比并不允许自己貌似慷慨地试图帮助所有人通往知识，而是运用一种遮掩，这种遮掩被一种出人意料的和不可思议的坦诚所减轻或增强。所以，他的决心是双重的：他对律法的总结是‘要帮助想要认识[律法]的人，并满足无法忍耐研究与沉思之辛苦劳烦的人’（4，20－21）。那些想要认识律法的人和那些无法忍耐研究与沉思之辛苦劳烦的人分属不同的阶层……我们可以把这种著作类比于马背上的人，以表明它们的双重性：它们看似一个整体，却由一位明辨而缓慢的统治者和一位快速而不甚明辨的臣属组成，它们既适于出人意料的攻击，也适于飞翔。”《法拉比是如何读柏拉图的〈法义〉的》（“How Fârâbî Read Plato’s *Laws*”），载《什么是政治哲学?》，前揭，页137－138。——就马上的骑士与半人半马怪物的对立，施特劳斯显然是受了色诺芬《居鲁士的教育》Ⅳ，3，17－21的启发。

哲学重新奠基的人。[38] 而本源的哲学关切又同样将马基雅维利与柏拉图相联，因为这种关切并不依赖于启示宗教的历史性登场与下台。信仰一位全能的上帝，他是世界的创造者、人类的统治者和审判者，构成了启示宗教的核心，它是对哲学的一项异议，这项异议索要一个回答。无论该异议的历史性化身是获得了成功还是遭受了失败，作为一种持久的可能性，这项异议始终伴随着哲学。施特劳斯坚定地从基督宗教和基督教的上帝（它们被作为政治行动者的马基雅维利视为对立面）回到“圣经宗教”和“圣经的上帝”，并用一般而言的启示来替换基督教启示，他这么做是在表明，他所特别着眼的无疑是哲学性的回答。“潜在君主”的教师或许设想了一场精神战争，[67]一支以敌基督为旗帜的军队与另一支以基督为旗帜的军队在其中相遇。而施特劳斯却以一切形式求证，“当作为思想者的马基雅维利将其真理问题作为最为关键的问题来看待的时候”，他“严肃地对待了启示宗教的真理诉求”。[39] 假如施特劳斯不能够看到，对马基雅维利来说，启示宗

[38] 参看《对迈蒙尼德和法拉比的政治科学的几点评论》（*Quelques remarques sur la science politique de Maïmonide et de Fârâbî*），（写于1935年8月－10月），载《文集》（Gesammelte Schriften），第二卷，页129－130以及156－158；《法拉比的柏拉图》（*Farabi's Plato*），（写于1943年11月12日—1944年3月29日），载于：*Louis Ginzberg Jubilee Volume*，New York，1945，页378，382－384；《迫害与写作艺术》，前揭，页15－18及21；《法拉比是如何读柏拉图的〈法义〉的》（“How Fârâbî Read Plato's *Laws*”），前揭，页144，152－154。

[39] I，35（51）。在同一处施特劳斯谈到了马基雅维利的不信仰：“……如果像马基雅维利所假定的那样，圣经宗教并非真理，如果它并非来自天国而是源于人类，如果它所包含的是诗性的寓言，那就不可避免地要尝试用仅只人类的词汇来理解它。初看起来，可以从两个不同的方向来进行这种尝试：可以从人类之爱这个现象出发，或者可以从政治现象出发，来尝试

教的真理问题是最为重要的(all-important)——施特劳斯并不经常使用这个词[40]——他就不会把马基雅维利提升到政治哲人的高度，更不会将马基雅维利问题与苏格拉底问题相提并论了。施特劳斯将马基雅维利作为哲人来思考、将他的学说作整体的陈述，这是一桩大胆的举动，这种做法预设了马基雅维利能够被放在他所必须满足的绝对必然性和至高要求的视域下来解释。施特劳斯的着手方式最清楚地表现于他在第三章引入《论李维》的“核心论题”的时候：

> 《君主论》的标志性主题是最高贵意义上的君主，是新风尚和新秩序的引入者或创始者。《论李维》的标志性主题是民众之为已建立的风尚和秩序的维护者，或道德和宗教的储藏室。圣经将道德和宗教需求发展至最纯粹、[68]最不妥协的形式，如果这是对的，如我所相信的那样，那么《论李维》的核心主题必定得是圣经分析。[41]

理解圣经宗教。薄伽丘在他的《十日谈》里面采用了第一个办法，而马基雅维利所采用的则是第二个办法。”(强调为引者所加)有关于此还可参看后文的一句话：“几乎不用再说，马基雅维利用仅只人类的词汇来解释圣经信仰的根源，预设了他对我们所谓的良心现象的否定和解构性分析。”Ⅲ，42，(148－149)，强调为引者所加。

[40] 五年之后，施特劳斯用这句话来结束《城邦与人》(*The City and Man*)：“只有从这一点出发[即对前哲学的城邦中所固有的神性之物的理解]，我们才能领会那个最为重要的问题的全部影响，这个问题尽管不常被哲人们明言，却是与哲学同在的——*quid sit deus*[何谓神]的问题。”Chicago，1964，页241。

[41] Ⅲ，32（133）。有关这段对于《君主论》和《论李维》的综述的前半部分，参看施特劳斯的阅读指南：“在阅读马基雅维利关于君主或一位君主的论述的时候，我们总是必须考虑，如果把这些陈述用到上帝身上会有什么意味。”Ⅳ，17，脚注54（332）。

鉴于施特劳斯援引圣经时所作的强调，我们不会惊讶，当道德和宗教要求有待解说的时候，施特劳斯对“马基雅维利学说”的陈述在其最为重要之处都明确或不明确地以“圣经的学说”(die biblische Lehre) 及“圣经学说”(die Lehre der Bibel) 为对象。[42]“马基雅维利的学说”一章看似分成两个同样篇幅、结构对称的部分，Ⅳ章1-42段和46-87段，按照施特劳斯自己的区分，两部分分别讨论“马基雅维利关于宗教的学说和他的关于道德的学说”。因此，在前一章的宣告之后，“圣经”该是第四章的核心主题。我们有理由期待他会讨论圣经上帝和圣经戒律。Ⅲ章32段的宣告同时也让我们注意，先宗教后道德的次序颠倒了讨论《论李维》时的道德—宗教顺序，这一颠倒也有待解释。施特劳斯在这一章前半部分末尾就1-42段先说出通常的读者们可想而知的反驳，从而就自己的行动给出一个更为精微的提示，这种行动提出了关于他的意图和他的计划的问题；施特劳斯就1-42段明确地说：“初看起来，我们好像用了过多的篇幅来讨论马基雅维利关于宗教的思想。这种印象出于一种对于意图的通常误解，不仅是误解了马基雅维利的意图，而且误解了他之后一整系列的政治思想家的意图。”施特劳斯稍后补充说，在马基雅维利那里，“对宗教的公开讨论[69]要远远少于对道德的公开讨论”，以此强调了自己在篇幅安排上的偏离之处。[43] 最终，没有哪位读者还能不明白，在对核心主题的处理上，施特劳斯在多大程度上

---

[42] 在“马基雅维利的学说”的前半部分，施特劳斯9次使用了对立的概念“圣经的学说”：Ⅳ，3（176），Ⅳ，12（186，187，189）（4次），Ⅳ，16（197）（2次），Ⅳ，22（203）（2次）；“圣经学说”3次：Ⅳ，3（176）；以及“启示的标志性学说”1次：Ⅳ，2（175）。

[43] Ⅳ，43（231）和Ⅳ，44（231-232）。

远离了马基雅维利的含蓄：马基雅维利在《论李维》和《君主论》中分别只有唯一的一次（《论李维》Ⅲ，30，《君主论》Ⅴ Ⅲ）指名道姓地提及圣经（而且是旧约），而在《思索马基雅维利》中圣经仿佛处处在场。仅在第四章导论的最后一段，圣经的名字就被提到十次；在这一段中，施特劳斯承认，马基雅维利和启示宗教的对峙之所以常常不被理解，“部分地是因为他自己的沉默”。在马基雅维利沉默之处，施特劳斯让他发言。在马基雅维利满足于暗示之处，施特劳斯帮助他论证。不过，施特劳斯就法拉比说过的话也适用于《思索马基雅维利》的作者：他利用评注者或历史学家的独特豁免权，在一部历史学著作中说出了他对一个严肃论题的思考。[44] 在“马基雅维利的学说”这个标题之下，评注者和历史学家施特劳斯在第四章前半部分陈述了“马基雅维利关于宗教的思想”。并且他在这么做的时候明确地返回到了马基雅维利的意图。

然而，哲人施特劳斯在第四章所依循的计划并没有通过划分分别讨论宗教和道德的两部分得到充分说明。核心论题也还需要进一步的规定。这一章的 87 个段落划分为 11 节。第 11 节（Ⅳ章82－87 段）和第二、三两章的最后部分一样，讨论马基雅维利的政治事业，这一节总结了施特劳斯考虑到马基雅维利学说的世界历史后果而对这种学说所做的批判。除这本书的开篇之外，这个结尾是《思索马基雅维利》最为显白的部分。结尾的首要功能是将前 10 节所揭示并塑造的马基雅维利思想的超政治内容掩盖起来。因为1－81 段的真正主题，那连接、贯穿并支配了所有其他论题的主题，乃是哲人：他的本性[70]和德性，他在政治、宗

---

[44] 《法拉比的柏拉图》，前揭，页375。

教和道德使命与要求的视域中的自我主张和自我理解。要重新赢得对于“哲学本义”的理解（IV 章 1 段），就得有恰切的解释学，前 10 节的开头和结尾相逢于对于解释学的关键角色的标识。有些书，“除非我们长久地‘日思夜想’”（IV 章 81 段），就无法解开“作者的意图所赋予它们的全部含义”，而第一段就把《论李维》和《君主论》归入了这些书的行列；最后一段是第四章中唯一说出了此类哲学著作的目标受众之名的段落（IV 章 81 段）。第 6 节（IV 章 43 – 45 段）是过渡考察，它的开头第一段话构成了两“半”之间的桥梁，就像在第 1 节的第一段话和第 10 节的最后一段话一样，施特劳斯在这里把读者的注意力转向了传达的形式，谁要是想理解哲人的意图，就得仔细留心其传达形式。正是在这里，在第四章的解释学三步骤的中心，在就一种广泛的对意图的不理解（“不仅是误解了马基雅维利的意图，而且误解了他之后一整系列的政治思想家的意图”）而进行启蒙的上下文中，施特劳斯特别强调地让人回忆起“暗示和晦涩写作的艺术”。[45] 与第 1、6、10 节中的哲学写作艺术三部曲同时，施特劳斯还在这三节通过对哲学作者的简洁屏蔽来表明这一章的主题。导入小节（IV 章1 – 3 段）曾将马基雅维利呈现为一位“世间智者”，萨沃纳罗拉（Savonarola）继使徒保罗之后与他们做斗争。它抨击马

㊺ “我们不再明白，尽管那些思想家内部存在着重大的分歧，他们其实构成了一个共同阵线，在向同一个势力宣战，这个势力就是霍布斯称之为黑暗王国的那个势力；对于他们来说，这个战争比任何单纯的政治问题都更为重要。我们越是能够按照那些思想家理解他们自己的方式来重新理解他们，我们越是熟悉他们所有人在不同程度上所运用的那种暗示和晦涩写作的艺术，就越是会明白这一点。这样，这一系列的思想家们就会现身为同一阵线上的战士，他们偶尔也会暂时中断他们对共同敌人所进行的战争，来进行或多或少有些激烈却绝无敌意的相互争论。”IV，43（231）。

基雅维利是[71]“不仅拒绝异教神话，而且还首先排斥启示和启示之特别学说”的“阿威罗伊主义者”。它将马基雅维利的线索向后延伸至 Falāsifa[哲人]，位于这些哲人开端处的是法拉比(IV 章 2 段)。[46] 然后，在过渡小节，马基雅维利现身为现代政治哲学的奠基者（IV 章 43 段）。第 10 节讨论哲学之为对准确意义上的共同之善（Gemeinsamen Guten）的追求和合乎自然的生活，在这一部分，马基雅维利最终显现为不受历史目录所规定、无法被向后或向前的延伸所把握的哲人。

一旦我们认识到哲人是第四章的真正主题，就能理解施特劳斯为何要颠倒道德和宗教的次序了。在对民众之为习俗、意见和道德秩序的保持者进行政治分析的时候，无论是着眼于需求还是着眼于影响，都有充分理由给予道德以宗教之上的优先性，[47] 然而，对于哲学的自我理解来说，宗教就跃居首位了，因为道德要求以宗教真理为前提，如果没有后者的主要概念和手段，前者便会丧失其约束性。[48] 在一种对马基雅维利思想的陈述中，哲人的自我理解是陈述的主题，宗教之所以在此得享优先，还因为哲学

---

[46] 施特劳斯留有笔记作为第 IV 章导论部分中间一段的标题：“马[基雅维里]不是异教徒而是一位 savio del mondo[世间智者]，即一位 faylasûf[“哲人”的阿拉伯语写法]。”

[47] 参看《〈库萨里〉中的理性法》，第 13、34、45 段，前揭，页 109，130，140。

[48] 参看《〈库萨里〉中的理性法》，第 12、19、24、25、28、44 段，前揭，页 106－108，115，121，122，124－126，139。注意尼采《偶像的黄昏》，“一位不合时宜者的漫游”，第 5 节，《考订全集版》（*KGW*）IV，3，页 107－108。

只有在宗教的真理诉求中才看到了严肃的挑战。[49] 施特劳斯用第5节（Ⅳ章38－42段）来谈马基雅维利在直接的政治考虑中对宗教的处理，这是第一部分的最后一个小节，也是导论小节之后最为简短的一节。他以此表明，作为社会现象的宗教在一种对马基雅维利学说的陈述中能够占有多少分量，[72]该陈述所依据的是这种学说作为传统意义上的“政治理论”的内容和范围。《思索马基雅维利》这里的五个段落（Ⅳ章38－42段）泾渭分明地与《论李维》第一卷第11－15章中论述宗教的著名五段相对应，就宗教对于政治的利害问题，它们已经足以描绘马基雅维利的学说了。

当要谈论的是哲人与启示宗教的对峙的时候，分量的安排就是另一种样子了。这种对峙首先是第四章导论之后紧接着的11个段落的讨论对象。在第二节末尾（Ⅳ章14段），施特劳斯对哲人作了一番实质的描述，必须从这番描述所标明的视角出发来读此前的宗教论述。这种论述从一开始就关乎哲人，就以哲人为衡量尺度，就关注着哲人的生存条件。第二节（Ⅳ章4－14段）以基督教开端。无论就政治而言还是就哲学而言，基督教这种力量都给现代人的历史处境打下了决定性的烙印（现代人首先是基督徒），并且在两方面，基督教对现代人都意味着返回到古人德性的主要障碍（“基督教正是不能恰当地模仿古人的关键原因”）。构成这一开篇的是一种从边缘出发将中心纳入眼帘或由外向内推进的解说，它从基督教对于世界的影响开始，以接近施特劳斯三

[49] 参看《理性与启示》（*Reason and Revelation*），载 Heinrich Meier，《施特劳斯与神学政治问题》（*Leo Strauss and the Theologico－Political Problem*），Cambridge 2006，页149。

度称为“基督教本质”的东西。[50] 关于基督教对世界的影响，马基雅维利的诊断可以用一个公式来总结，即基督教弱化了世界并将其保持为柔弱。施特劳斯设置了三个同心的圆圈：在基督教的统治之下，世界、民众和人本质上都是“未被武装的”。不抗恶这一基督教禁令或建议是反自然的，因此必定招致灾难性的后果。[51] [73] 对“世上荣耀”的推崇强化了许多人的行动，支撑了公民对于共同体的参与，而基督教却持之以恒地削弱这种推崇。不过，在摧毁了荣誉是至善这一信仰之后，真理站在了基督教这一边。最内在的圆圈让施特劳斯得以明白无误地确定，马基雅维利“所关心的无疑是教授真理和真道”，这让马基雅维利可以在这种关联中、在与基督教真理的直接对峙中，说出“他所作过的关于真理的最强的论断”：“人若非士兵，错必在君主，这话比任何其他真理都更真。”施特劳斯在他关于基督教本质的讨论的数字意义上的中心处，对这句出自《论李维》第一卷第21章的话作了评注：

> 那个最完美的真理支持对于世界力量的需求。因此，如果基督教把世界带入了柔弱不堪的境地，那么它就不可能是真的。在真理和世界力量之间存在着本质上的和谐：“所有

---

[50] Ⅳ，4－6（176－180）施特劳斯在一个段落中依次征引了《论李维》Ⅰ，序言；Ⅱ，2和Ⅲ，1，关于这些段落的主题，他说：“这三段明确地以基督教的本质为讨论对象。”（页176）基督教的本质这个说法是施特劳斯在解说中引入的。

[51] “……马基雅维利表明，对严刑峻法和现世惩罚的忽视，将会导致何种后果，要么最终得用非法的暴力来匡正邪恶，要么社会将会消亡……不抗恶将会确保恶人的统治永远不受干扰。抗恶对于人类来说是自然的，正如对于任何其他生物来说是自然的一样。因此，反对抗恶的劝诫，只可能导致对这个劝诫本身的逃避。”Ⅳ，6（180）。

那些偏离了真理的风尚和观念都源于为君者的柔弱。”

施特劳斯没有明言，马基雅维利在他的基督教批判中使用了针锋相对论证（Ad - hominem Argument），因为他可以预设人人都知道登山宝训中的那句基督之言：“凭着他们的果子，就可以认出他们来。”* 不过，他现在不仅证实了马基雅维利对于基督教的真理诉求有清楚意识，而且还通过明确地提及基督教的真理——关系到世上的荣誉之为所谓的至善的真理——让我们可以认识到，“他已经理解了那个诉求”。马基雅维利从果实中辨认出基督教“不可能是真理”，这果实看来是从基督教的一种观念长出来的，即把“谦卑、自卑和藐视人类事物”视为至善。当前世界的柔弱的根本原因因此尚未被触及。为了触碰这个根本并发掘基督教的核心，施特劳斯跨出了越过马基雅维利的一步。他说出了马基雅维利不说的东西。首先，他提醒读者注意，马基雅维利通过一个第二陈述修正了他之前关于古人的宗教将“世上的荣誉”视为至善的说法，[74] 而根据第二个陈述，古人的宗教将“伟大之心灵、强健之身体和所有其他会让人非常强大的东西”视为至善。然后，他将这种替换（将古人的宗教服务于人的增强，其真理在于人类精神和身体能力的发展）与一种类似的、为马基雅维利所激发的推理相连接，这后一种推理却带有相反的结果：“他因此建议相应地修正他就基督教所理解的至善所作的陈述：至善是上帝，它预设了谦卑和柔弱并由此将谦卑和柔弱封圣。”[52]

马基雅维利认为，基督教导致了“现代世界的柔弱”，而这

---

* ［译注］《马太福音》7 章 16 节。耶稣在 15 - 20 节提醒门徒防备假先知。

[52] IV，5（178 - 179）。参看《马太福音》，7 章 16 和 20 节。注意本章脚注 41 和 48。

种柔弱远非一种颓废诊断那么简单。像施特劳斯在关于基督教本质的三段和全部第2节所展示的那样，这种柔弱必须理解为一种根本抉择的表现。因此，基督教之所以成为更新古代德性的主要障碍，首先并不是因为当前的现实状况，而是因为其至善学说以及随之而来的对于那些德性的贬低，乃至否定其为德性。不是历史性的没落本身，而是基督教的 humilitas[谦卑]（举例来说，可这又不只是个例子）盘踞中心，堵住了通往古典的 magnanimitas[宽宏大度]的道路。通过把“好的武装”理解为马基雅维利对信仰的 unum est necessarium[唯一紧要之事]的回应，施特劳斯尖锐地突出了位于根本处的冲突。施特劳斯为马基雅维利就真理所作的“最强论断”下了一个脚注，在这个脚注中，施特劳斯把他的话“好的武装是唯一紧要之事”（在《思索马基雅维利》中，这话在之前和之后各出现了一次）称为“反基督教真理的典范”。[53]显然，“好的武装”并不只是指基督教时代条件下的政治或战争，正如古代条件下世上强者和弱者的区分并非只能应用于西方共和制的政治自由[75]和东方君主制的专制奴性一样。施特劳斯的论证不只活动在一个层面上。只有当他的说法和规定被应用于哲学和哲人生活的时候，我们才达至决定性的层面。在这个层面上，唯一紧要之事是位于诸种德性之巅、奠基于对自身理性的自由使用的洞见，唯一紧要之事使得一种自足的生活成为可能，而“好的武装”尤其是用来为这种生活辩护的好的理由。一种想要从信仰之服从来理解自身的生活否定哲学生活的 raison d’être[存在理由]。即便在沉思被推尊为最高权威并获得空间的地方，并且恰恰是在这里，作为一

---

[53] Ⅳ，5，注释10（330）。Ⅱ，24（82）；Ⅳ，30（212）；参看Ⅳ，13（189）和Ⅳ，18（199）。参看《路加福音》，10章42节。

种并非先在地受缚于权威的活动，哲人的核心活动不得不被否定。最后，关于谦卑（紧接着对谦卑的讨论，施特劳斯标识了弱者的基督教的核心），按照基督教的理解，谦卑在本质上是服从，是对德性即知识这一哲学原理的完全否定。谦卑只有当它不自知为德性的时候，才是德性。因为如果它自知为德性，那就难免骄傲了，也就无法被视为最高的基督教德性。[54] 在13段（紧接着这一段的是第2节最后一段，讨论"最优秀的人"），施特劳斯如此翻译反基督教真理的典范：

> 在马基雅维利看来，如果一个人没有不依赖自身之外的力量的支持、从自身求索最高之物，如果他不能在他的成就之为他自己的成就中寻得他的满足，他就不能达至自己最高的声望。人类的力量与伟大并不根源于对上帝的信赖和自我否定，[76]而是源于自我信赖和自爱。

继而："优秀之人对于优秀的意识得取代罪的意识。"[55]

---

[54] 路德（Martin Luther）称谦卑为"所有德性中的最高者"。他如是谈论它："只有上帝能够认识谦卑/也只有上帝能够指引和启示谦卑/人类在真正谦卑的时候/对谦卑知道得最少。"他解释道："真正的谦卑从不知道它是谦卑的/因为当它知道的时候/它就会因这种美德的荣耀而骄傲了/它会带着心灵、勇气和所有的官能固着于渺小的事物/它目不转睛地盯着这些渺小的事物。"《圣母颂德译及诠释》，Edition Clemen Ⅱ，页148，150；魏玛版Ⅶ，页560，562。关于谦卑之为"最高的德性"，请注意路德在《罗马书讲稿》开篇处对苏格拉底的德性所作的批判。

[55] Ⅳ，13（189－190）。稍前一点，施特劳斯在同一段话中描述了圣经的反对立场："应该把信心放在祷告和上帝之中，而非放在血肉、人类的意志以及最终放在自己的双手、德性和审慎之上。如果跟随圣经，那就不能把摩西算在那些新君主之列，他们通过自己的双手和自己的德性获得了他们的力量；那就得说，摩西之所以值得称赞，'只因为那使他可以与上帝对话的荣耀'。"（页189）

且让我们回到第2节的论述过程。第一小部分（IV章4-8段）讨论启示宗教借基督教这种历史形态发出的挑战。圣经、圣经宗教、圣经戒律或圣经道德在这一小部分皆未提及。不过，第一个注释已经提示读者去参看《思索马基雅维利》的一个早先段落。那里谈论的是“圣经对于谦卑和贞洁的要求”，这些要求向马基雅维利索求证据，即证明他向新人所推荐的古人德性是“真正的德性”。施特劳斯没有向读者遮着藏着这样一种证据对于哲人意味着什么：“证明古人的德性可以被效仿并应该被效仿，这就等于反驳圣经宗教的诉求。”要拒绝圣经的道德要求，就得反驳圣经的宗教诉求，也就是说，要使圣经宗教对真理和服从的诉求变得无效。[56] 我们由此为施特劳斯从基督教到圣经宗教的顺利发展做好了准备。从个别的、历史的表现到根本原则的过渡成功地发生于第2节的中心。与之相关的是，施特劳斯不再谈论“现代世界的柔弱”，而是着眼于“世界的柔弱”。标志着这个过渡的是第八段的最后一个词语，耶路撒冷，这个词语不但联系着基督教和犹太教并挑起两者的纷争，而且还全然代表着启示宗教。[57] 从基督教的本质（IV章5段）[77]到圣经宗教中心（IV章12段）的过渡，开始于简短回顾圣经宗教的起源（IV章9段）的，结束于简要勾勒基督教的胜利（IV章11段）。位于中心的是对于“本质上僭越的”统治的尖锐批判，而这种统治是“圣经共和制”

---

[56] IV，4，注5（329）；Ⅲ，3（86）。参看I，35（51）并参看IV，5，注10（329-330）。

[57] IV，8（182）。施特劳斯在文中只还提到过一次耶路撒冷，并且是在接下来一段中，以“耶路撒冷的圣殿”这一词组的形式，如他补充说的那样，他在其中说了马基雅维利所不说的某种东西。参IV，9（183）。马基雅维利在《论李维》Ⅱ，32中提到过一次耶路撒冷。

(biblische Politie) 的标志性特征 (IV 章 10 段)。施特劳斯在 IV 章 9－11 段从马基雅维利出发分析了启示宗教的起源和发展，他在其中所勾画的政治萌芽让人想起斯宾诺莎的《神学—政治论》和尼采《敌基督者》中的批判和谱系学研究，[58] 更不用说霍布斯、卢梭或威尔豪森了。这些哲人在最重要之点上的一致所说明的主要并不是一桩密谋事业的成功，而是施特劳斯分析得合乎实事。[59]“基督教源于贫瘠的东方……更准确地说，它源自一个弱小的、政治上非常成问题的国家。”罗马共和国的公民基于好的武装和好的律法，在内部斗争中夺取并在胜利的战争中主张他们的自由；罗马民众从政治参与中获得自我意识，从而将公共事物作为自己的事，并与祖国融为一体。可对于犹太人来说，父辈的国度因他们长久受压迫或被流放成为渴望的对象，而非一个经历自由、体验自我规定的空间。对应许之地的渴望在基督教中转变成了对天国的渴望，[78]转化成了天上和地上祖国的二元论：“真正的基督徒是地上的流亡者，他生活在信仰和希望之中，并在他人

---

[58] 《神学—政治论》在《思索马基雅维利》中并未被提及，不过，施特劳斯在 IV，18 (199) 从中吸收了一句经过修改的引文 (nam nulla divinae justitiae vestigia reperiuntur, nisi ubi justi regnant)，他在 14 年后的最后一篇关于马基雅维利的文章中指明，这是一句斯宾诺莎的话。《马基雅维利》(*Niccolo Machiavelli*)，载：Leo Strauss 和 Joseph Cropsey 编，《政治哲学史》(*History of Political Philosophy*)，第二版，Chicago 1972，页 274。参看斯宾诺莎，《神学—政治论》XIX，Edition Gebhardt，页 231，30－31。——施特劳斯明确提及并征引了尼采的两本书，《敌基督者》是其中的一本：IV，17，注释 52 (332)。在这篇论文的中心，尼采引入了基督教的战争和宣传概念以及基督教宣传的概念，这篇论文看似以敌基督的宣传为目标，实则讨论哲人是什么的问题。《敌基督者》，31 节，*KGW* IV，3，页 199－200。

[59] 参看Ⅲ，52 (163－164)；Ⅲ，58 (171)；IV，43 (231)。

身上激起这些热情。”[60] 在历史现实中，对于天上和地上祖国之二元论的信仰，意味着超政治的宗教对于政治的支配性影响扎稳了脚跟，意味着神职人员在共同体中的直接或间接统治得以确定。教士统治是“圣经共和制”最重要的政治遗产，它在 Republica Christiana［基督徒共和国］中继续发生影响，并且不只是出于历史方面的原因而将基督徒共和国系于它的根源。教士统治的权威要回溯至启示宗教的最高权威，而对教士统治的批判为马基雅维利和他之后的所有政治哲人所共有。

> 在马基雅维利看来，教士统治在本质上是专制的（tyrannical），并且在原则上比任何其他的政权都更为专制，这是马基雅维利反对直接或间接的教士统治的主要原因。一个声称源于神圣权威或由神圣权威所颁布的命令，绝不能成为公民的赞成对象，无论这命令有多么高的智慧和德性。

施特劳斯对马基雅维利的政治神学批判的陈述，显明了唯一紧要之事乃是好的武装这一“反圣经真理”的精辟的政治含义。[61] 马基雅维利在原则上反对最为专制的政权，当施特劳斯解说这一点的时候，他毫不犹豫地在其解说的数字意义上的中心将哲学的“古典传统”带入讨论：“在评判教士统治或权威的时候，马基雅

---

[60] IV，9（182－183）。

[61] 在IV，10（185）的结尾处，施特劳斯说道：“如果一个政权是建立在神圣权威的基础之上，那么反抗在原则上就是不可能的；统治者们肆无忌惮。另一方面，如果一个政权是以武力为基础的，如果公民们手握武装、心怀德性，那么就很容易避免糟糕的统治。”在这个段落的前半部分，施特劳斯说过：“如果根本的选择是教士统治或拥有武装者的统治，那么我们就明白了，马基雅维利为何提出，‘人若非士兵，错必在君主’这个真理是最伟大的真理。”IV，10（184）。

维利只不过追随了古典传统。柏拉图的哲人统治就是用来取代埃及的教士统治的。”施特劳斯证明，在一个具有最大政治影响的问题上，马基雅维利和柏拉图以及紧接着被提及的亚里士多德有着相同的想法。[79]在批判教士统治上，马基雅维利也和所有先于他的政治哲人相一致。这是柏拉图和亚里士多德首次出现在第四章，紧接着，施特劳斯开始解说导致基督教获得历史成功的因素，而这主要是让读者注意，施特劳斯通常称为“古典政治哲学”的传统并没有能够阻止马基雅维利与之对峙的教士统治史无前例地跃升，并且马基雅维利因此而有充分理由对“古典传统”进行一番修正、与之相偏离，从而更新它。事实上，施特劳斯在他的谱系学中暗示，古典哲学非但没有能够阻止基督教的胜利，反而无意中成了它的帮手。施特劳斯让自己承担起替马基雅维利解说的任务，即说明将世界柔弱化的基督教何以能够施展自己的权力：“我们必须尝试说明，他何以能够基于自己的原则理解基督教的胜利。”他在 IV 章 11 段中给出了解释，这是最为简短的段落之一，也是少数没有任何注释的段落之一；施特劳斯在手稿中为自己注有标题，他把这一段直接称为：“对基督教胜利的理性思考。”如果世界的柔弱必得回溯到耶路撒冷，那么基督教的掌权就需要回溯到罗马。正是罗马帝国在政治、道德和战略上为基督教打好了地基。“罗马在世界上唯一存在过自由的地方摧毁了自由和自由精神。罗马自身腐化了。罗马人失去了他们的政治德性。罗马人，尤其是罗马女人变得热衷于外来的崇拜。”帝国在宇宙政治的尺度上扩展了“贫瘠的东方”的初始条件。“基督教组织起那些完全缺乏政治力量的人，并因此而能够要求人们持守对于道德的单纯信念。早期基督徒所宣讲和实践的严酷道德造成了敬畏，尤其是在罗马帝国中那些同样缺乏政治力量的人群当中。”宗教谦卑的宣讲鼓舞了那些政治上的卑微者，将奴隶提升到了主人之上。信仰的确定抵抗着又依赖于秩序的不确定。从世界的虚弱中长出了基督教的强大。“基督教因此能够继承[80]罗马帝国，继承能让人想起古典艺术和科学的一切。它以这种形态面对征服了罗马帝国的年轻、强壮乃至粗鲁的诸民族，让他们心存敬畏。”古人、艺术和科学，以及位于它们的中心却被施特劳斯悄悄隐去的哲学，对所有这些的继承给了基督教以知识和教化来向四面八方传播教义，也给予基督教以武器和工具来建立它在下一个千年的统治。[62]

在勾勒了基督教所取得的历史胜利之后，施特劳斯接着要点式地刻画了马基雅维利时代所施行的统治。他把“虔诚的残忍”作为现代人的标志来强调，现代人比古人更具“虔诚的残忍”；并举天主教徒国王斐迪南（Ferdinand）驱逐西班牙犹太人为例，说明同时代如何表现了这种特征。[63] 在一个以马基雅维利开头、以上帝结尾的段落中，施特劳斯把马基雅维利对“虔诚的残忍”的批判作为出发点，以进入“马基雅维利的论证的一个更深层面”。他在Ⅳ章12段中从政治实践回溯到宗教原则，从“虔诚

---

[62] Ⅳ，11（185－186），强调为引者所加。另注意Ⅲ，24（118）。

[63] 1955年，施特劳斯在《什么是政治哲学?》第52段中也强调了“虔诚的残忍”的新品质，而“反神学的愤怒”一语就出现在这一段的末尾：“道德德性被转化成了基督徒的贞洁。由此，一个人对他的同胞、为他的同胞即与他一同被造之物所担负的责任被无限地增加。考虑到人类不死灵魂的拯救，那些在古人看来可能是、在马基雅维利看来确实是非人道的和残忍的行为方式，看来就能被允许甚至是必需的了：马基雅维利提及将西班牙犹太人驱逐出西班牙的阿拉贡的斐迪南的虔诚的残忍（pious cruelty），并暗指异端裁判所。马基雅维利是他那个时代唯一一个表达了这种观点的非犹太人。他似乎将宗教迫害的滔天罪恶诊断为基督教君主国，并最终是圣经君主国的一种必然后果。”（页43－44）

的残忍”回溯到“圣经学说”，并最终回溯到“圣经的命令”——pious cruelty[虔诚的残忍]的四度出现对应着 Biblical teaching[圣经学说]的四次提及，和 Biblical command[圣经命令]的四次使用——“圣经学说”使得“虔诚的残忍”显现为“一种义务”，即这种残忍是为神所喜悦的，[81]并给予热衷行动的信仰者以一种好良心。“根据圣经学说，爱邻人和爱上帝不可分割，而上帝要求人尽心、尽性、尽力去爱他。”在第三章阐述《论李维》的时候，施特劳斯已经探讨了面对“圣经中那个要求热爱的、好忌妒的上帝”的信仰之服从与“虔诚的残忍或无情的迫害”这种政治陋习之间的关联。⑭ 不过，只有在以哲人为主题、以哲人生存的 raison d' être[存在理由]为讨论对象的第四章中，争辩的核心才获得了表达。当施特劳斯在Ⅳ章12段的第27句话中向自己和我们谈到马基雅维利的时候，论证的最深一层才被揭开：“我们必须尝试理解，他指出圣经的上帝是一位僭主的时候，到底意味着什么。”⑮ 施特劳斯在这里所选用的句式显然和前一段布置任务时所用的句式相平行：“我们必须尝试说明，他何以能

---

⑭ Ⅲ，48（157）。此外请参看Ⅲ，39（143），Ⅲ，51（160）和Ⅲ，54（167）。在马基雅维利之后，培根在《论古人的智慧》（*De sapientia veterum*）第XVⅢ章 Diomede sive zelus 中，准确地说明了异教诸神与圣经上帝以及古人与现代人之间的区别：dii ethnici zelotypia，quod est Die veri attributum，non tangerentur（Spedding，Ellis，Heath 编，卷6，页658）。

⑮ 在施特劳斯为第27句所加的注释中（脚注33，页331），他把读者指向他在第I章34段（页49）中所阐发过的对《论李维》I，26的解释（参看本书德文版页62和脚注32）。——在Ⅳ，12中数字扮演了突出的角色：第27句中的 Biblical God[圣经的上帝]是对 Bible[圣经]和 Biblical[圣经的]的11次使用中的第6次，也是对 Biblical God[圣经的上帝]的唯一一次使用。Tyrant[僭主]是第27句中的第17个词语。God[上帝]在这一段中出现了17次。

够基于自己的原则理解基督教的胜利。”施特劳斯再一次甘愿承担起代马基雅维利发言、替他说明有待说明之事的任务。两次都关系到一种 rational account［理性思考］以及一种 reasoning［推理］，[66] 一种满足理性的陈述或论证。IV 章 11 段关系到一个具有重大政治含义的事件，IV 章 12 段关系到一个具有最为重大的政治和哲学影响的判断。施特劳斯在接着第 27 句话之后的 13 句话中给出了马基雅维利所不曾给予我们的论证。位于开端的是作为启示的命令，［82］是不仅在行动中而且首先在信仰中要求服从的权威，这权威还把不让自己被命令的思想变成了罪，把作为思想的不服从变成了犯罪。这个开端表明，施特劳斯的论证的着眼点是哲人的核心活动及其天性所遭遇的必然冲突。

> 圣经命令是启示出来的；接受圣经命令不是基于理性而是基于权威；如果权威不能动用强制手段“来使那些已经相信的人笃信不疑，使那些不信者相信”，那么权威就不能在很长时期被许多人接受；因为圣经的命令不只是要求行动，还要求信仰。要求信仰就是给某种思想打上犯罪或有罪的戳记，而人们之所以禁不住要去思考这些思想，恰恰是因为人们被命令去相信的东西具有一种非自明的性质；这意味着诱人嘴上承认他们心里并不相信的东西；这对宽宏（generosity）具有毁灭性。[67]

---

[66] 注意 IV，21（202）。

[67] IV，12，28－29（188）。施特劳斯在 13 句话中的第一句所使用的征引，是仅有的一句没有在论证中具名的马基雅维利引语（《君主论》IV）。前 6 句话中的四句都以此开头：“圣经的命令……”——参看霍布斯，《利维坦》（*Leviathan*）IV，46：“还有另一个错误……这个错误绝无可能是他们

圣经命令对宽宏具有毁灭性的影响，而宽宏不难被等同于哲人对于传达真理的心甘情愿。对宽宏的提及确证了，只有当施特劳斯论证中的说法被运用到哲人身上的时候，它们的全部含义才获得了揭示。这些说法在最高程度上适用于哲人，这给予了施特劳斯的论证以独特的说服力，并使论证免于任何形式的历史有限性，因为它植根于哲人的自我认识。因此，哲人懂得说明，人在圣经上帝的戒律面前必定会变得不服从，哲人对此知其然也知其所以然；而对于信仰之服从来说，这始终保持为一个信条，[83]这个信条又基于一个使人极为不安的奥秘。“圣经的命令不可能被满足，因所有的人都是罪人；这个命题的普遍性印证了所有人都必定是罪人；这种必然性必定源于命令与人类本性或原本构造之间的不对称。”且不论圣经命令与[人类]本性之间不相称——人反抗启示之上帝的原因正在于此——也不管对上帝的不服从和疏远上帝在圣经学说中本来已是绝对的不幸，信仰之服从必须坚持将反抗作为一种罪行来加以附带的惩罚。然而，对神圣上帝所犯下的罪行要求一种永恒的、无限的惩罚。

> 爱的上帝必定是一位愤怒的上帝，他“好忌妒又好愤怒”，他“将怒火倾泻在敌人的身上”，这是一股强烈的火

从亚里士多德或西塞罗或任何其他异教徒那里学来的，这个错误就是，尽管人们的言辞和行为都符合规则，却还要通过检查和盘问人们的信念，把法律的权力从仅仅管制行为延伸至人们的思想和意识。这样一来，人们要么因为坦承自己的思想而受惩罚，要么出于对惩罚的恐惧而不得不说谎。”“……如果一个人的行为是法律所允许的，却要迫使他为想法而自责，这就是违反自然法的；特别是那些持有如此教义的人：一个人如果在死的时候就基督教真理中的一条持有错误观念，就该受永久的惩罚和极端的折磨。”（Oakeshott编，页448）

焰，他在造人之前已经创造了地狱，而地狱之火又映现于虔信者在火刑柱上用来焚烧上帝敌人的火焰中。[68]

在忌妒的上帝中，圣经宗教达到了它的中心。施特劳斯在13句话的最后一句中引入地狱，随着地狱的出场，施特劳斯偏离马基雅维利，[69] 清楚地揭示了圣经学说与虔诚的残忍的联系。上帝的敌人在他们的迫害者为他们备好的柴堆上熊熊燃烧，那火光的反射所照亮的政治—神学关联是施特劳斯论证中的惊人结尾。可这种关联却不是施特劳斯论证中最重要的方面。比政治—神学关联远为重要的，是施特劳斯的论证为自然神学（Natürliche Theologie）的哲学论证所作的贡献。

在《思索马基雅维利》中，自然神学的论证并没有系统地展开，而是散落在各处，想要理解它的读者必须亲自将其汇集一处。论证的工作因此有待读者来完成。[84]施特劳斯让他的论述和暗示如此分离散落，以致其真正的力量只有在它们的内在关联被发现和被思考之后才能展开，在此，施特劳斯运用了他的前辈法拉比和马基雅维利的手法。[70] 因此，施特劳斯的13个句子的读者没有在Ⅳ章12段遇见智慧——自然神学的关键属性。他必须忍耐，直到第13段的末尾。施特劳斯在那里第一次提及智慧，

---

[68] Ⅳ，12，31和40（188），施特劳斯论证中的第4和第13句。第13句中所征引的话是施特劳斯在其论证中的第二次也是最后一次征引，语出《那鸿书》1章2节。在路德译本中，全句如下："那主是一位好忌妒的神和一位报应者，真的，那主是一位报应者而且大有愤怒，那主向他的反对者施加报复，他不会忘记自己的敌人。"

[69] "……他从未提及地狱。"Ⅰ，19（31）。

[70] 参看Ⅰ，34（48－49）论《论李维》Ⅰ，25（简言之）、26以及《君主论》XXVI。

并且是以否定的形态。在第四章中，之前唯有第2段曾三度指向拒绝了“启示和启示特有学说”的“世间智者”。在IV章13段的倒数第二句话中，我们可以读到：“一种对罪的惩罚如果迫使人去犯更多的罪……看起来就不够智慧了。”这个判断显然关乎施特劳斯在前一段所处理的争端的核心。最后一句话复述了13句论证中的一个关键点，以此确证了这种回指：“罪的必然性最终要从人类本性和人类处境的本性中去寻得解释。”[71] 哲人的自然神学以τί έστι θεός[什么是神]这个与哲学同根同源的问题为对象。自然神学的领域是对于属性的思考、对于规定的解说和对于标准的证明，而这也是Was ist ein Gott[什么是一位神?]这个问题所要追问的。这个问题标识着一桩反思与批判的大胆之举。[72] 一位没有智慧的僭主不能达到自然神学的标准。[85]他因为缺乏智慧而无法得到哲人的承认。[73] 并且就他被理解为僭主而言，他除了缺

---

[71] IV，13（192）。第17句话已说：“人出于本性被迫去犯罪。”在IV，13中nature[本性，或自然]出现了9次，God[上帝]出现了4次。

[72] 切不可混淆Natürliche Theologie[自然神学]与Natürliche Religion[自然宗教]，后者关乎哲人为了满足信仰的需求而在理性范围内所宣讲的学说。因此，自然宗教的raison d’ être[存在理由]在于学说的目标，即读者的信仰，而自然神学的存在理由则相反，在于哲人的自我理解。有关自然神学和自然宗教的区分，请参看拙著《论哲学生活的幸福》（*Über das Glück des philosophischen Lebens. Reflexion zu Rousseaus* Rêveries *in zwei Büchern.*），München 2011，第二卷，尤其参看页295－296、300、305、327－335、339－343、348－349、362－363、371、406－410、438。——有关Was ist ein Gott[什么是一位神?]这个问题的历史与实事，参看《施米特的学说》（*Die Lehre Carl Schmitts. Vier Kapitel zur Unterscheidung Politischer Theologie und Politischer Philosophie*），Stuttgart－Weimar 1994，页138－141和（dritte Auflage 2009）页299－300，以及《神学—政治问题》（*Das theologisch－politische Problem. Zum Thema von Leo Strauss.*），Stuttgart－Weimar 2003，页45－47。

[73] 注意《苏格拉底和阿里斯托芬》，页33。

乏智慧，也失去了信仰的支撑，因为在那13句话的论证中，有着两条论证线索的交叉：以智慧属性为遁点的自然神学的论证，和“着眼于启示信仰所宣称的属性的”针锋相对论证。两种论证的相遇在《思索马基雅维利》全部四章的中心段落已有准备。施特劳斯在那里让马基雅维利的thought[思想]就圣经作者和圣经上帝的关系发言：

> 圣经作者们把自己呈现为历史学家，呈现为记载上帝言行的人，然而事实上，他们依照自己对于一个最完美存在者的观念，来让上帝说一个最完美存在者会说的话，做一个最完美存在者会做的事；圣经作者们所陈述的亲身经历，其根据在于他们对于一个最完美存在者的观念；这个观念是如此具有强迫性，以至于“应然”看起来仿佛成了“实然”；这种联系通过存在论论证得以阐发；没有道路可以从“世上的事物”通向圣经上帝；存在论论证虽然并不是真正的证明，却是唯一一个令人起敬的证明。[74]

存在论“证明”是令人起敬的，因为而且仅当它从上帝的完满出发，并允许根据完满的规定所要求的标准来解说决定一切的问题之时。哲人与启示宗教的服从要求之间的争辩，核心就在于检查完满存在者所必须具备的属性，这种完满存在者要在最高意义上

---

[74] Ⅲ，42（148）。对这一处的进一步讨论，可参看本章脚注39。——Ⅲ，42是全部四章（37+26+59+87）209段中的第105段。

能够被视为完满。[75] 这种检查把自然神学的论证和哲学辩证法的针锋相对论证连接了起来，其中前者强调智慧、自足和善意三种属性，后者则探讨[86]信仰赋予一个完美存在者的属性，尤其是它的公正、爱和忌妒。[76] 因此，当施特劳斯在 IV 章 12 段中将两个线索汇集一处、让它们交错在一个概念（Einem Begriff）中，并敦促我们理解的时候，他就把我们的注意力引向了马基雅维利论证的要害所在："我们必须尝试理解，他通过指示圣经的上帝是一位僭主所要表达的是什么。"[77] [87]施特劳斯在《思索马基

---

[75] 尽管实存（Existenz）不是真正的属性，可如果"最完满的存在者"缺少这一属性，会有什么样的后果，就此请参看《苏格拉底和阿里斯托芬》（*Sokrates and Aristophanes*），页 143，并注意《理性与启示》（*Reason and Revelation*），页 163。

[76] 一方面请参看 I，35（50－51），另一方面请参看Ⅲ，45（152），并参看本章脚注 64。

[77] 施特劳斯第一个查明了马基雅维利对于圣经上帝的根本批判，有人却尝试将这种批判另行解释为对于基督教上帝的奉承。这种误入歧途的尝试基于一种观念，即认为"僭主"在马基雅维利那儿是一个价值评价的表达，马基雅维利把未来的僭主设想为世界的重塑者，并且还把自己想象为一位利用他的学说来建立统治的僭主，这种统治延续了几个世纪之久，为他增添荣耀。从这种观点来看，马基雅维利与基督教的对峙在本质上是一场历史冲突，在其中，一种权力意志与另一种权力意志相遇，一位僭主与另一位僭主相较量，一种新秩序与一种旧秩序陷入争斗。这种看法预设了马基雅维利把 principe nuovo[新君主]视为最高的类型，他让自己被实践的优先性（Primat der Praxis）所规定，他不是哲人。施特劳斯的看法却截然相反。他之所以揭示《论李维》I，26 中"惊人的渎神"，不是为了用一个骇人听闻的揭露来增强读者的印象，而是为了逐步地搞清楚，马基雅维利在他与启示宗教的对峙中是有一种论证的，这种论证严肃地看待启示宗教的诉求并且有根有据地驳斥了这种诉求。施特劳斯所关心的是把马基雅维利作为哲人来思考。所以，他在 IV，12 的第 27 句话中所说的也不是基督教的上帝，而是圣经的上帝，这和《论李维》I，26 完全一样，那里所谈论的无疑是圣经的上帝。——在他就霍布斯发表的最后文字中，施特劳斯给出了对于自然神学论

雅维利》中只会把“实然与应然”的统一归于一类存在者的名下，他们是“有着非常德性或明智（prudence）的人”。因着这种植根于其本性的非常德性，“他们不能做他们不应该做的事，他们必须做他们所该做的事；对于他们来说，明智的命令具有强制的力量”。而最高的明智（Klugheit）在于，在可能的既定条件下，“为自己定下最有智慧的目标”。换言之，最高的明智在于以智慧为定向。最高的明智带来了“实然”与“应然”的耦合，无疑，施特劳斯谈论这一点时乃是着眼于哲人。哲人也标识着如此

证（das Argument der Natürlichen Theologie）的提示，在第 IV 章第二节的光亮中，这些提示变得清楚了许多。《自然权利与历史》对霍布斯的政治哲学进行了详细讨论和历史定位，一年之后，施特劳斯重新动笔来讨论其基础。《论霍布斯政治哲学的基础》的中心部分——包括了 16 – 21 段（页 182 – 189），在法语初版中被附带地标为全文五个部分中的第三部分——以霍布斯与启示宗教的对峙为主题。在这一部分的中心，施特劳斯暗示了霍布斯的两种可能线索。首先（第 18 段，页 186），他讨论了给予一个哲学问题以一个政治回答的尝试，即联合政治主权者与启蒙运动来战胜基督教，通过重塑人类生活关系来弱化宗教并最终历史性地终结启示信仰的挑战。早期施特劳斯曾就这样一种“解决以及处理神学—政治问题”的冒险谈及一种“真正的拿破仑式战略”（《哲学与律法》，前揭，页 21）。然后（第 19 – 20 段），他把目光转向自然神学，而自然神学的论证却被他引人注意地略去了。（“在霍布斯看来……，如果‘事物’没有提供充分的理由让人赞成，理性如果清醒就必定会怀疑，而这种怀疑是不受制于意愿的……”“霍布斯也用这种方式来反驳启示的可能性……”“霍布斯更主要地是通过尝试证明圣经启示的内容是违反理性的来尝试反驳启示宗教。我们在此仅仅提及他就圣经学说与‘自然理性的道德’之间的关系所给出的提示”，页 187，强调为引者所加。）在发表《思索马基雅维利》之后，施特劳斯于 1959 在这篇文章的第二个注释中作了一个增补（参看本章脚注 20），后来，他在 1964 年的《霍布斯的政治哲学》（*Hobbes' politische Wissenschaft*）德文本前言以及 1971 年的《自然权利与历史》“第 7 版前言”中两度特别指出了这个补充的重要性，这个补充同样也属于自然神学的范围。

重要的第IV章第2节的结束，这与根本的论证完全吻合。IV章14段证明了“最优秀之人”不会被命运的脾气所震惊；凭借他们对于世界的认识、对于自然的知识、对于必然性的洞见，他们冷静地生活，没有希望，也没有恐惧或颤栗；他们可能会感到遗憾，却不会觉得有悔恨或救赎的需要。“他们模仿自然，会被重和轻所充满，却不会带有狂热。除了艺术作品以外，他们不会希望在任何地方发现完美或不朽。”[88]这个值得注意的刻画预先指向了第10节末尾处，即IV章81段对于“最优秀之人”的最后讨论；我们可以把这个刻画中借助艺术尤其是写作艺术来完善自身本性的大胆之举归为重的一极（*gravity* - Pol），而把对于不朽声名的期望——这声名可以从这种艺术的作品中生长出来也可以不生长出来——归入轻的一极（*levity* - Pol）。这部分的最后一句话无可混淆地回指向了对于谦卑或完全的服从这种基督徒德性的批判：“他们不会把谦卑，而会把人道或宽宏，视为与骄傲或傲慢相对立的德性。”[78]

施特劳斯在第2节集中讨论哲学与圣经学说的对峙，讨论这种对峙的核心和关联，此后在第3节（IV章15-25段）转向马基雅维利对个别学说的批判，从良心（IV章15段）、神意（IV章16-19段）和灵魂不朽（IV章19段），再到世界从虚无当中的被造（IV章20段），最后在结束时讨论了这种批判的有效范围（IV章21-25段）。施特劳斯首次在第四章中明确地谈及马基雅维利的学说是在IV章15段，这一段开启了这一部分，并带来一

---

[78] IV，54（246-247）；参看IV，1（174）。IV，14（192-193）；有关IV，14的最后一句话，参看IV，5（179）的第26句话，以及IV，12（188）的13句话中的第2句。

个问题，即施特劳斯为什么从良心教义开始他的巡察，而不是从支配一切的神意开始，或从作为万物之开端的创世开始："这里该考察一下马基雅维利关于良心的学说。"为什么新部分的开篇是讨论良心主题的恰当地方呢？一个容易想到的答案是，如施特劳斯在第四章中间所断定的那样，马基雅维利对于启示信仰的解释以"他对于我们所谓的良心现象的解构性分析"为前提。事实上，施特劳斯在Ⅳ章15段给出了有关的分析提示。首先，他提示了好良心的人类学功能，即好良心为道德之人打开了对自身感到满意甚或钦佩的可能。其次，提示了基督徒的坏良心中的明智，即他相信自己供奉着一位可以无限地通往其内心最深处的见证者和一位拥有不可抗拒的惩罚力量的审判者。最后，提示了马基雅维利否定现代人为良心表现所赋予的认知意义。然而，至少同样符合事实的是，施特劳斯提出了根本的问题，他在三次助跑中都尝试围绕着"马基雅维利对于良心状态的思考"，从而告诉我们："要回答这些问题，我们就得总结马基雅维利对于道德的分析。"[79] 换言之，如果没有联系他全部的道德分析，马基雅维利对于良心的"解构性分析"就无法得到恰切讨论，这两者是无法分开的，但施特劳斯将前者留给了这一章的下半部分。开头处的保证"这里该……"使我们在后文的光亮中注意到，施特劳斯紧接着第2节的论证就召唤出良心，有一个特别的理由："一个人

---

[79] "我们被引导去追问马基雅维利关于良心地位的想法：它是属于人的自然构成，还是属于一种特定类型的人的自然构成？或者是社会的产物，甚至是某种社会的产物？当良心裁定一个人该做什么的时候，它所着眼的是什么？一个人在遭受良心谴责的时候所关系到的是什么？要回答这些问题，我们就得总结马基雅维利对于道德的分析。我们首先注意到……"Ⅳ，15（194）。

的良心是他内在的见证；这位见证者在许多情况下是其行为的唯一见证，在所有情况中是其信仰的唯一见证。”当我们在 IV 章 15 段中读到这句话时，他如此安排其分析次序的逻辑就一清二楚了。信仰与不信的争端将良心与前一节的思路最紧密地关联起来。进一步的问题是，思想之不服从是否必须自担害怕良心异议的风险。或者，哲学之为一种坚定不移地对于原罪的重复，是否会遭到良心的劝阻。答案在于把施特劳斯在 13 句话中所做的论证直接应用到良心上面，甚至不用预设对于全部道德的绕道分析。“如果人不得不犯罪”，也就是说，如果他是被植根于事情本性之中且容易理解的必然性所逼迫去犯罪，“那么他就没有理由因犯罪而良心不安了”。施特劳斯把良心置于他巡察基督教和圣经教义的第 3 节的前端，[90]他以此表明自己依循着哲人的视角，始于最内在之物，终于最外在之物，由近及远，步步推进。我在此必须局限于讨论以下主要观点：哲学生活不得不预料到的异议，它可能会遭受的惩罚，可能导致它失败的阻碍。

施特劳斯就第 3 节所讨论的各种问题对马基雅维利学说所施加的批判活动，位于以下三个层面：（1）就马基雅维利否定创世肯定世界的永恒性，施特劳斯注意到，马基雅维利所说的几乎所有相关的话都只是判断或结论，而没有给出如何得出它们和为它们奠定基础的论证。马基雅维利在陈述其学说的重要部分的时候，略去了底下的论证。他因此掩盖了其哲学品格。正如他在普遍意义上竭尽全力地屏蔽哲学、隐藏哲人、掩盖哲学生活一样。有关这种策略的利弊，我们在后文还会进一步讨论。不过，就眼下的问题来说，施特劳斯还更进了一步。他强调，马基雅维利不指明地把我们指向了阿威罗伊主义者，从而一方面表明自己的立场，另一方面可以回溯到阿威罗伊主义者的学说作为其陈述的一种可支配的补充来论证自己的立场。这不只适用于对创世的否定，也适用于对神意和灵魂不朽的否定。

> 在马基雅维利的时代，阿威罗伊主义的基本信条对于智识之士而言，犹如我们时代的马克思主义的基本信条那般耳熟能详。我们必须转向“阿威罗伊主义者”的著作，以指明马基雅维利的各种暗示，并填充看似毫无联系的否定之间的鸿沟，否则，他的政治学说作为一个整体就会缺少根基。⑳

施特劳斯尖锐的评论[91]仿佛顺带地把马基雅维利坚实地固定在了哲学传统之中，他同时又很清楚，有些读者会感到自己的看法得到了确认，即马基雅维利是一位派生的思想家。施特劳斯的尖锐化如果能促使我们自己去弥合“看似未被勾连起来的各种否定之间的鸿沟”，那它就是有效的。可如果这种尖锐化促人相信，马基雅维利的思想大厦预设了阿威罗伊主义者的各种学说（Doktrinen），并且如果没有这些就缺少了哲学根基，那就将人引入歧

---

⑳ IV，21（202–203）。施特劳斯在IV，2（175）中曾以萨沃纳罗拉的名义用六句话刻画了“世间智者”以及falāsifa[哲人]或“阿威罗伊主义者”，他在IV章21段援引了其中的三句，将其规定为阿威罗伊主义者的观点，只不过他为之配上了自己的解释或翻译：“马基雅维利把我们的注意力引向‘那些哲人’，他们教导，世界是永恒的，*或换言之，世界没有动力因*。萨沃纳罗拉曾提到拥有‘世间智慧’的同时代人，这些人主张上帝不是世界的动力因而是目的因，还主张在所有人身上都只有一个灵魂，*也就是说没有个体灵魂的不朽*。那些持有这种观点的人就是阿威罗伊主义者。”（强调为引者所加）那三句没有被施特劳斯所重复的话，会不会不是阿威罗伊主义者的特殊观点，而是哲人的共同观点？

途了。[81] 施特劳斯自己也没有在接下来转向阿威罗伊主义者的著作来确证那个基础。相反，他已经在第2节形象地演示了，马基雅维利事实上不可或缺的 reasoning[推理]如何能够得到展开。(2) 位于施特劳斯的批判考察中心处的，是对教条主义或一种基于 Petitio principii[论证需要]的明证性要求的告诫。施特劳斯先把不存在支撑圣经学说的明证性归为马基雅维利的立场，之后才说出了这一告诫。他是这么说的："我们可以说，所有的证据，凡是不能最终回溯到光天化日之下为所有时代的所有人所查看的现象，都被他教条主义地排除了。"他关于马基雅维利说的这话成立吗？各种启示宗教的历史起源都不属于一种能够在光天化日之下为任何时代的任何人所检验的现象。良心的表现同样不属此列。流传下来的神迹奇事也是如此。紧接着，施特劳斯让人回忆起马基雅维利如何努力通过研究罗马历史来澄清启示宗教的历史开端和发展。[92]经由这条道路所能获得的洞见，并不足以终结围绕所论现象的争执。然而，《论李维》的大胆之举所表现的并非其教条主义的否定。与此相类似的是一种奇迹批判，这种批判援引其他时间和其他地点的奇迹宣称来做比较，而这些奇迹却被启示宗教所否定。谁要是相信一切奇迹中最大的奇迹，即相信从虚无当中的创世，就没有理由把任何奇迹作为不可能的来拒绝。有关马基雅维利对良心命令的态度，施特劳斯在此处所说的最后一句话是："我们变得倾向于相信，在马基雅维利看来，任何一种良心命令的表达都需要一个不同于良心本身的支持。据此，传

---

[81] 施特劳斯之前就已明白指出，马基雅维利从来不是必定要预设"阿威罗伊主义"关于"世界"永恒性的教条，而是可以和卢克莱修一样诉诸"物质"的永恒性。参看 IV，20（201）和 IV，36（222）。注意施特劳斯在注释 80 中对世界永恒性学说的解释。

统神学在考察启示宗教的各种起源的时候，对客观证据有着一种恰切的考量。”[82]（3）施特劳斯在Ⅳ章16段开头处两度谈起“马基雅维利论证中的不足”，却没有说不足在何处。就在此前，施特劳斯在讨论良知一段的结尾处说道：“我们暂且可以提出，马基雅维利试图用一种明智来取代良心或宗教，而这种明智往往与世俗利益的单纯计算难以区分：‘真道’并不在于服从上帝不变的法则，而在于顺势而为。”在Ⅳ章16节中，“马基雅维利论证中的不足”并没有得到进一步的规定。[83]不过，在第3节末尾，即Ⅳ章25段中，施特劳斯倒是添加了一个简洁的表态，对于任何一种[93]想要用一种单纯的对于世上可得利益的计算来替换宗教的尝试，这个表态都具有巨大影响：

> 圣经宗教的典型特征是不满足于当下，坚信当下和世界是苦难和罪恶之谷，盼望着完美的纯洁，因此而对世界抱着一种高贵的嘲讽，认为异教徒所走的世间道路注定会显得令人憎恶；圣经宗教的典型特征还在于一种盼望，这种盼望来

---

[82] Ⅳ，22（203－204）；参看Ⅳ，23－24（204－207）。解释启示宗教起源的另一种尝试，请参看《论启示信仰的谱系学》（*Zur Genealogie des Offenbarungsglaubens*），载《神学—政治问题》，页49－70。

[83] 在Ⅳ，16中，施特劳斯几乎径直将马基雅维利的立场与当代神学的立场相对立，马基雅维利在这场比较中占据了上风。位于核心处的是如下的对立：“晚近的神学倾向于通过削减神意来解决全知和全能的关系中以及人类自由中所蕴含的困难，上帝仅仅使人能够自行安排自己的命运，除了等待人类回应上帝的召唤之外，他不能有任何进一步的干预。而在马基雅维利关于神意的提示中则有一种神意概念，依据这种概念，上帝仿佛一位统治其王国的正义的国王那样实实在在地统治着世界。”Ⅳ，16（197），强调为引者所加。参看本书德文版页84－85。

自关于终极胜利的应许或确据。[84]

马基雅维利论证中的不足是否表现在，它没有充分考虑到安全需要的权力（一种毁灭世上所有安全的安全）和纯洁欲求的力度(即对一种有着无限有效性的道德秩序的欲求)？是否圣经宗教正对应着这种需要和欲求，在对一位神圣上帝的信仰中这种需要和欲求获得了满足？

上帝论*是第4节的主题（IV 章26－37段）。施特劳斯在其中讨论马基雅维利的神学或准神学，并且在这个过程中不断地虑及哲学传统，尤其是亚里士多德，第一段和最后一段还直接地面对亚里士多德。IV 章26 段不仅让马基雅维利和亚里士多德汇聚一堂，还让圣经的上帝和哲人的神在其中相遇，我们有理由将这一段视为《思索马基雅维利》的高峰。同时，这个没有附加任何注释的段落是全书最为难解的段落之一。第 4 节开篇关注谦卑、人道与宽宏的态度。它因此和第 3 节的开篇一样显得不妥当。因为它们所开启的讨论看似属于这一章的后半部分，即属于对道德的讨论。不过，施特劳斯在 IV 章 15 段曾用“这里该……”作为保证亲自提醒读者注意这里的“不妥当”，对于这种“不妥当”的知觉也打开了进入事实上的议事日程的通道；而在这里，他却预设读者已经得到告诫，会注意特殊之处，从而提出有关决定性

---

[84] IV，15（196）；IV，16（196－197）；IV，25（207）。

*［译注］Die Lehre von Gott 是 Theo－logie（神－学）的本义，直到12世纪，经院哲学家们才用神学概念来标识基督教教义研究的整体，而狭义上的“神－学”则为其中的上帝论。哲人的“上帝论”并不以信仰为前提，它可以是一种政治神学或一种自然神学。Die Lehre von Gott 在文中统一译为“上帝论”，但 Gott 根据语境，若指基督教信仰中所认定的独一真神则译为“上帝”，若指哲人的概念或一般的泛指，则译为“神”。

观点的问题。“马基雅维利的圣经批判所揭示出来的特殊困难，集中于他想要用人道来替换谦卑的尝试。”第一句话所谓的特殊困难[94]是依何种标准而衡定的呢？施特劳斯用政治目标来衡量马基雅维利的批判吗？或者他所着眼的是对哲学的影响？还是他以被尝试替换的道德为标准？施特劳斯接着说：“他拒绝谦卑，因为他认为谦卑降低了人类的地位。可他所理解的人道蕴含了阻止人类超越人道或降低人类目标的欲望。”开篇这三句话并未说出与政治目标的任何抵触，即提高作为公民的人，加强他的自尊、自信和自立，并同时对抗“虔诚的残忍”，抵制狂热主义，提倡清醒冷静。然而，人的地位止于他作为公民或君主的地位吗？将政治人道化的打算会不会要求将人固定于人道、固定于一种道德态度，并且不允许超越于此？人性的谦卑是否最终恰恰预设了它会将人指向对自身的超越？因此，马基雅维利的学说连同用一种态度替换另一种态度的尝试，是否助长了对极为稀有之事的封锁、对普遍有用之物的自我满足、对诸种最高可能性的限制？第四句话以一种尖锐的措辞将马基雅维利的圣经批判与亚里士多德学说中的圣经批判合而为一：“就他的圣经批判的其他要素来说，无法否定的是，它们已经隐含在亚里士多德的学说中，并且被那些了解圣经又拒不妥协的亚里士多德主义者所发展。”尽管之前关于“阿威罗伊主义者”的提示已经多少为之做了准备，这个尖锐的措辞在这里以这种字句出现还是足以让人惊讶的。前四句将目光集中于马基雅维利的圣经批判，后四句则解说了亚里士多德与马基雅维利的圣经批判之间的共同点与差异：“亚里士多德悄然地否定了我们今天所谓的宗教经验的认知价值。虔诚在他的伦理学中没有位置。”施特劳斯所说的既是亚里士多德没有说出，也是马基雅维利没有说出的东西，他们否认了良心和召唤的认知意义，信仰自认为可以在良心中听到这种召唤。在读了 IV 章 26 段前半部分之后，读者们可能会想，无论以何种方式，施特劳斯所要做的是弱化批判或为谦卑做一种辩护，但他们看到的却是亚里士多德作为基督教最高德性的一位特定批判者而现身[95]：“在他看来，谦卑是一种恶习。另一方面，他把与谦卑相反的德性不是等同于人道，而是等同于宽宏大度（magnanimity）。”这个与开头形成呼应的结尾包含了解开全段的谜语：谈论宽宏（Groβmut）的意义何在？马基雅维利与亚里士多德的对照仿佛是要把我们指向道德学说上的一个差异：前者努力用人道来替换谦卑，后者用宽宏的德性来反对谦卑的恶习。既然在对谦卑的评价上，两者的共同态度得到了明确的强调，那么差别显然就要在对宽宏的评价上去寻找了。至此为止，施特劳斯并未让人感到，马基雅维利缺少对于宽宏的重视甚或否认其德性品格。全然相反的是，他之前将几乎相同的词语 megalopsychia[心胸宽广]或 magnanimitas[宽宏大度]，即“一种对于自身价值的恰切评价”以及对于自身优越的意识归诸“最优秀之人”。对于我们的讨论至少同样相关的是，马基雅维利在其基督教本质解说的中心处所强调的“谦卑与柔弱”的对立面，可以很容易地用“宽宏和强大”来做概念的表达。[85] 因此，IV 章 26 段对于宽宏的谈论必定具有一种特别的含义。这里所关系到的不是普遍意义上的宽宏或大度（Groβgesinntheit），而是极为简洁地关系到上帝论。这一段的最后一句话指向全段的中心。这九句话中的第五句我们前面没有征引过：“亚里士多德主义的神不能算作公正；他并不通过命令来统治，而只是通过身为目的；他的统治在于认识，在于他

---

[85] IV，14（192）；IV，13（190）；IV，5（179）。

对自己的认识。”在Ⅳ章26段的中心，亚里士多德的神回应了Ⅳ章12段第27句话中的圣经上帝。中心中的中心，三个分句中的中心句，简单来说，包含了对圣经学说及其核心（那13句话的对象）的哲学替代的核心。亚里士多德的宽宏所表明的上帝论并未隐藏哲学，而是指向了哲学生活。与此同时，亚里士多德将自然神学的根本洞见转化成了一种可流传的学说（Doktrin），这种学说可以被哲人[96]用作自我反思、自我解释和自我批判的媒介。

马基雅维利的上帝论，或者更准确地说，他用自己的名义所陈述的学说与亚里士多德的学说不同，不是大度（Groβgesinntheit）而是人道的结果。[86] 这位哲人在其关于神性事物的学说中没有将适于他的东西归给他自己。他让自己被博爱的考虑、政治目标和策略权衡所规定。这既适用于其学说的外围，即《论李维》第Ⅰ卷第56章所引入的天上的奇兆，也适用于其学说的硬核，即在《论李维》第Ⅱ卷第29章和《君主论》XXV章隆重出场的命运。马基雅维利反对人信仰愤怒诸神的存在和惩罚力量，施特劳斯在这一具有决定意义的关联中看待他对天上的奇兆的提及；天上的奇兆会就具有公共意义的不幸事件向人发出警告，马基雅维利在一位未被说出名字的哲人的指引下，将天上的奇兆和空中有智识

---

[86] 施特劳斯为Ⅳ章26段写下的标题是：“几乎全部的启示批判都是亚里士多德主义的——只不过，谦卑的反面不是人道，而是宽宏。”紧接着Ⅳ章26段，施特劳斯在接下来一段的第一句话中如是说：“为了更清楚地揭示马基雅维利和亚里士多德之间的那个区别，我们必须考察马基雅维利关于神及其属性的学说。”Ⅳ，27（208）。之后，他明确地谈及“亚里士多德关于神的学说”，亚氏神学要在极为不同的意义上来理解：Ⅳ，36（221－222）。强调均为引者所加。

的存在者作为可能的发动者联系了起来。根据这种解释，天上的奇兆要回溯到智识，对人类的同情推动天上的奇兆宣告即将来临的不幸，而且天上的奇兆并不作为一种吓唬人的审判的使者而现身，这种解释典型地展示了一种有医治功能的学说。这种学说把人唤起，并不是要让他们去忏悔，而是要让他们保持清醒，并且因此能够把人变得强大，而非柔弱。马基雅维利转述了这位哲人的解释，却并没有加以认证；如施特劳斯所强调的那样，这种解释“与其全部著作的意图全然吻合”，这种意图“通过他在两本书中就魔鬼和地狱问题所保持的沉默而得到了充分的展示”，或者通过他就神圣惩罚所保持的沉默得到了更加充分的展示。可施特劳斯不久前[97]就马基雅维利在《论李维》I，11－15 中对罗马宗教所做的解释断定说，对上帝愤怒的恐惧“可以是非常有用的”，于是就产生了一个问题，即马基雅维利为何如此坚执地反对信仰愤怒的诸神，以至于施特劳斯都能够在这种反对立场中看到马基雅维利全部著作的意图。这里可以举出三个理由，一个政治理由、一个教育理由和一个哲学理由：对神圣惩罚的信仰将一把锐利的武器交到了一种超政治宗教的解释者们和代表们手中，使他们能够借以建立“一切政权中最为专制的一个”，或者能够以一种“外在权力”的形式对抗共同体的政治权威；[87] 要让“青年”戒除他们成长于其中的学说对他们的柔弱化影响，不只是关系到这种学说归给神意的关怀慰藉，也同样关系到神意的惩罚力量；[88] 最后，

---

[87] 参看Ⅲ，20（111）；Ⅲ，24（117－119）；Ⅳ，10（184－185）；Ⅳ，41（229－230）。

[88] 参看Ⅱ，24（81－82）；Ⅳ，15－20。

愤怒诸神不能满足自然神学的标准。[89]

施特劳斯分三个步骤在三个前后相继的段落中展开了命运学说（Doktrin der Fortuna）（Ⅳ章31－33段）。命运由此在三次极为不同的显现中逐渐成形，这三次显现显然为三种不同的受众所准备。马基雅维利的三重学说对应着施特劳斯对其“准神学”的三度讨论。最初，命运被设想为有意志也有思想的存在者，唯一的完全遵照意图来行动的超人存在者，马基雅维利在《论李维》中通过屈从于或为自身的目的而使用李维的权威，来断定命运的实存。命运的第一种形象替代了圣经的上帝。她根据其不可究诘的意志来选择或摒弃。不过，她的有效范围只局限于人类世界。换言之，她并不是全能的。命运之一（Fortuna Ⅰ）当不顾理性为希望插上翅膀，[98]或者，无论如何她都比恐惧带来了更多的希望。她的受众是民众。位于中间的命运形象显现为人类的敌人，人类必须从她的手中夺取自己的计划，与她相对抗来主张自己的利益。她既然不再被视为超人存在者，也就可以在斗争中被战胜。第二种命运形象从其对手在德性、明智和理性机制上的缺乏获得权力。和对善意告诫人类的天界智识的信仰一样，命运之二（Fortuna Ⅱ）是用来激励人们保持清醒、德性、竭尽所有能力的，尽管其学说看似有着相反的端倪。她的受众是政治行动者，尤其是高贵者，她体现了这个原则的真理：好的武装是唯一紧要之事。最终，命运表现为偶然，一项事业的成败有赖于此。第三个命运形象在个体能力与其时代的合辙或不合中有其作用。她代

---

[89] 参看本书德文本页83－88。——Ⅳ，27（208）；Ⅳ，29（209－211）。Ⅳ章29段的结尾附带着启发我们瞥见了Ⅳ章9－11段（182－186）中的谱系学重构的政治端倪：“柔弱不只是信仰愤怒诸神的结果，也是它的原因。”

表着自然与历史实践之间的差异，而她本身也是自然必然性的表现。命运之三（Fortuna Ⅲ）能够促人看到自身本性的无可支配和一切实践塑造力的有限。她的受众是少数人，他们能够通过对“世界”的知识，达至“对一切恐惧和希望的最终超越”，达至逍遥（Ataraxia）。[90] 命运的第三个也是最后一个显现的受众有待规定。他可以是未来君主，也可以是未来哲人。高度评价偶然这一角色的学说对应着内在的自由，杰出个人既懂得在政治生活中也懂得在哲学生活中确保这种自由。施特劳斯在解说中只提到“优秀之人”而没有提到“最优秀之人”，就暗示了这种交叠，这种交叠与马基雅维利学说的受众在根本上的模棱两可相呼应：“优秀之人将跃居偶然之上。偶然没有支配他们、支配其头脑的力量。他们的命运变化无端，可他们却始终保持为一。人的尊严不在于战胜命运，而在于独立超然。”君主可以在一定程度上和哲人共有独立超然，[99]可建基于自我静观和自我认识之上的自足却为哲人所独有。在马基雅维利的命运学说（Doktrin von Fortuna）中，在“神”、“敌人”和“偶然”的三位一体中，没有哲人之神（Gott der Philosophen）的位置。它因此而是一种“准神学”。三重学说给予人类的行为及其面对其基本生存品格——即被抛性（Preisgegebenheit）——的态度以富有层次的导向。三重学说还服务于对哲人的保护。然而，它却只给了哲人一种有限的自我理解的可能性。施特劳斯让读者注意 humanity［人道］对 magnanimity［宽宏］的替代，正是看到了这种局限。在生命临近终点的时候，施特劳斯在一种全然相近的意义上，尽管措辞少了一分谜语色彩，却带着同一种意图强调了另一

---

[90] 参看 IV，33（218），并联系 I，6（17－19）。

种替代，并用他自己所写下的一句德语结束了他那篇论述尼采的雄文：高贵的自然替代了神性的自然（Die vornehme Natur ersetzt die göttliche Natur）。[91]

施特劳斯对上帝论的讨论给予我们契机来做出三个观察，它们直接关系到与启示宗教的争辩。（1）马基雅维利的命运学说向处于被抛之中的人发出呼喊，把他们唤向对自身力量与强大的思考，它在实践上决定性地关乎启示宗教的上帝。不仅如此，当它提起无可究诘性并将 Deus absconditus[隐匿的上帝]转译成神－敌人－偶然三位一体的时候，它也考虑到了对无可究诘性的确保，从而在理论上澄清对手的确保所包括的内涵，只要对手诉诸无可究诘性并不只是为了终结与他所创立之物的争辩。马基雅维利就上帝的正义所做的针锋相对论证一直遭到“会思想的信仰者”的反驳，在他们看来，可见的非正义，即对世界的道德秩序的偏离，[100]是“神意秩序之神秘中的一个本质部分”，三重学说见证了马基雅维利对于这种反驳的回应。[92]（2）马基雅维利将命运宣告为神，追随的是他的“圣经”，即《罗马史》。他在第一步诉诸李维的权威。在第二步，他转而反对它。在第三步，他又从中解脱出来，从而单单追随理性。在此，该回忆一下，施特劳斯曾

---

[91] 《注意尼采的〈善恶的彼岸〉的谋篇》（“Note on the Plan of Nietzsche's *Beyond Good and Evil*”），载《柏拉图式的政治哲学研究诸篇》，Chicago 1983，页 191（这篇文章写于 1972 年 3 月 18 日至 1973 年 2 月 2 日间）。——IV，29（211）；IV，31－33（213－218）。马基雅维利命运学说中的神、敌人和偶然三重性在 IV，35（220－221）中借助《君主论》XXV 再一次成为讨论的对象。在这里，命运之二被明确地规定为愤怒的：“命运是人类的敌人。命运只在愤怒的时候、只在时代动乱或困难的时候施展她的力量”（211）。

[92] 参看 IV，16（197）和 IV，31（214－215）。

在第Ⅲ章中深入研究过，为了 in corpore vili[通过不甚重要的事物]让人注意到圣经批判的需要和可能，马基雅维利怎样将李维的著作及其论题（古代罗马）作为模型来使用。对于施特劳斯的《论李维》解释来说，这个角度具有极为突出的意义。我仅限于一个最重要之点，即从权威原则中解放出来，并仅就两处给出简短提示，这两处适于澄清施特劳斯在神学—政治问题上的立场。在Ⅲ章 50 段，施特劳斯如是评述马基雅维利对最高权威的质疑："他通过暂先完全地服从权威来获得质疑这个权威的权利。"最高权威向他提出了无限的服从要求，或者说这种要求会用最高权威的名义向他提出来，为了获得质疑最高权威的能力，哲人必须毫无保留地听命于这种"最高权威"，也就是说，他必须极端严肃地看待这种要求并让它适用于他自身。他必须借助自己的理性来帮助权威进行论证。为了能够超越权威的原则，他必须提出最好的理由。施特劳斯稍后谈及"一位思想家作为思想家能够听命的"权威，从而将《论李维》中的马基雅维利的权威等同于"罗马人的权威和摩西的权威"，这时，施特劳斯描绘了最高权威的双重形态，即最高权威能够以政治的和神学的双重形态，与哲人相关，向哲人提出挑战。为了帮助读者对"马基雅维利的思想"有一种充分的理解，施特劳斯在Ⅲ章 54 段中首先解释了权威原则所包含的内容，以及相应地随着从这种原则中解脱出来所意味的东西：

> 权威原则的最初表达在于将善等同于古老的。这种等同预设了一个黄金时代或一个伊甸园的绝对优先性或完美开端。[101]完美开端的根据或根源在于善或爱的至高无上，或者，我们也可以说，在于神意的统治。恶的起源乃是堕落。

进步乃是回返，改善乃是修复。

施特劳斯随后确定，“为了变得富有教益”，他必须更准确、更严密地表达他刚刚勾勒出的“神学—宇宙论综合图式”，而这也正好解释了他在Ⅲ章50段中就最高权威批判说过的话。图式必须运用到具体的、能够提出有效要求的权威之上。因此，就马基雅维利来说，就是要运用到罗马人的权威以及所谓的回归罗马人的权威，或者摩西以及李维的权威：“诉诸权威原则又不继之以对权威本身的屈服，即屈服于这个或那个权威，就会是无效的。如果不走出这一步，就会陷入宗教渴望或我们世纪典型的宗教性，而不会被真正的宗教所解救。”[93]（3）马基雅维利的命运学说是一个令人失望（Ent - Täuschung）的学说。* 这体现于其内在的三重表达，也可见于它所提供的各种答案。命运学说让纯洁性的追求感到失望，因为它拒绝了对于道德的世界秩序的信仰。命运学说让对于确信的需求感到失望，因为它既抛弃了对于一种意图的信仰，也抛弃了对于一个目标的信仰，前者是整全的起源，统治着一切并关心其中的所有部分，后者是整全的归宿和支柱。与这一道，命运学说也让想要控制偶然的希望失望了，这希望与诸

---

[93] Ⅲ，50（158）和Ⅲ，54（165 - 166）。另注意施特劳斯在Ⅲ章51 - 53段讨论了他所谓的《论李维》中的“沉默小节”（Ⅲ，19 - 23），这里的讨论关系到对权威原则的克服，并开启了位于Ⅲ章50段和Ⅲ章54段根本处的论证。

* ［译注］Enttäuschung意为“失望”，文中将Ent - Täuschung分写，强调其字面含义“去 - 欺骗”。另注意，当谈到命运学说的时候，原文用的一律是Doktrin，而非Lehre。

神信仰相联,[94] 可也与一种世界的普遍可理解性相关。从上帝到命运再到被理解为一种非目的论的必然性的偶然，施特劳斯在 IV 章 36 段[102]最终查明了这个根本的思想运动，这个思想运动清楚地表明，马基雅维利并没有把阿威罗伊主义者或亚里士多德主义者的学说预设为其思想大厦的地基。[95]

考察上帝论的部分以亚里士多德开始，又以亚里士多德结束。如果说四章 26 段之为开篇代表着施特劳斯的“重”，那么四章 37 段之为结尾就表现着施特劳斯的“轻”了。施特劳斯对《卡斯特拉卡尼传》进行了精湛的解释，这一解释确证了他从《君主论》和《论李维》中所赢得的马基雅维利学说。[96] 位于解释中心的是马基雅维利让其传记主人公挂在嘴边的 34 条格言。施特劳斯把其中的 31 条回溯至拉尔修（Diogenes Laertius）所流传下来的哲人格言。施特劳斯的分析从句子的排列中剖析出一个核心，亚里士多德的一句话构成了这个核心，左右各有彼翁(Bion）的两句话相围绕，这位彼翁是泰奥多鲁斯（Theodoros）和泰奥弗拉斯特（Theophrast）的弟子（第17－21 条）。这五条格言前后又有苏格拉底的学生亚里斯提卜（Aristipp）的 11 条格

---

[94] 人们“急切想要预知不可预知之物，无论这事物本就不可预知，还是对他们来说不可预知。为了这个目的，他们预设了具有超人之完美的存在者，这种存在者可以向他们预知未来；一旦他们相信存在着这样可以向他们预知他们在未来善恶的诸神，他们就很容易相信这些诸神造成了他们的善恶。他们由此将不可预知者变得可以预知，将不带意图的东西转换成了某种被意愿的东西”。IV，34（219）；参看《一篇未命名的关于柏拉图〈游叙弗伦篇〉的演讲》（“An Untitled Lecture on Plato's *Euthyphron*”），载 *Interpretation*，24：1（1966 年秋），页 18。（演讲写于 20 世纪 50 年代初。）

[95] IV，34（218－220）以及 IV，36（221－223）。

[96] 这一段的开篇语是：“马基雅维利在他的《卡斯特乌齐奥·卡斯特拉卡尼传》中也表明了他的根本思想。”IV，37（223）。强调为引者所加。

言，和犬儒第欧根尼（Diogenes von Sinope）的 15 条格言。亚里斯提卜和第欧根尼都“极端地蔑视反自然的习俗”，彼翁则“无耻地像一位无神论者那样行为”，施特劳斯把前者的分量和后者的重要位置视为“马基雅维利思想反讽的却并不误导人的表达”。他总结道：“这个表达并不会误导人，因为它指向了一种思想，在这种思想的核心，亚里士多德被彼翁所羁绊或压倒，而它的外围则包括了一个惊人的道德学说。”施特劳斯采取了所有的预防措施，语不惊人地表达出，我们在马基雅维利思想的核心处遇见了亚里士多德。一个被归于亚里士多德名下的简短争论并无关于亚里士多德的学说，而只是反映了哲人的优越，这足以让施特劳斯把我们的目光再一次引向马基雅维利思想和亚里士多德思想的共同之处，而这个共同之处才是最重要的。我们有理由[103]把这个共同之处的遁点规定为哲人之神。[97]

38－42 段是第四章上半部分的结尾，即便在这个较为简短的、直接从政治角度来谈论宗教的部分，哲人仍旧在场。在四章 38－42 段的中心，当施特劳斯回到马基雅维利对“黄金时代”的赞美的时候，他让人回忆起哲人在实施和维持 Libertas philosophandi[哲思的自由]时所怀有的政治意图，在从内尔瓦（Nerva）直到奥勒留（Marc Aurel）的罗马皇帝治下的“黄金时代”，占支配地位的是“全然的言论自由”。早在 I 章 22 段，施特劳斯已经援引了对非基督徒皇帝的夸张的赞扬——这种赞扬隐去了每一个政权都必须采取的限制——来说明“思想或讨论的自由”对于马基雅维利有着多么重要的意义，以及马基雅维利如何向读者指示这种自由的稀缺，在施特劳斯的时代已经不会遭遇这种稀缺。在

---

[97] IV，37（223－225）。

Ⅳ 章 40 段，施特劳斯没有再一次把“言论自由”* 精确为与哲人特别相关的“思想或讨论自由”。取而代之的，是当他现在谈及“五位好皇帝”的时候，把奥勒留称为哲人。⑱ 他不仅由此明确地表示了哲人在Ⅳ章 38 -42 段的在场，还进一步带来了在其中心所提出的问题，即在一个政治共同体中，敬畏神是否可以被替换成对有德君主的敬畏，这个问题隐含地关系到另一个问题，即哲人的智慧和人道问题，这种哲人为了建立一个真正的政治统治，而以成为未来君主的君主或教师为己任。⑲ 敬畏神能否代之以对君主的敬畏而不致造成政治上的损失，这个问题既没有通过指向哲人皇帝奥勒留，[104]也没有通过展望弗里德里希大帝的“开明专制”而得到回答。无论是马基雅维利的“黄金时代”中的罗马哲人，还是在登基之前撰写过《驳马基雅维利》（*Antimachiavel*）的普鲁士君主，在他们所统治的民众中，敬畏神和虔诚无不扮演着重要角色。此外，两人最初都是通过对其任命之合法性的信仰而成为君主的。⑳ 更缺乏的是对一个牵涉范围更广的问题的回答，即政治是否可以不需要宗教。同样有待回答的是位于这另外两个问题根本处的问题，即政治是否具有超越宗教的工具。宗教及其政治含义并不止于敬畏神。对神的敬畏又要回溯至一种植根于更深处的畏惧，与之相伴随的是一种同样植根深处

---

* ［译注］原文 Meinungsfreiheit 的字面含义是“意见自由”。

⑱ 在第 5 节，施特劳斯只有这一次在Ⅳ，40（227）中使用了 philosopher[哲人]。注意“奥勒留”“哲学的奥勒留”和“哲人奥勒留”在Ⅰ，22（33）；Ⅲ，52（163）和Ⅳ，40（227）中的次序。

⑲ Ⅳ 章 40 段标志着一个论证系列的最后一环，它经由Ⅳ章 26 段这个枢纽而回到Ⅳ章 12 段。Ⅳ章 12 段、26 段和 40 段构成了一个三联剧，每次各有 13 段分割而又连接着它们。

⑳ 参看Ⅲ，52（163）并注意Ⅲ，32（133）。

的、朝向比个体更高、更高贵之物的尊崇和奉献，一种朝向绝对有效和持存之物的尊崇和奉献。[101] 马基雅维利宣称宗教在共和国中不可或缺，显然也是考虑到了这一点。共和国要求人们信仰要在其中实现的共同之善。共和国的繁荣兴盛基于公民的投入，并赖于政治阶层之代表为了共和国而争取声望与荣誉的顾虑。马基雅维利主张，在君主国中，对神的敬畏可以代之以对拥有杰出德性的君主的敬畏，同时他也急切地让君主们看到，对于他们来说，保持宗教性的外表是多么重要。或者，向政治行动者提出的保持宗教外表的建议只是暂时的，只有当宗教对人还拥有权力的时候才适用？换言之，如果共和国确保了其不可缺少之物，且不管它在五千或六千年间会发生两到三次周期式更新这一名言（《论李维》Ⅱ，5），马基雅维利是否相信，[105]宗教能够被超越？施特劳斯靠近这些问题的方式是间接的。当他最后探究宗教对于“民众”和另一方面对于“大人物”的用处问题时，他触及了这些问题。[102]

与大人物不同，民众只对他们的统治者提出非常谦卑有

---

[101] 施特劳斯用 Timor fecit deos[畏惧创造了神]和 Amor fecit deos[爱创造了神]这两个公式来表述这两个根源。参看他在 1965 年 1 月 22 日致伯纳德特的信中对“什么是一位神?”这个问题的讨论，《神学—政治问题》(*Das theologisch-politische Problem*) 页 81 没有删节地重刊了这封信。另参看 Ⅳ，25（207）和本书德文版页 92-93。

[102] 在Ⅳ章 42 段的第一句话中，施特劳斯问道：“马基雅维利究竟是否相信，宗教有着一个重要的功能?”然后他进一步问：“在他看来，宗教是否不只是‘庸俗者’心灵的一个必然结果或产物——这是一座无法移动又无法敲碎的巨大的磐石，它毫无用处，我们却必须考虑它。”接着又说：“但是，这个疑问走得太远了。因为，在马基雅维利看来，宗教的所在地是大众，我们必须考虑他对大众或民众的看法。”(230)

度的要求；他们所欲求的只是他们的生命、他们微薄的财产和他们女人的荣誉得到尊重。然而，作为人，他们必定不能满足于自己或多或少已经安全拥有的东西。他们受到自然天性的驱使，渴望得到一种不可能的满足，他们会在根本上处于一种绝望的情势，其绝望的程度不亚于萨莫奈人。

——他们在宗教中找到了庇护：

这些萨莫奈人在多次遭遇惨败之后渴望独立。大人物同样渴求一种不可能的满足，但是，财富、卓越和荣耀为他们提供了诸多慰藉，而这种慰藉是大众所必无的。

如果民众已摆脱“绝望”之境并在政治上变得强大，宗教对于民众的权力就会随之消失吗？让大人物心感慰藉却“为大众所必无”的三种安逸之道中的第一种，是否指出了全然打破宗教权力的道路？如果财富——在某种意义上也包括荣耀[103]——完全可以为大众所享有，又当如何？如果能够成功地让“自然限制”——像19世纪的一个预言所断定的那样——不断地“退缩”，如果能够成功地建立一个富裕的社会，开创一个全面自由的帝国呢？假定这个假想的过程不断地获得成功，并表现于一个从未有过的生产与消费、商业与参与的扩张，就能够据此希望宗教会饥饿无力、最终死亡吗？这样一种信念与施特劳斯的提示相悖，他提示人们渴望的是一种不可能的满足，这种渴望既关乎[106]“民众”也关乎“大人物”，因为这样一种无可满足包括在 Conditio huma-

[103] 参看Ⅲ，30（130）。

na[属人的处境]之中。[104] 不过，还是让我们从泛滥的历史幻想回到马基雅维利清醒的诊断吧。施特劳斯在其形成强烈对照的观察中得出这样的结论："如果没有宗教来防止人们的败坏，即如果他们没有一方面被宗教希望所安抚，另一方面被宗教畏惧所恐吓，社会就会永无宁日，或者处于恒久而普遍的压制之下。"[105] 因此，政治智慧所要做的不是超越而是关切宗教，是尝试将超政治的宗教转化为一种公民宗教，或者用一种自然宗教来抑制启示宗教，无论如何，尝试让统治性的宗教服从于政治性的统治。想要帮助政治实现它对于宗教的优先性，这是马基雅维利与他的后继者们，以及他最重要的先辈们所共有的意图。

三

[107]施特劳斯之所以把马基雅维利问题紧挨着苏格拉底问题提上哲学日程，是因为哲学的更新。而哲学的更新同时也是两个问题在其中相遇的交汇点。长久以来与"苏格拉底"这个名字相联的更新，把最高的德性归给哲学生活，赋予哲学生活为神喜悦乃至神性的威仪，让哲学生活在公民眼中显得值得崇敬，从而在政治—神学的攻击面前保卫哲学，将哲学引入政治共同体。马基雅维利带来的更新则用另一种方式来保护哲学生活，它将哲学生

[104] 如果理论理性把展望历史性地超越宗教联系于期待最终反驳启示信仰的真理诉求，那么这种期待显然是误入歧途的，也就是说，无论历史性实验的结果如何，这种期待都是无根据的。启示宗教会以全能上帝之名，从原则上反驳哲学的权利和必然性，即便这种反驳历史性地沉默了，即便它在当下已经不甚清晰甚至不再被提出来，它仍然需要哲学给出一个回答。参看本章脚注 77。

[105] IV，42（230）。

活隐藏在各种力量的背后，让哲学与之结成战略同盟，或为之铺平道路，以此来抑制其最强大的敌人。这种更新不是呼唤哲思、赞美哲学，而是让人产生一种印象，仿佛哲学当服务于政治—人道的目标，并可以通过社会利益来证明自身的正当性。我们可以用两个相反的公式来总结这两个问题：苏格拉底问题——把本质上具有私人性质的哲学变成了一种公共权力，这种权力因其普遍性诉求和颠覆性影响而冲破了政治共同体，并最终将之交到了敌人手上；马基雅维利问题——只有付出隐晦哲学的代价才能成功地重建政治。初看上去，这两个公式表达了苏格拉底问题是马基雅维利所面对的问题的一个有机组成部分。因为，如果人们只看到启示宗教的统治所带来的情势变化，就无法充分规定马基雅维利的问题。启示宗教的侵入是分离马基雅维利与苏格拉底的最为巨大的因素。不过，柏拉图与色诺芬[108]所采取的苏格拉底式的政治哲学转向[106]奠定了一个传统，这个传统遍历各种变形，为马基雅维利所处的变化情势作了并非微不足道的贡献。这种贡献，除了前面考虑过的对政治结构学的反作用之外，还表现在它为基督教备好了可资利用的概念和学说，基督教懂得将之用作武器和工具来建立并巩固自己的统治，历千百年之久。马基雅维利断然地回避谈论灵魂与不朽、沉思或 Summum bonum[至善]等等，

---

[106] 施特劳斯在《什么是政治哲学?》中就苏格拉底说，“古典政治哲学……源自苏格拉底”，而就马基雅维利说，“现代政治哲学的创始人是马基雅维利”（页 38 和 40，强调为引者所加），从而道出了苏格拉底问题的这个面相。参看《苏格拉底与阿里斯托芬》（页 3）和《色诺芬的苏格拉底言辞》（Ithaca 1970，页 83）两书的开篇：“我们的伟大传统包括政治哲学，并因此仿佛担保了它的可能性和必然性。依据这同一个传统，政治哲学是由苏格拉底所创始的。”“政治哲学的伟大传统源自苏格拉底。”（强调为引者所加）注意《苏格拉底与阿里斯托芬》，页 314。

正是对此做出回应。无论是着眼于政治后果，还是考虑到从与其学说的交道和对其麻烦的经验中得出的哲学结论，马基雅维利都需要对哲学传统做出批判性的修正。这首先适用于传统中的亚里士多德一支。亚里士多德传统简单易懂地区分了行动和知识的独立领域，有一个广泛而又精细，并且看样子不难从哲学生活中分离出来的知识体系，因此它尤其能够在历史上被兼采并用。亚里士多德对 Bios theoretikos[理论生活]的描绘给予哲学生活一种非政治的、准确意义上的前苏格拉底式哲学的外观，这被教会关于基督教的 Vita contemplativa[沉思生活]的学说所吸收。在为此沉思生活而设的教会和修道院中可以找到理论生活的实现和完成。在这种情况下，有充分的理由隐藏哲学生活，免得将哲学生活和一种奠基于服从、散发着虔诚气息的生活相混淆。[马基雅维利]对 Vita activa[行动生活]的敦促、对 Vita contemplativa[沉思生活]的贬低也以此为目的。[109]进入哲学生活的门槛被抬高了。所有人都应当被引开，与之保持距离。只有具备哲学天性者除外。

《思索马基雅维利》形象地展示了，马基雅维利问题提出了非同寻常的要求，但是向哲学的上升并非不可能。施特劳斯的“观察与反思”让我们看到了一位哲人，对于他来说，知识具有绝对的优先性，思想的乐趣在内心最深处激荡着他，只在真理中他才发现了共同之善。在一位政治顾问的几乎“非人的距离和中立”中表现出了认识与理解的优先性，这种非人道必定会让他的大多数读者感到惊慌失措。作者特别转向青年中的这样一类读者：他们不只是“暂时地”和他共享“首要理论的兴趣”，他因此可以期待他们理解，在他的生命中，什么属于重的一极，而什么又属于轻的一极。他们会懂得正确地估量奠定其荣耀的“事业”对于他的思想和学说有何意义，也就是说，这项事业在历史性地实现之前和之后服务于何种目的。[107] 以上扼要重述的哲人视野标识着马基雅维利问题所置身的最高视角。这个视角使得我们可以从一个视点（Einem Gesichtspunkt）来观察马基雅维利的革新所要应对的挑战，以及他的革新向后来者提出了怎样的挑战。相应地，施特劳斯对现代政治哲学的奠基者所施加的批判始终着眼于哲学所受的影响。被广泛接受并普遍使用的施特劳斯关于“古代和现代”的学说（Doktrin）中的关键词，从“窄化视野”直到“矮化标准”，完全都以哲学为旨归：对哲学的屏蔽、降格，缩小哲学的影响范围，放弃哲学的诉求。如我们已经看到的那样，这也适用于人道对大度的替代。有待补充的是，施特劳斯对这种替代的观察处于一种尚未被澄清的关联之中，即以低于人类者（Subhumanen）为导向，[110]施特劳斯把这作为马基雅维利和现代人的标志来强调。这种关联在《思索马基雅维利》中隐而不彰，对于马基雅维利问题的讨论却非常重要。它把我们从Ⅳ章26段引回Ⅱ章21段，施特劳斯在那里解释了马基雅维利在《君主论》ⅩⅧ中对半人半马怪物喀戎（Chiron）的援引。古人眼中的这位半人半马乃是一位神，一位君主的教师，而马基雅维利则将其世俗化为一种半是野兽半是人类的生物，并推荐君主们模仿之。喀戎的变形和对新君主的建议，即建议他们使用狐狸和狮子的本性，被施特劳斯用来说明一种非常根本的态度：

效法野兽替代了效法上帝。这里我们可以注意到，人本

---

[107] Ⅳ，69（266）；Ⅳ，73（274）；Ⅳ，78（282－284）。导论，9（13）；Ⅰ，35（50）；Ⅱ，20（77）；Ⅱ，23（80）；Ⅱ，24（81－82）。参看本书德文版页54－65的解释。

> 主义是不够的，就这个真理来说，马基雅维利是我们最重要的见证人。人必须在整体或并非人类的整体之起源中来理解自身，或者说，人是一种必须努力超越人道的存在者，如果他没有朝着超人的方向超越人道，那就得朝着低于人的方向超越人道。Tertium[第三种可能性]，即人本主义，non datur[是没有的]。

因此，humanity[人道]对 magnanimity[宽宏大度]的替代——这个替代涉及哲人关于神的学说——归根结底意味着，以低于人类者为导向替代了以超人者为导向。在排除了人本主义之为第三种可能性之后，施特劳斯接着作了三重展望：

> 我们可以从马基雅维利向前看，看到斯威夫特（Swift），他的最伟大的著作的顶点在建议人应当效法马，看到卢梭，他要求返回自然状态，一种低于人类的状态，还看到了尼采，他主张真理不是上帝而是一个女人。

这三个例子中的每一个显然都需要说明，因为在施特劳斯看来，斯威夫特在著名的“古今之争”中恰恰没有站在现代人一边，“女人”的隐喻也没有准确地说明尼采以低于人类者为方向，更不用说卢梭所要求的返回自然状态了。[108] 这三位作者的共同点是，

---

[108] 有关施特劳斯对斯威夫特所下的判断，除了参看他为文中这句话所加的注释 51（309）之外，还可参看《霍布斯的政治哲学——它的基础和起源》，Chicago 1952，美洲版前言，页 XIX；《自然权利与历史》，前揭，页 252；《什么是政治哲学?》，前揭，页 25；以及 1935 年 12 月 25 日致克鲁格（Gerhard Krüger）的信（未寄出），1946 年 8 月 15 日致洛维特的信，两封信

[111]其学说的方向和落脚点都被基督教的挑战打下了烙印。我们可以说，他们的学说，就落脚点而言扎得更深了，就方向而言低于哲学了。施特劳斯接着说道："至于马基雅维利，我们至少有同样的理由说，他用模仿兽－人喀戎替代了模仿神－人基督。"⑩⑨效法"喀戎"对效法基督的接替，证明自身是用野兽来替代上帝的 verità effettuale[实效真理]。马基雅维利可以装扮成一位新喀戎粉墨登场。基督以人的模样宣告自己是所有人的道路、真理和生命，这宣告阻隔了马基雅维利，使他无法返回到神样的哲人。

隐晦是马基雅维利问题的记号。马基雅维利的革新导致了哲学的隐晦，哲人马基雅维利的隐晦使我们难以看清其存在的核心。与此一致，施特劳斯对马基雅维利事业的核心刻画在 Obfuscation[隐晦]中达至顶点，紧接着这个最后的词语，他开始陈述马基雅维利的学说。Obfuscation[隐晦]一词聚集并总括了《思索马基雅维利》中最具宣传效果的批判。⑪⓪ 尽管如此，从这本书所

载《文集》(*Gesammelten Schriften*)第三卷，Stuttgart－Weimar 2001，页 450，641。关于卢梭和尼采，施特劳斯没有加以解释性的注脚，以下两个提示或许足以说明问题：在《迫害与写作艺术》中（1941 年初版，页 503，注 21），施特劳斯将卢梭的自然状态与亚里士多德的物理学在哲学上相提并论；尼采最后的话呼唤狄奥尼索斯神，并在同一处把狄奥尼索斯称为一位哲人，而这是施特劳斯所知道的。

⑩⑨ Ⅱ，21（78），强调为引者所加。参看 IV，86（296－297）。

⑪⓪ Ⅲ，59（173）；参看本书德文版第 58 页。第Ⅲ章最后一部分包含了这本书中最具宣传效果的批判，但它被第 IV 章最后一部分所包含的这本书中最猛烈的批判所吸纳并且超越了："……正如我们的陈述所不能不说明的那样，我们有理由说，不仅在马基雅维利的学说中，而且在马基雅维利的思想中，哲学及其地位都变得晦暗了。道德德性之为社会的一种带有限制的要求，对他来说，比道德德性之为哲学或心灵生活的一种要求，来得

展现的最高视角来看，[112]对哲学的隐晦也可以理解为谨慎与克制的表达。⑪ 同样，从马基雅维利事业的没有节制中，也可以读出一种着眼于更深处的节制。政治家的大胆指向了哲人的审慎，哲人在他所发动的启蒙中强调了理论的实际用处，将其社会可接受性端上前台，突出其关怀人类的益处。惊人之物可以用来安慰，刺激之物可以用来转移注意力。政治上的大胆和哲学上的审慎可以在相同的程度上导致隐晦。将审慎归于马基雅维利的话语，施特劳斯并没有这样的名声，可尽管如此，在隐晦哲学这个最重要之点上，他该是将审慎归于这些话语的；如果我们想起，他在另一处完全将审慎与隐晦连接在了一起，并将“隐晦”规定为哲人“对政治视角的接受”，那么这些看起来就不至于那么矛盾了。不过，在《思索马基雅维利》中找不到这种明确的“归于”，* 施特劳斯没有在任何一位现代人身上阐述这种“归于”，而是在解释柏拉图的时候引入了这一点，并举

远为清晰。他身上最为伟大的东西，在他自己关于人类本性的狭隘观点的基础之上，无法得到应有的评价。”IV，85（294），强调为引者所加。位于对马基雅维利的事业进行批判的两个部分之间的是IV，1－81段，它们使得读者可以自己去判断，“我们有理由说”的东西是否切中了哲人的要害；特别是从施特劳斯在这81段中对马基雅维利的思想所做的解释出发，我们是否必须说，马基雅维利不能就他的所作所为给出清晰的陈述，还是说他只是不愿意。施特劳斯在下一段以一个例子开篇，说明了“我们有理由说”的东西可以说得更好，因而更贴近真理：“与其说在马基雅维利的思想中哲学的地位变得隐晦不清了，不如说哲学的意义在他思想中发生了一种变化。”IV，86（295），强调为引者所加。参看本书德文版页58－65。

⑪ “马基雅维利放肆地攻击普遍被接受的观点，他因此而臭名昭著或闻名遐迩，这是公正的。可他同时有着不同寻常的节制，这却没有得到公正的评价。不可否认的是，这节制在某种意义上是强加于他的。”I，22（32）。

* [译注]即将审慎归于马基雅维利的话语。

《法义》中关于饮酒的谈论对雅典异乡人的影响作为例证。[112]

[113]施特劳斯的更新事业既回应了马基雅维利所奠定的传统，也回应了苏格拉底所引入、马基雅维利所回应的传统。更新事业以一种前所未闻的方式揭示哲学，是考虑到两个传统所带来的影响和导致的困难，顾及了哲学隐晦化和高贵化所带来的利与弊。两个相互交织的传统导致“哲学本来所谓何事”被遗忘，此后，施特劳斯的更新事业将哲学生活置于中心，将哲学生活从传统所涂上的色彩、从不相关或不适宜的东西所导致的混淆中解放出来。施特劳斯的事业赋予哲人以一种新的能见度，将这个概念重新变成了一个区分性概念，并在示范性的争辩中，无论是在与马基雅维利还是与苏格拉底的争辩中，帮助这个概念获得了具体的直观性。鉴于一种支配性的偏见，即认为返回古人的道路已被阻隔、他们的哲学已经过时，施特劳斯自告奋勇，不仅表明在最重要之点上返回古人是可能的，而且还激起了相反的偏见，即视返回古人尤其是返回柏拉图思想为

---

[112] “如果哲人要给予政治指导，他就必须返回洞穴：从太阳之光回到阴影的世界；他的知觉必须变得昏暗；*他的头脑必须经历一种隐晦不清*。通过一场关于酒的对话而获得的对于酒的共鸣式享受，扩大了培育律法的年老公民的视野，*限制了哲人的视野*。但是，*这种隐晦*，*这种对政治视角的接受*，这种对政治中人的语言的采纳，这种人的杰出品格和公民的杰出品格或智慧与守法之间的和谐，看起来是审慎这种德性的最高贵的实践：喝酒教人变得审慎。因为*审慎不是一种思想的德性*：柏拉图把哲学与疯狂相联，它恰是冷静或审慎的反面；思想必须不能是审慎的，而得是毫无畏惧的，甚至是无耻的。但*审慎是控制哲人话语的一种德性*。”《什么是政治哲学?》，前揭，页32，着重为引者所加。这篇文章分为三部分，这段话属于其中最为重要的第二部分。参看本文德文版脚注110。

紧迫之事。[113] 可施特劳斯的返回行动[114]吸收了前辈的批判，他所接近的也是一位极为非传统的柏拉图。施特劳斯的更新以政治哲学为主导概念，它要凭借对于政治辩护和哲学保护之要求的知识，更清楚地意识到每一种公开表述对于哲学的反作用，这是它要经受的最终考验。在《思索马基雅维利》之前，施特劳斯与科耶夫（Alexander Kojève）的对话让人注意到，柏拉图在城邦审判席前为哲学所做的辩护所注定取得的“巨大成就”（这成就直到今天仍然余音未断）中所包含的问题。柏拉图、西塞罗、法拉比和迈蒙尼德，他们懂得为了让哲学在他们所生活的共同体和宗教中获得尊敬，就应在一定程度上顺应宗教和道德，有鉴于此，施特劳斯断言：“与科耶夫看似主张的相反，哲人们为哲学所做出的政治行动取得了完全的成功。”他接着补充说：“我有时候想，它是否太过成功了。”[114] 如果以辩护在政治上的传播效果为标准来衡量，那么我们可以说，哲学的辩护太成功了。就这种顺应拔除了哲学的反抗之刺、将哲学置于一种不成问题的状态、任凭那与哲学敌对之物来采用而言，我们必须得说，这种顺应的确太过成功了。《思索马基雅维利》用一种双重策略来接近双重传统的问题。一方面，对现代人的传统施加一种

---

[113] 在其通往对“哲学原本所谓何事”获得一种恰切理解的道路上，青年施特劳斯在一种相近的意义上尝试给出一种有利于迈蒙尼德的偏见，在《哲学与律法》的开篇处他说道：“迈蒙尼德的理性主义是真正自然的榜样，是要小心地保护而使其免遭任何歪曲的典范，并因此是导致现代理性主义垮台的绊脚石。眼下这本书的目的是要为这种对迈蒙尼德的理解唤起一种偏见，*更要激起一种怀疑，来反对强大的反面偏见*。”（页9，强调为引者所加。）

[114] 《重述色诺芬的〈希耶罗〉》（“Restatement on Xenophon’s *Hiero*”），载：《什么是政治哲学?》，前揭，页 126 – 127。（写于 1950，首版于《论僭政》[*De la tyrannie*]，Paris 1954，页 333。）

明确的批判，“古典政治哲学”的建构为这种批判提供了反衬的背景；与此同时，又隐含地批判古人的传统，哲学与反哲学的传统向“大传统”的融合指向了这种批判。[115] 另一方面，[115]对现代传统的哲学解构要求返回哲人马基雅维利，并深入解释其思想，这无可避免地需要揭示他与中世和古代哲人的共同点。我们可以看到，马基雅维利从他的先辈们那里取用了多少东西，这些先辈们对于决定性事物的知识和理解又多么地不输于他，单单这一提示就足以让古人出现在另一道光亮之中。[116] 因此《思索马基雅维利》同时抵制了哲学在今人和古人传统中的僵化。对于在“苏格拉底问题”和“马基雅维利问题”中出现的传统问题的洞见，对应于在学说层面上拒绝一种完美无瑕的卓越观念，或者一种“最完美的存在者”的概念，据说，这种存在者不可能是恶的原因。[117]

施特劳斯将第四章的前半部分用于探讨“马基雅维利关于宗

---

⑮ 青年施特劳斯曾谈道“一个律法传统与一个哲学传统的荒谬交织”，“一个服从的传统和一个追问的‘传统’，可后者作为传统已经不再是一种追问了”。1932 年 11 月 17 日致克鲁格的信，《文集》（*Gesammelten Schriften*）第三卷，Stuttgart - Weimar 2001，页 406。就施特劳斯对“大传统”的谈论，参看Ⅱ，6（59 - 60）；Ⅲ，26（120）；Ⅲ，55（167）；Ⅲ，59（173）。“大传统”在 IV，50（241 - 242）中被分解；参看Ⅲ，54（167）。对现代传统的明确批判在第 IV 章的第 11 节（IV，82 - 87）达到顶点。关于对“传统政治哲学”的隐含批判，参看 IV，84（293），并将 IV，87（298 - 299）与 IV，10 - 11（185 - 186）合看。参看本书德文版 78 - 80 页。

⑯ Inter multa alia［在众多处中可参看］：IV，26（208）和 IV，85（295）。

⑰ 参看 IV，51（244）。

教的思想”，此后，他在下半部分阐发“他关于道德和政治的学说”。[118] 与Ⅲ章32段的宣告所引起的猜想不同的是，与圣经学说的争辩不再位于中心位置。更受关注的毋宁是哲学传统，尤其是亚里士多德关于政治和道德的学说。施特劳斯在第6节（IV，43－45）作了退让，他在这里重提马基雅维利对其学说“新颖性”的宣称，[116]从而以限制其宣称并使之尖锐化的方式，确定了马基雅维利的学说只能在道德和政治方面，而不能在宗教上被视为“全新”的：“在他关于道德和政治的学说中，马基雅维利不仅改变了宗教学说，而且也改变了整个哲学传统。”整个哲学传统突然被置入问题之中。施特劳斯立即进一步说明，马基雅维利的宣称本身已经因其陈述学说时的大胆而“完全被证明是有道理的”，也就是说，即便他的先辈们熟知这种学说，并且部分或全然赞同其中的立场，马基雅维利关于“新颖”的宣称仍然有理：“那种大胆作为一种深思熟虑的大胆预设了全新的估量，即对于什么能够被公开提议有了全新的估量，因此也对公共空间和人有了全新的估量。”不久之前，施特劳斯在勾连了第IV章上下两大部分的桥接小节的中心说明，马基雅维利“在道德上比在宗教上更少矜持”，据此我们可以假定，“对于人的全新估量”活动在一目了然的边界之上。马基雅维利在道德上不像在宗教上那么

---

[118] IV，43（231）和IV，45（232），强调为引者所加。Thought[思想]和intention[意图]在IV章43段中分别出现了3次和1次。Teaching[学说]则未被提及。在IV章45段中Teaching[学说]出现了13次（这是它在一个段落中最高密度的出现）；Thought[思想]和intention[意图]则未被提及；相反，classical political philosophy[古典政治哲学]出现了三次，此外还有traditional political philosophy[传统政治哲学]和political philosophy of the classics[经典哲人的政治哲学]也各出现了一次。

矜持，这可能是因为他认为公众不会难以在道德上接受他的学说，并会把一种道德意图归给他的全部事业。更加大胆就比传统给予了非哲人以更高的要求，对学说的实际用处的强调为这种大胆插上了翅膀，让非哲人可以在其中重新找到他们自己的目标，或者把自己的目标与这种学说相关联。马基雅维利的修辞最终表现出他已预计道德需求会为自己在公共领域中开辟道路，他的批判不会对之形成阻碍。[119] 施特劳斯在第二部分一开头就用“古典”政治哲学的宣称来对照马基雅维利关于新颖的宣称，[117]前者宣称“就诸善或道德德性普遍所说的东西”在根本上是一致的。第7–10节的论证发展将证明，其开头处的两个宣称在主要方面都是有误导性的。马基雅维利的宣称给施特劳斯提供了机会，来校正对于哲学传统的理解，而“古典”政治哲学的宣称让施特劳斯得以在基督教道德没有被明确提及之处也可以讨论基督教道德。下半部分的第7–10节与上半部分的第2–5节同样值得深入考察，两部分有着多方面的相应关系。我们将集中在对哲人的自我理解有着特别意义的观点之上。

第7节（IV，46–51）用于讨论诸善和德性，马基雅维利与“德性即知识”这一苏格拉底等式的一致，支配了这段讨论。施特劳斯在《思索马基雅维利》的导论中曾征引“被归之于马基雅维利的”马洛（Marlowe）的话，从而已经预先提示了这种一致：

---

[119] IV，44–45（232–234）。参看《霍布斯的政治哲学》，美洲版前言，页XX。——注意对于宗教与从圣经学说中得出的道德的关系的估量：“将道德纳入宗教或者让道德从属于宗教，导致的结果是道德看起来不如宗教来得广泛，因此也不如宗教来得根本。”IV，44（232）。参看本书德文版页71。

“我认为，并没有罪，有的只是无知。”⑳ 施特劳斯所揭示的马基雅维利与苏格拉底传统的一致，所关系到的不只是目的，不只是为德性奠定基础的知识，以及进一步支配着正确使用道德德性和恶习的洞见，而是同样地关乎研究的开端，关乎采取 Endoxa［各种意见］为出发点，关乎从诸种意见“表面”着手进而入于各种矛盾之中，这些矛盾内在于关于诸善的意见，并出现在论说（Logoi）以及对相关行为的赞颂中。㉑ 施特劳斯将这一节的中间和篇幅最长的部分，用来讨论马基雅维利与对道德德性的通常理解之间的复杂对峙，这种理解的“经典表达”［118］是亚里士多德提出来的，即德性是两种正相反对的、有缺陷的极端或恶习的中道或中间状态。施特劳斯表明了，马基雅维利如何能够一方面与对中道的赞颂相联系——因此有很好的理由将通常所理解的政治自由规定为僭政与无度之间的中道。施特劳斯也表明了，另一方面，当马基雅维利反对 la via del mezzo［中道］的时候，他又如何能够在支配性的信仰及其对温和中道的藐视中寻得入手点，这种中道试图避免决定一切的非此即彼。他由此切中了对哲人而言的关乎一切之点：在信仰与思想之不信仰之间不存在中道。施特劳斯以冷静（Gleichmut）为例，让我们看到，马基雅维利拒绝了德性即两种恶习之间恰当的中间状态这种德性学说（Doktrin），而

---

⑳　导论，9（13）。在《自然权利与历史》中，施特劳斯是这样征引马洛的：“我……认为，并没有罪，有的只是无知。”然后又说：“这几乎是对于哲人的一个定义了。”（页 177）这句引语包括先被施特劳斯所标识的删减在内的完整版是：“我只把宗教视为一个孩子的玩具，/并且认为，并没有罪，有的只是无知。”Christopher Marlowe，*The Jew of Malta*. Prologue of Machiavel，14－15。强调为引者所加。

㉑　Ⅳ，47（236－237）；参看本章脚注 17。

且他在这当中不只阐释了马基雅维利的拒绝，同时也阐释了亚里士多德学说的意义。出色或伟大人物的冷静只有一种恶习作为反面，此即弱者的恶习，这种恶习表现在两种错误态度上，即要么是狂妄，要么是谦卑。

> 他想要传达的东西可以用下面的话来说明。两个相反的缺陷只是同一种恶习的两个面相，是同一种恶习在相反环境中的相反形式；我们如果没有在一个当中看见另一个的同在，那就还没有理解其中的任何一个缺陷。而所追问的德性却是在所有环境中都呈现为同一个面相；德性稳定不变，因为它基于“对世界的知识”。[122]

在关于中道学说的争辩中，直接与哲人相关的进一步讨论还有：证明正义不可能是自我否定与非正义之间稳定的中间状态，这一断定把对自身的正义问题或哲人对自身之善所负有的义务放在了中心位置；以及最终，以自然为定向的生活要求在两个端点之间抑扬交替，因为自然本身是多样和多变的。“因此，真道由德性与恶习之间的抑扬交替所组成：在重（或对伟大事物的全然献身）与轻之间……”然而，与自然相和谐的抑扬交替绝非[119]“一会儿被推入或拉进一个方向，一会儿又是另一个方向；而是考虑到‘为了谁、关于谁、什么时候和在哪里’是恰当的，然后在德性和恶习之间做出选择”。合乎自然的生活考虑到挑战的变化和时机的转换，又从定向于自身之善获得稳定性。因此这种抑扬交替对于不同的天性有着不同的意味。如我们所看到的那样，对于一位哲人而言，重的一极与轻的一极的含义必定不同于这两极对于一位君主的含义。可不

---

[122] IV，48（237－238）。注意 IV，14（193）。

论是对于哲人还是对于君主而言，洞见和明智，或亚里士多德区别于道德德性的理智德性，都拥有领导权：

> 这种交替运动由明智所引导，从头脑、意志或脾气的力量获得支撑。于是，明智和那些力量始终是必要的。就道德德性来说，君主只要有其表面就够了，而就明智和头脑或意志的力量来说，他需要其实质。换言之，明智（判断）和头脑、意志或脾气的力量是唯一得到普遍认同的德性，它们真正拥有普遍意义上的德性所具有的普遍被认同的品格。它们本身总是有教益的。而道德德性和恶习（比如宗教和残忍）可以得到好的和坏的使用，因为它们的使用必须被明智所节制，明智却不能被坏地或不明智地使用。[123]

合乎自然的生活预设了哲人对偶像的拒绝，此类偶像与对纯洁无瑕的欲求相应。对自然必然性的洞见与不含杂质、没有局限、不受妨碍的善的观念无法相容。马基雅维利的拒绝在第7节末段形诸语言，[120]和第2节末段一样，这一段以“最优秀之人”为讨论对象。施特劳斯集中在首先关乎哲人和哲学的偶像或愿望之上：有关最好的政制（Regime），排除了一切恶的最完满

---

[123] IV，50（240－242）。施特劳斯紧接着说道：“我们必须强调马基雅维利通过其概念用法所故意模糊的一个事实，即他的‘德性’论保留了普遍被认可的（道德）德性和（道德）恶习之间的对立所具有的相关性、真理性和实在性。这个事实，可能既为其思想的邪恶性质，也为其思想的严肃，提供了最强有力的证据。这并不是要否认，而是要肯定，在他的‘德性’论中，道德德性与道德恶习的对立变得从属于另一种优异和一无是处之间的对立。马基雅维利极为简单地通过区分善（即道德德性）和德性，或通过剥夺道德德性的德性之名，来表达道德德性和其他优异之间的差别。”IV，50（242）。参看导论，9（13）。

的幸福和普世之人的学说。施特劳斯用一种人的形象来解释马基雅维利对传统的反对及其结论，此结论即任何一种或任何程度上的优异都伴以一种独特的缺陷或一种特殊的恶，这种人可以视为哲人王在马基雅维利那儿的对应物，而如果我们想要遵循对《思索马基雅维利》的最为卓越的读法，就会看出马基雅维利也把自己与之相等同：

> 一个人，如果他既是君主又是民众的教师，一位思想家，如果他发现了相应于自然的风尚和秩序，那么可以说，他的优异是一个人所能够达到的最高的优异了。不过，如果思想家没有经历对他来说必定最为屈辱的奴役，那么这种最高的自由就不能变得有效。或者，如果他为“轻”所触发，从经历那种奴役中赢得快乐，那他就会失去其同道的尊敬了。

如果作为思想家，马基雅维利享受着最高的自由，可这种自由的经验和收获又只有披着奴役的外衣才能得以传达；如果他为了能够与和他相类的人说话，把自己变成君主和民众的教师；如果他不得不撑着笑脸勉强“扮演丑角”；[124] 如果他所看重的最终不是世界的荣誉，而是那些试图像他理解自己那样来理解他的人的评判——如果这样，那也丝毫没有改变马基雅维利对普遍意义上的优异的理解。改变的只是对于他的特殊优异的理解。[125]

最高的优异出现在“实然”与“应然”的耦合。“他们不可能做他们不应该做的事，他们必定做他们所该做的事。”这适用

---

[124] Ⅲ，55（168）。

[125] Ⅳ，51（242－244）。注意Ⅲ，54（165－167）和Ⅳ，25（207）。参看本书德文版页63－65。

于具备“非同寻常的德性或明智”的人。对于他们来说，明智的戒律具有强制的力量。不过，最高的明智或洞见所要求的应然并非纯粹的应然（Reines Sollen）或普遍的法则（Allgemeines Gesetz）。这种应然以既定条件下可能的“最有智慧的目标”为衡量尺度。[121]这种应然预设了对于必然性在最好情况下允许什么和在既定情况下要求什么的知识和判断。以智慧为方向的最高优异被最高的洞见所规定。最高的洞见不仅包括了对于一切知识根本处的必然性的洞见，也包括了对于能够转化为德性的必然性的洞见，即对自身天性的洞见，而自身天性的特点是不可支配的。施特劳斯特别强调，“头脑与意志的雄壮宽宏”，这种前道德或超道德的品质将“伟大人物”区别于其他人，这种品质是自然的礼物。在此，“伟大人物”显然包括别处所讨论的“优秀之人”，或者前者代表着后者。[126] 施特劳斯就马基雅维利的“最高意义上的德性”所说的话，其实适用于最高的德性，而有关优异之人的东西更适用于最优异之人。在探讨自由与必然性的第 8 节（IV，52－60）的顶点，施特劳斯提示了哲人与非哲人区分的最后根据。施特劳斯在全书的最后和马基雅维利站在一起，反对观念论关于一种极端自由或一个外在于所有给定之物的阿基米德点的主张，让“哲人与非哲人之间的极端区分的自然基础”发挥作用，那时他也援引了这个最后的根据。[127] 正如与第 8 节相应的第 3 节从良知开始一样，第 8 节从 Liberum arbitrium［自由意志］开始，明确断定一个人的特殊天性规定了这个人、他的选择或他的“自

---

[126] 参看 IV，33（218）和本书德文版页 98－99，此外还有 IV，70（269）。参看 IV 章 1 段（174）对“伟大人物”的谈论和将歌德刻画为“伟大人物”。

[127] IV，86（297－298）。注意全书的最后两句话（IV，87）。

由意志”，而非其选择或自由意志规定了他的特殊天性。当马基雅维利说“我们无法改变自身”的时候，他知道，构成我们每个人特殊天性的那些属性，部分是出于遗传，部分是教育的结果，换言之，是被习惯所修正的天性。“可内在属性仍然具有决定性的重要性。”⑱ 在紧随着顶点的三段中（IV，55 - 57），没有出现
[122]智慧这种属性。这三段所讨论的是一般意义上的人，他们可能被外在的或从外部强加的必然性、被恐惧或饥饿、被自然的可怖或法律的强制所触发，而行正义之事、发挥好的影响并勤奋地劳作。扮演了突出角色的是恐惧死亡与贪求荣誉或虚荣之间的对抗，霍布斯将这种对抗选定为他所设计的秩序的出发点。在施特劳斯转向与内在必然性相关的“德性理由”之后，智慧才又回来了；这些理由或者由“他们对于共同之善的自然欲求”所推动，或者由一种展望所引导，即看到他们的作品会为他们带来荣誉，而他们也会在“世上的荣誉”中寻得幸福。和那些能够为自身和他人在总体上并且长期地设定目标的理由一起，选择又一次出现在了中心位置。“智慧的或者令人敬佩的选择”是“明智和强大之人的特权”，这种选择表现了更高程度的行动自由，但我们此时并没有因此离开必然性的国度。⑲ 因为对于正确的选择或对于伟大人物“被野心或

---

⑱ IV，54（246 - 247）。

⑲ “必然性和选择之间是低与高的关系。”“……既然没有完美的善，做出选择充其量意味着选择杂有恶的善。因此，在所有的重要事情上，选择就意味着承担风险，意味着信赖自己的力量能够控制与所选之善相伴而来的恶。弱者缺乏这种自信……”“对于荣誉的最高形式的欲望带有强制的力量，可它又因为如下原因而可以等同于选择或自由：对荣誉的欲望所触发的强制，不能像源自恐惧的强制那样施加到一个人的身上；前一种强制完全是内发的。被追求荣誉的欲念所驱动的人为令人愉悦的前景所引导，而不是为严酷的当下所胁迫……”IV，58（250 - 251）和IV，59（251）。

荣誉之爱所鼓舞”而为之冒险的作品的最终完成来说，洞见始终不可或缺。“只有具备最高德性或明智之人，才会被他们的荣誉渴求所迫使，以最完美的方式来采取行动。他们所认识到的智慧的或者令人敬佩的事物以强制的力量对他们发生着影响，而大多数人只有在面临巨大、明显和即将发生的恶并感恐惧之时，才能感受到同样的强制力量。”与重叠谈论“伟大人物”及“优秀之人”一样，Ⅳ章58－59段两次使用“智慧的或令人敬佩的”这个表达，让我们注意到施特劳斯在同时讨论两种并不相同的形式或类型，[123]读者必须对这两者做出区分。卓越之人眼中的令人敬佩之物很可能与最卓越之人所认为的智慧之物相冲突。当施特劳斯接着说，“具有至高明智本身的人必然行为时所着眼的诸种必然性并不像被预见的必然性那样在场”；当他将必然性准确地界定为作为必然性本身而被意识到的必然性，作为与错误的观念、信仰或迷信相分离的必然性；[130] 当他最终断定，对于马基雅维利来说，配得赞美与惊异的不是一项事业的成功，而是其中的智慧（对偶然之必然性的承认，这是一项事业的智慧中非常重要的部分）——当所有这些时候，我们不得不一并考虑，谁要是把荣誉提升为规定了自身的“必然性”，他就会陷于一种深入的依赖。[131]

---

[130] “使得这两种人行为正确的那两种必然性都是纯粹的必然性，是被认识为必然性本身的必然性……只有被认识的必然性才能驱使人们做出最大的努力，不是信赖命运女神，而是努力去制服她。如果人们并没有认识到所面临的必然性，或者受否定必然性的虚假观念所诅咒，那么那种必然性就会被无知或虚假观念的强制力量所取消；这种混合的必然性——即‘中道’的一种错误类型——妨碍了他们采取正确的行动。”Ⅳ，59（252）。注意Ⅲ，25（120）。

[131] Ⅳ，60（253）。

第9节（IV，61－68）的主题是从共同之善的政治出发所做的道德批判。这是施特劳斯用来分析道德德性的第三节，也是以几乎相同的关于亚里士多德的话开篇的第三个和最后一个小节。[132]［124］开篇用简练的语言陈述了亚里士多德的道德—政治学说（Doktrin），它给人造成一种印象，引诱我们持有一种观点，即认为政治和人的问题在根本原理上已经解决。人性、德性和最好的政制看起来和谐地相互作用，再没有什么能让人想起社会和个人之间的冲突，或者共同体与哲人之间的必然不和。这个美丽的假象首先在于，开篇语谈及“德性”和“有德性的活动”，却没有在道德的德性和思想的德性之间做出区分。修正不待多时，因为我们在几句之后就读到：“严格意义上的最佳政制即便存在，也极为稀有，尽管就其本质而言，它是可能的。”这一节的开端为随后的内容定下了调子：马基雅维利的批判适用于亚里士多德的显白学说，它所关系到的是采纳并说出那种学说的“通常理解”。这给予施特劳斯以机会，既充分且合理地展开对通常理解的批判，又显明马基雅维利与亚里士多德的

---

[132] “对于德性的普遍理解在亚里士多德的断言中找到了它的经典表达，亚里士多德说，作为恶习的反面，德性是两个相反的、有缺陷的极端（一个过，一个不及）的中间或折中。”IV，48（237）。“对于善的普遍理解在亚里士多德的断言中找到了它的经典表达，亚里士多德说，德性是善于选择的习惯，而善于或不善于选择，以及善于或不善于选择的习惯（德性或恶习）是自愿的：对于自己已经变成或正变成有德性的或有恶习的，人对此负有责任。”IV，52（244）。“对于善的普遍理解在亚里士多德的断言中找到了它的经典表达，亚里士多德说，无论是对于个体还是对于社会来说，有德性的活动都是幸福的核心，德性或对人类天性的完善维系着社会，而政治社会的存在也以好的生活为目的，这也就是说，以其成员的有德性的生活为目的。为了最好地实现它的自然功能，城邦必须具备某种秩序、某种政制：最好的政制。”IV，61（253－254）。

一致。所以他紧接着那个经典的开端（即马基雅维利反对“古典思想家”，强调了“人性之坏的事实”）来强调：“亚里士多德自己和马基雅维利一样清楚地教诲，大多数人是坏的，并且所有人都追求财富和荣誉。”[133] 第9节所展开的批判以“道德德性的经典代表，即那种并非知识的德性中的最高类型的经典代表”为对象，[134] 这种批判主张，公民社会的目标不在德性或道德诸善，而在于各个特殊共同体之善好。这种批判把服务于共同之善的共和德性作为道德德性的真理来展示。前者和后者一样，在本质上都从义务或从一种对更高之物的从属来理解自身，这种更高之物让从属和献身显得有价值。若进一步来看，德性所服务的目标就证明自身[125]是自身之善的一个变种，无论是直接的还是绕了弯子的变种。一方面，道德诸善并不总是与共同之善相契合，另一方面，以集体的自身利益为目标的共和德性或爱国主义并不受着同一种局限，而作为知识的德性总是必需共同之善。这可以用来理解道德行为的政治前提。这适用于对通常情况下有效、非常情况下被搁置的必然性和规则的洞见。这也适用于在具体环境中恰切地做出政治决断的明智。因为在极端情况下，当事关共同体的存在或独立时，以共同之善为导向可以要求偏离正义的通常规则，这并不需要对极端状况做具体规定，也不需要预先就偏离规则去制定规则。当施特劳斯就这一点简述“马基雅维利的思想”时，他其实重复了自己

---

[133] IV，61（254），强调均为引者所加。

[134] IV，64（258），强调为引者所加。参看《城邦与人》，前揭，页26－29。

在《自然权利与历史》中解释亚里士多德的思想时所做的论证。[135] 共同之善为正义提供了尺度，可经研究，它又证明自身只是就其声称而言才是一种为所有人所共有或分享的善。[136] 无论如何，它都要求共和国的组成部分，要求施行统治的贵族和被统治的民众具备不同的德性、素质和态度，而这又与他们在整全中的位置或任务相应。[137] [126]哲人想要在共和国中被忍受，就得具备特别的节制。这其中包括对社会共同生活的基本道德要求的“有智慧的解释”，这种基本要求通常被称为自然法，即便《思索马基雅维利》并没有如此称呼这种基本要求。如施特劳斯所注意到的，马基雅维利绝未否定，将“那种简单的行为准则”脱离于“其自私自利的目标”并将其提升为普遍有效、永恒不变的法则，是“智慧”的。无论如何，他主张，如果一个人停留于对这些准则的“智慧”解释，那么这些准则就不能被理解为它们事实上所是的样子。[138]

---

[135] IV, 65 (259)。《自然权利与历史》，前揭，页 157 – 163，特别是页160 – 161。施特劳斯在这本书的中心段落只在一个脚注中给出了唯一的参看提示。它将读者指引向施特劳斯的论文《〈库萨里〉中的理性法》(页158，脚注 32)。

[136] “……既然共同之善要求无辜个体为之牺牲，那么它其实是大多数人的善，甚至是普通人的善，而非高贵之人或伟大之人的善。”IV，66 (260)。

[137] “马基雅维利主要是通过取自罗马元老院和罗马平民的例证，来说明这种德性的差异。元老院的典型德性是明智和一种经过计算的慷慨，节约地分发从敌人那里拿来的东西；还包括尊贵和庄严；最后还包括忍耐和狡猾。平民的典型德性是善良，是对表面上的或事实上的邪恶的鄙夷，是宗教。于是，善良乃是与民众相安无事。”IV，68 (263)。

[138] IV，68 (264 – 265)。参看《〈库萨里〉中的理性法》，前揭，页136 – 140；《自然权利和历史》，前揭，页 158。

第10节（IV，69－81）以私人之善为主导线索，对政治的共同之善做了批判。这一节的第十三段，也是最后一段，将哲人马基雅维利的完整形象呈现在我们眼前；这一节的第一段与论述宗教的第5节的核心段落一样，让人回忆起哲人对于哲思自由的政治兴趣。这标识了论证前进和上升成功的领域，这种上升从共和国声称自己是共同之善的代言者开始。在第9节，施特劳斯已经提到了共和国的宣称与现实的不符。共同之善在大多数时候看起来是大多数人之善。它充其量也只是几乎所有人的善，而不是被设想为所有人之善或每一个个体之善。现在，他通过哲人的自由显著地展示了这道鸿沟，罗马皇帝的黄金时代有利于哲人的自由，而共和德性的典范忧心三百年之久，让哲人在罗马不被接纳（《佛罗伦萨传》V，1）。享有盛誉的爱国者卡图（Cato）和一位像奥勒留一样的皇帝之间的对照指向一种区别，这种区别对于哲人意味着，[127]他所面对的要么是一位具有伟大的理智、精神和坚强意志的君主，要么是一种共同之善在其中被理解为绝大多数人或几乎所有人之善并得到贯彻的政制，这样的政制中拥有最后话语权的是民众。施特劳斯无需提及 in statu corruptionis[堕落状态中的]共和国。他没有必要谈论弊病或歧途。他也可以对苏格拉底之死不置一词。他已经在第三章将民众刻画为道德和宗教的真正庇护者。他将民众规定为信仰在任何一种意义上的化身。[139]当共和国所宣称的共同福祉显现为其一个或多个部分的局部福祉，而且即便当它显现为全部民众的福祉时，评价政制的重点也

---

[139] IV，69（266）；IV，66（260）；IV，68（262）。参看Ⅲ，28（126）；Ⅲ，30（130）；Ⅲ，32（133）；参看IV，11（185－186）；IV，42（230－231）；IV，68（263）；IV，77（282）；《城邦与人》，前揭，页37。

都发生了转移。当私人利益位于中心的时候，一旦考察者所寻求的是对中间力量、对“派别”和其他社会力量的保护，君主国的形态就浮现了。此外，当他在共和国的代表者中看到了作为团体共同发生影响并稳固其统治的“君主们”，他对君主们的认知也就改变了。当僭政不是联合民众来对抗“大人物”的时候，即便僭政也可以被视为符合大多数人的利益。通过返回到君主制和僭政来对共和国的共同之善加以批判性的分析，马基雅维利最终可以揭示，政治状态本身必定与强制、与服从的义务、与不正义相联；压制对于社会而言是本质性的；私人之善是唯一的自然之善。[140] 马基雅维利所设想的以政治为导向的共同之善以其对自然之善的认识为根本。这种构想可以从他对罗马帝国的范例式陈述中[128]读出，根据这种陈述，棘手的共同福祉，尤其是政治自由，在于贵族和平民之间不断的争执和动态的平衡。这在他所设计的实践选择中有着同样的表现：哲人和君主结成有承受力的同盟来对付教士的统治，并通过与民众的恰当对话为一种共和秩序做好准备，这种共和秩序敦促公民的自由和自我意识，并且从长期来看也有利于哲学。[141] 马基雅维利的构想围绕着从私人之善架起桥梁通往公共之善的艺术。惩罚和奖励用来使两者相互交融。“对政府的怕”和“对政府的爱”是这种艺术娴熟运用、灵活变

---

[140] IV，75－76（278－280）。“于是，压制或不正义是与政治社会共存的。犯罪的僭政是一种极端压迫的状态。因此，在最关键的方面，最好的共和国和最坏的僭政之间只有程度的差别。没有人比马基雅维利更清楚，这种程度的差别就有极为重要的实践意义。可程度的差别并非种类的差别。”IV，75（278）。

[141] IV，10－11（184－185）。参看本书德文版页 77－80。参看《迫害与写作艺术》，前揭，页 15。

换的手段。它所依循的理想道路以荣誉之爱为起点。

> 对荣誉的欲求之为对永恒荣誉的欲求，将人从对生命和财产、对那些可能为共同之善而牺牲的善好的关心中解放出来；不过荣誉也是一个人自己的善好。因此，全部政治学说甚至都可以恰当地陈述为：就人们如何获得他们最高的荣誉而向个体给出的建议。

对自爱的政治运用取道荣誉之爱，然而，这种运用却不能隐瞒一个事实，即只有付出外在于自身、依赖和幻想的代价才能达到私人之善和共同之善的和谐。对“永恒”荣誉的追求指向这种幻想的品格。[142] 这意味深长地说明了政治艺术所能创造的任何构造都很脆弱。即便它以统治者和被统治者自私的驱动因素为出发点并且在“唯一自然的政治基础”之上建立它的大厦，情形也是如此。[143]

---

[142] IV，77（281－283）；参看IV，25（207），进一步参看IV，13（190）和IV，14（193）以及本书德文版页87－88。IV章77段的最后一句话说出了对“永恒荣誉”的替代，大多数人被指向这种替代：“因为大多数人永远无法获取伟大个人所取得的永恒荣誉，所以，必须用审慎所培育的对另一种永恒的信仰来诱使他们献上最大的牺牲。”参看本书德文版页103－106。

[143] 就在施特劳斯于第IV章的第77段说出“全部政治学说”的核心之时，他也在此提醒读者，马基雅维利的政治哲学并不局限为一种“明智”实践的指南，它真正的职责毋宁是对“明智”或洞见进行政治的辩护和理性的奠基：“*就马基雅维利的两本书不是用于确保明智的基础而是用于直接的明智使用来说*，它们的广义目的在于说明，有必要将统治者和被统治者的自私欲望算作政治唯一的自然基础，因此要信赖的……是我们自己的德性（如果我们具备的话），即我们为自己获得最高荣誉的能力，并因此凭借这种能力为我们的国家获得使它强大、繁荣和受人尊敬的一切。着眼于自身利益的有*智慧的统治者*，或谋求被统治者的合作……”IV，77（282），强调为引者所加。参看本章脚注77。

[129]洞察政治的共同之善的界限以及因此洞察政治生活的本性，这是接近另一种生活的前提，这另一种生活以最严格意义上的共同之善、以真理为导向。一个人对真理的分享不会对所有其他人分享真理造成损害，并且自己的部分不会减损任何人的部分，就此而言，真理是唯一能够不受限制地被视为共同之善的善。一个人对真理的占有不会降低真理的共同之善，这并不意味着通往真理的大门对任何人、在任何条件下都同样是好的。适用于所有善好的也适用于最严格意义上的共同之善。善好是对于某人或某物而言的好，因此并没有脱离限制或摆脱恶。因为这个缘故，“严格意义上”的共同之善并未取消私人和公共之善的区别。以真理为定向的生活同样没有摆脱政治和非政治生活的规定。简言之，对哲学的共同之善的理解必须吸纳对政治的共同之善的理解，而这种理解又包括了理解政治共同之善与自然之善之间的必然张力。为了让读者看到构成了哲学生活的整合，施特劳斯用专门的一段来讨论《曼陀罗》，这一段为政治的共同之善添加了一个“增补”。这个增补“和共同之善处于同一水平，即处在低于真理的水平”，这个增补即《曼陀罗》开篇颂歌所歌颂的非政治的或非社会的生活。着眼于对真理的认识，施特劳斯明确地将非政治的生活[130]与政治生活置于同一水平，[144]进一步来看，这种非政治的生活就是爱的生活。对一个女人的爱和操心国家大事或求统治的意志相并列。重与轻的两极又回来了。不过，这一次，

---

[144] IV，79（284）。在前一句话中施特劳斯做了如下区分：“由政治上的共同之善所构成，或者由它所保护或所带来的那些好东西，与其他的好东西不能相容，这些其他的好东西甚至比政治上的共同之善更缺少共同性，但它们所带来的满足却并不更少欢愉、灿烂和强烈，而且还比荣耀更容易为某些人所得。”强调为引者所加。

施特劳斯没有停留于两极之间的抑扬交替：

> 国家事务与恋爱事务的区别对应着重与轻这两种相反品质之间的区别，两者之间的抑扬交替，**或者毋宁说，两者的结合**，构成了合乎自然的生活。我们推测，在马基雅维利看来，重与轻的结合在对真理的追求中实现，或者在对一种善的追求中实现，与这种善相比，没有什么是更加公共，也没有什么是更加私人的。[145]

马基雅维利的喜剧给了施特劳斯机会去展示马基雅维利所没有展示的，联系马基雅维利所没有联系的，说出马基雅维利用沉默所略过的。《曼陀罗》在《思索马基雅维利》的论证中起了关键作用，在向《曼陀罗》作了一次偏离之后，施特劳斯把马基雅维利用以陈述其双重学说的两本书，即《君主论》和《论李维》作为反证，表明书中所强调的荣誉之爱不足以恰切地理解《曼陀罗》这本书的存在所由自的那种活动。[146] 如果将马基雅维利的学说（Doktrin）用到他自己身上，就会得出结论说，[131]马基雅维

---

[145] IV，79（285），强调为引者所加；参看 I，28（40）；IV，50（241）。并参看 I，35（52）；IV，51（244）和 IV，79 最后一句话（285）。

[146] 施特劳斯的原则是完全根据《君主论》和《论李维》来陈述马基雅维利的学说，而论述《曼陀罗》的 IV 章 79 段意味着偏离这一原则，施特劳斯在下一段开头处恰恰反讽地向自己提出这个原则，他强调了这种偏离："有些人会认为，我们所不得不摹拟的那些朦胧晦涩处是可以避免的，只要我们简单地将《曼陀罗》作为一部无关宏旨的作品而不予重视——它所从属的那个部类与严肃思想的部类全不相关——并且只要我们将注意力完全局限在那两本各自以特有的方式包含了马基雅维利所知晓的一切的书身上。"IV，80（285－286）。IV 章 79 段在第 IV 章下半部分向《曼陀罗》的偏离对应着 IV 章 37 段在前半部向《卡斯特乌齐奥·卡斯特拉卡尼传》的偏离。

利将他自身的善等同于未来为他备好的荣誉，等同于公众有朝一日会归给他的声名，或等同于他的全部著作在最有判断力的评判者那里必定会获得的认可。马基雅维利的奖赏就只是赞美，此外无他。在对永恒或不朽荣誉的欲求之上建立起来的理想道路忽视了爱欲。对爱欲的抽离和对自然之善的政治化是同一件事情的两个面相。[147] 施特劳斯描绘出一条线索，从神话中的创建者，到最杰出的艺术家和作家，直到人类和社会一切决定性真理的发现者这种发现者带来了有关合乎自然的秩序的真理，并因此能够为自己索要最高的荣誉。为了收获这种荣誉，他必须集创建者、艺术家、作家和发现者于一身，服务于他想要创造的秩序。

> 他不是从理论的角度，而是作为创建者的导师，从创建者的角度来看待社会的。对最高荣誉的欲望是对共同之善的自然欲望的事实真理，并模仿对真理的追求，这种欲望要求对人类事务的超脱服从一种特别的介入或被这种介入所替代。

如果马基雅维利停留于用最高荣誉之欲求来解释对真理的追寻——这种欲求最初可能规定了，随后可能鼓舞着真理之追寻——那他就会陷入一个瓶颈，施特劳斯通过一瞥柏拉图的《理想国》阐明了这个瓶颈；在《理想国》中，荣誉之爱使得最好城

---

[147] “唯一的一种能够诱使人们热切关心遥远后代之福祉的自私欲望，是对永恒或不朽荣誉的欲望。对这样一种荣誉的欲望构成了善恶之间的连接环节，这是因为，尽管这种欲望就其本身而言是自私的，可它只有最大程度地服务于他人才能获得满足。对于不朽荣誉的欲望之所以是最高的欲望，是因为它是最伟大的自然德性的必然伴随物。它是具备最伟大的自然德性的人的唯一欲望。”IV，80（286）。参看本章脚注142和143。

邦的创建者服务于他们所创建的城邦的共同之善，并因此能够将爱僭政转换成爱正义。[148] 可是在那里，政治变形只是“真正转向”的预备，[132]这种“真正的转向”是转向哲学，对一切政治之物的必然局限的洞见促进了这种转向。与柏拉图不同，马基雅维利并没有论述这种真正的转向。

> 在马基雅维利那里，人通过对荣誉的欲望所完成的变化似乎是唯一的转向；下一个更高的转向似乎被遗忘了。然而这个结论并不符合马基雅维利对荣誉之虚妄和政治事物之界限的清楚意识。不朽的荣誉是不可能的，并且所谓的不朽荣誉是赖于偶然的。因此，将荣誉视为至善意味着否定了幸福的可能性。

马基雅维利忽略了爱欲，没有为转向哲学做宣传，但这并不意味着他遗忘了“真正的转向”，而是意味着《君主论》和《论李维》的读者，若是达到了这一点，在其中看到了学说不相容的结论和应用，那么他就必须完成马基雅维利在其陈述中所略去的Periagoge[灵魂转向]。通过强调地回指向《曼陀罗》的偏离，施特劳斯勾勒了将马基雅维利引出瓶颈的道路，以荣誉为准绳和对爱欲的忽略必须在其中汇合。他把目光从政治生活转向非政治生活的“增补”，并回溯到合乎自然的生活，而对于马基雅维利来说，这种生活看起来是在政治和爱情之间的转换中发生的。

---

[148] “苏格拉底向他的年轻同伴们建议，他们应该共同创建一个城邦，他由此将诉求从僭主的渺小目标转向了创建者的伟大目标：与创建者特别是最好城邦的创建者所赢得的荣誉相比，只是对一个已经存在的城邦加以利用的僭主所赢得的荣誉就显得渺小了。然而，奠基者必须完全地献身于其城邦的福祉；他不得不关切共同之善或者变得正义。”IV，81（289）。

> 但是，正如之前所提示的那样，他超越了政治之善与情欲之善相互补充又相互冲突的层面。最优秀之人与最优秀的将军、与战场或情场上的战士不同，他通过对“世界”的知识而获得了完全的满足并且不受偶然的力量所影响。

我们看到，施特劳斯对马基雅维利思想的陈述在第10节末尾达至顶点，在此，认识真理与传达真理连成一个有着两个端点的整体。施特劳斯选取骑在马背上的人的图像来解说这种整体，他由此唤起哲学写作艺术的传统。[133]并且随着最后一次提及“青年”这一马基雅维利艺术的真正说话对象，他让人回想起爱欲的分量——没有爱欲就无法思索那个整体，也无法思索马基雅维利。[149]

第11节（IV，82-87）通过一个间歇与施特劳斯在前面十节所发展的并在IV章81段所终结的论证相分离，这个间歇将全书的这最后六段变成了一种结束语。第11节同时也是施特劳斯用来批判马基雅维利事业的三个“最后部分”中的最后一部分。与此相应，施特劳斯在最小的篇幅内聚集了其“古今”学说的最重要论题。对现代政治哲学奠基者的批判因而位于结束语的中心。结语的注意力不是集中在哲人的意图，而是在政治家的行动上面。它绘制了一幅马基雅维利画像，画像上烙下了对于历史后果的展望。结语视马基雅维利为一个过程的起点，施特劳斯在《思索马基雅维利》的结尾处总结了并为通常的理

[149] IV，81（288-290）；参看《迫害与写作艺术》，前揭，页36；以及《重述色诺芬的〈希耶罗〉》，前揭，页117（第30段结尾和第31段开头）。有关第10节的最后一段，请注意本书德文版页63-65。

解强调了这个过程给哲学带来的损失。所有这些都将这本书最引人注目的部分变成了其最具修辞性的部分。最后六段的修辞事实上也适于掩盖施特劳斯的哲学研究所取得的最重要收获，并用历史性的磨平来缓和其顶点。施特劳斯没有让细心的读者对结束语的修辞品格感到模糊。他引入了与他之前经过论证的解释明显不相符合的说法。或者说，他通过简短的修正指明，他这里的解说已经远离马基雅维利，而着眼于像洛克、康德和马克思等人，虽然他们的名字并没有被提及。[150] 此外，施特劳斯还可以期待，[134]带着必要的清醒和思考追随了1－81段中论证的读者，会知道如何运用他迄今所经历和理解的东西。对于这样一位读者来说，结束语对马基雅维利的三重“遗忘”——遗忘了苏格拉底，遗忘了悲剧，遗忘了灵魂——的惊人宣告就不会是突然的。他会想起，施特劳斯在第Ⅳ章导论处已经缓和了有关马基雅维利的三重“遗忘”的论断。他会检查一番，施特劳斯的解释为后来的宣称提供了哪些理由。最后，他会考察，马基雅维利对苏格拉底、悲剧和灵魂的“遗忘”，其情形是否与施特劳斯在Ⅳ章81节示范性地讨论过的“遗忘”

---

[150] “……对于马基雅维利来说，声望和荣誉所带来的快乐是真正的快乐，并且可能是最高的快乐。”Ⅳ，83（291）；参看Ⅳ，81（289－290）。“而普遍意义上的偶然是可以被征服的；人类是主人。”Ⅳ，83（292）；参看Ⅳ，33（218）；Ⅳ，35（221）；Ⅳ，54（246）；Ⅳ，60（253）。“……他最终把最优秀之人等同于最优秀的将军。”Ⅳ，87（299）；参看Ⅳ，14（192－193）和Ⅳ，81（290）。“让我们回到这种清楚地出现在马基雅维利著作中的新的哲学概念的表现……”Ⅳ，86（296）。“然而，在展望马基雅维利行为的极端后果之时，我们不能忘记一个事实，对于马基雅维利自己来说……”Ⅳ，86（298）。

相似，此即对真正的转向哲学的“遗忘”。[151] 结语所算总账尤为关注马基雅维利行为的核心，即向民众靠拢，或者更确切地说，即面对“哲学意义上的demos[民众]”的新政治，这个意义上的民众乃是“不能或不愿委身哲学的全部公民的总体”。为了为自己赢得“最强有力的统治者”，哲人必须参与并满足民众的目标。施特劳斯将哲学政治的民主转向回溯到马基雅维利，[152] ［135］与民主转向紧密相关的是“标准的降低”和“视野的窄化”。其最深远的影响是为哲学加载了宗教的功能，并且最终否定了哲人与非哲人之间的根本区别。在第Ⅲ章的中心，施特劳斯曾强调，马基雅维利与“古典哲学”的“贵族主义偏见或贵族主义前提”作战（Ⅲ，30），并且他没有让人怀疑，马基雅维利是出于政治原因而站在民众一边的（Ⅲ，31）。在这之前，他还把马基雅维描写为另一位法比乌斯（Fabius），隐姓埋名于敌人之中，为自己兄弟的凯旋做准备，为此他必须穿越西米尼安森林，一块被认为不

---

[151] Ⅳ，82（291）；Ⅳ，83（292）；Ⅳ，84（294）；参看Ⅳ，2（175）；Ⅳ，81（289）。令后记的读者最感意外的，大概是对马基雅维利的三重否定的断定中居中的一项（但是注意Ⅰ章28段末尾）：“在马基雅维利那里，我们找到了喜剧、反讽和讽刺，却没有任何东西让人想起悲剧。人性中的一半不在他的思想范围之内。马基雅维利那里之所以没有悲剧，是因为他对‘常人’（the common）的神圣性压根没有感受力。”Ⅳ，83（292）。读者若想要在这一点上更清楚地理解马基雅维利的“遗忘”，可以从一个问题着手，即有哪一位先于和后于康德的哲人是把常人的神圣作为自己的任务的。

[152] “通过他的努力，哲学变得有益了，这里的有益指的是民众所理解或可以理解的益处。他实现了一个决定性的转变，这种转变以一种哲学概念为方向，根据这种哲学概念，哲学的目的在于解除人类的等级，或者增进人类的力量，或者指导人类通往一个理性的社会，这个社会的纽带和目标是其每个成员启蒙了的自我-利益或舒适的自我保存。洞穴成了‘实质’。”Ⅳ，86（296）。参看Ⅳ，84（294）和Ⅲ，55（168）。

可穿越的地方（Ⅲ，17）。施特劳斯从《论李维》中论述马基雅维利事业的三个“最后部分”中的中心部分（Ⅱ，33），并从位于背后的李维故事的细节中，赢得了马基雅维利比喻性的自我描述，这种描述提示我们，敌人，即托斯卡纳人（Toscani）曾认为没有任何“外人”胆敢深入西米尼安森林，罗马元老院也禁止人闯入这片未被探究之地，因为元老院认为这太过危险。我们可以如此解释这个比喻：“西米尼安森林”代表着有待开化的，即有待科学和艺术的介入来开发的自然；闯入预计会给民众带来果实，而民众是受了教化的，即在政治上被赋形了的；“元老院”代表古人的政治哲学，它反对开发并且把民众的可塑性估计得较低；马基雅维利“大胆乔装”侦察到了成功发动进攻的可能性，并通过与民众的惊人联合最终战胜了“托斯卡纳人”——在此，“托斯卡纳人”代表着超政治的宗教的“外在权力”，在基督徒共和国中，这种权力的统治还没有中断。[153]

[136]结束语没有提及基督教、启示宗教和圣经。它讨论马基雅维利的转向，却没有指名道姓地说出这种转向所应对的挑战。施特劳斯仿佛在最后忘记了这本书的核心主题，他将所有的注意力引向古今之间的断裂，从而阐明了古人高贵立场的优越与自足。可即便在启示宗教没有被具名提及的地方，它也在《思索马基雅维利》中保持了自己的在场。新的哲学政治是照着敌人的模样来设计的，如果忽略了这位敌人，必定不被理解的就不只是这

---

[153] Ⅲ，17（106－107）；注意Ⅲ，45（153）；Ⅲ，47（153－154）。有关超政治的宗教，参看Ⅲ，21（112－113）和Ⅲ，24（118）；有关与民众的联合，参看Ⅲ，25（119）；Ⅲ，28（125－126）；Ⅲ，30（128－131）；Ⅲ，31（131）；Ⅲ，55（168）；Ⅲ，68（263）；有关对古人的批判，除了Ⅲ，30（127），还可参看Ⅳ，60（253）。

种政治，读者因此被迫重新拾起第Ⅱ、第Ⅲ章以及第Ⅳ章上半部分的线索。全书的最后一段开启了对于一种“必然性”的提示，这种必然性对“马基雅维利及其伟大后继者”都具有规定性。施特劳斯让人回忆起他们所面临的“强大对手”。在一个简短的、修辞性间奏之后，施特劳斯提出了一个同样修辞性的问题，这个问题将“外在权力”无可避免地纳入了对古今哲人之间关系的考察：“我们无法停止疑惑，古典政治哲学究竟有何种本质性的缺陷，以致竟然可能引发整个现代的冒险，引发这场以合乎理性为初衷的事业。”无论是展望现代事业的合理性，还是回顾古人学说的有效性，所谈论的都是历史性的转变，施特劳斯因此回溯到了“古典思想家”如何看待发明和能够释放创新的政治或社会能动性：“他们要求对发明创造加以严格的道德－政治监督；好的和智慧的城邦会决定什么样的发明创造可以善加利用，什么需要予以压制。”假定存在着一个一直被统治得很好、很有智慧的城邦，或者哲人长久地控制着技术变化，那看来就没有什么能够妨碍古典哲人的善的和智慧的城邦的稳定性。“然而，他们不得不允许一个*关键的例外*。他们不得不承认鼓励*有关战争艺术的创造发明的必要性*。他们不得不向防御和抵抗的*必要性*低头让步。”[154] [137]这个例外毁掉了最好政制的稳定性，施特劳斯由

---

[154] Ⅳ, 87（298），强调为引者所加。施特劳斯接着说：“然而这就意味着，他们不得不承认，由好的和智慧的城邦来对发明创造所进行的道德—政治监督，必然受到限制，即必须适应道德上较为低劣的城邦，后者嘲讽这种监督，因为它们的目标是获取或安逸。换言之，他们必须承认，好的城邦在一个重要方面必须考虑坏的城邦的做法所带来的影响，或者说坏的城邦将它们的法则强加到了好的城邦头上。只有在这一点上，马基雅维利的下述论断才可以被证明是有根据的，即恶者众，故而善者无以为善。”（298－299）

此得出了他用以开启这一段的那种必然性。这种必然性从外部而来，造成了战争，这种必然性是敌人。施特劳斯总结道："必须鼓励关乎战争艺术的发明创造，承认这一点所隐含的困难为马基雅维利批判古典政治哲学提供了一个基础。"有些读者或许会因此认为，他的这个总结只是在一个次要的批判点上认可了马基雅维利。而事实上，这关系到对于古典学说自主性的攻击，这种攻击具有巨大的影响。它不只关系到最优政制或好城邦的设想及其稳定性。它还特别关系到对外交政策的忽视，"古典"政治哲学认为外交政策本身仿佛并非关乎根本利益的争端。[155] 当在城邦和帝国的著名活动家之外出现一种全然不同的外在权力的时候，情势就该发生决定性的变化了；与局部的共同体不同，这种外在权力对最高权力有一种普遍的诉求，并要求绝对的忠诚，这种要求一直深入到公民的内心最深处。施特劳斯在 1935 年钻研法拉比和阿威罗伊的时候，明白了承认"对外政策的优先性"和新形势之间的关联，无论是对于政治还是对于哲学而言，启示宗教的历史性突破都意味着新的形势。在《思索马基雅维利》中，施特劳斯用一个注释影射着中世纪的前史，大多数读者无法理解这个注释，神学—政治的背景也因此而停留在了晦暗之中。[138]施特劳斯没有提及 Falasifa[哲人]，而是间接地断定，马基雅维利的学说不可能"被刻画为第一个认可对外政策或承认对外政策之优先性

---

[155] 有关于此，请参看施特劳斯引入"古典政治哲学"概念的那篇文章，《论古典政治哲学》，前揭，页 84 – 85。参看《迈蒙尼德对政治科学的论述》（"Maimonides' Statement on Political Science"）（1953），载《什么是政治哲学?》，前揭，页 164 – 165。

的政治学说”。[156] 更重要的是结尾处对敌人的传讯。在这本书中，“精神战争”扮演着突出的角色，战争中胜利的一方明确地被归功于战争艺术上的发明，即将宣传用于战争——这样一本书的最后一段指向关系到“有关战争的发明创造”不得不然，这很难被视为一个次要的提示。“古典”政治哲学无法阻止敌人的胜利，它在无意中毋宁给敌人帮了忙，它通过自己的学说赋予科学以一种前所未闻的可见度和声望。它为使用科学来服务于实践的、政治的和战争的目的备好了地基，而这种使用是理论所断然拒绝的，施特劳斯特意地提及这一点：“从古典思想家的视角出发来看，科学之为一种理论追求，其本性已排除了对科学的这样一种使用。”科学的理论本性无法防止它被用来服务于对世界的积极改造。而马基雅维利所遭遇的是这样一位对手：他从古人哲学的武器库中取得了其装备中的一大部分。[157]

[139]在阐发了断裂之后，在批判与反批判之后，在历史变迁

---

[156] IV，84（293）。施特劳斯认识到，中世纪的柏拉图主义政治哲人因为启示宗教的侵入，而看到了必须对柏拉图的政治学说做怎样的偏离——从对勇敢和战争的重新评价直至修辞学角色的重新定位。在认识到这一点之后，施特劳斯在其《霍布斯的政治哲学》英译本中加入了一个长段来讨论对外政策的优先性，这个段落为德文手稿所无（《霍布斯的政治哲学》，前揭，页161－163）。《思索马基雅维利》中对“对外政策优先性”、“精神战争”和“有关战争艺术的创造发明”的讨论以一个洞见为根据，有关这个洞见的历史细节，我在《文集》第2卷前言，前揭，页XXII－XXIII和第3卷前言，前揭，页XXIII－XXIV中有记述。

[157] IV，87（299）；参看IV，10－11（185－186）；IV，43（231）和《霍布斯的宗教批判》（1934），载《文集》（*Gesammelte Schriften*），第3卷，页272。——“亚里士多德从未设想过一个世界国家，因为他全然确信，科学在本质上是理论的，将技术从道德和政治控制中解放出来会导致灾难性的结果：科学、艺术与无限的或缺少控制的技术进步的融合导致了一种严重的可能性，此即普遍的和永恒的僭政。”《自然权利与历史》，前揭，页23。

导致了分裂、分裂又越过了历史变迁之后，全书的最后六句话又将哲人们聚到了一起。施特劳斯用一个观念作为出发点，这个观念因为我们的历史经验，也就是说，因为施特劳斯及其读者区别于亚里士多德和马基雅维利的历史经验，而变得不可信了。古人曾经认为，每经过一个周期就会发生一次大灾变，它将摧毁全部的文明、重新驱散人类。如果哲人的政治控制当被拒绝，那自然就该为此操心，让技术不至于过度发展，免得人类的发明在许久之后反过来有害于他、“变成人类的主人并摧毁人”。从人类所造成的科学和技术问题来看，自然的灾难变成了其善意的开显。对返回开端的展望看起来就像善举。因为马基雅维利“自己表达了”关于自然大灾变的古老观点，所以施特劳斯可以凭借同样的理由把归诸古典哲人名下的东西归给马基雅维利。如果古典哲人相信，自然的必然性会为滥用他们所发展的技术设定界限，并以此为建设的基础，那么马基雅维利可能也会期待，他所构想的事业——以及任何一种“征服自然”的未来尝试——都会受制于同一种必然性。如果马基雅维利、柏拉图或亚里士多德真的相信，大灾变可以控制人类摧毁力量的过度发展，那么他们就被一种“被前几个世纪的经验所反驳”的观点所引导了。着眼于将他与马基雅维利对哲学的更新相分离又相连接的几个世纪，施特劳斯说出了哲学在当下之所急需：

> 看来，我们需要通过返回自然恩惠或善之优先性所源出的那种根本经验，来重新思考并由此重建自然恩惠或善之优先性的概念。因为虽然“哲学必须警惕希冀有益世道人心”，它却必然有益世道人心。

施特劳斯所看到的是一种三重运动：[140]从一种关于世界的看法

上升到哲学的内在必然性；通过返回到先于任何一种学说的真正的哲学活动来更新一种流传下来的学说；最后，将所有三重运动总结于一处，从分离了众哲人的历史性学说和经验转向哲人们共有的根本经验——认识的解放力量，思想的爱欲，反思的深入，理解的幸福。让哲人可以谈论善之优先性的根本经验，在一个判断中合于一处，此即哲学生活是好的。对于合乎他们天性的生活的判断，在写作艺术中找到了其最有说服力的表达，哲人自两千五百年来就使用这种艺术来将相近的天性引向哲学生活。哲学的写作艺术当使真正的读者可以在钻研书本的时候获得书本所源出的那些根本经验。《思索马基雅维利》就是这些书当中的一本。[158]

---

[158] Ⅳ，87（299）；参看Ⅰ，35（50）；Ⅱ，20（77）；Ⅱ，24（81）；Ⅲ，26（120－121）；Ⅳ，54（246－247）；Ⅳ，60 结尾处（253）；Ⅳ，79（285）；Ⅳ，81（290）。参看《法拉比的柏拉图》，前揭，页 392－393；《自然权利与历史》，前揭，页 95；《什么是政治哲学?》，前揭，页 40，以及《施特劳斯的思想运动》，前揭，页 41－43。注意《马基雅维利致费托里的信》（*Niccolò Machiavelli a Francesco Vettori*），Firenze，10 dicembre 1513，载《全集/书信第六卷》（*Opere VI Lettere*），Franco Gaeta 编，Mailand 1961，页 304。——1959 年 6 月 6 日，施特劳斯在芝加哥以“什么是自由教育?”为题作了一场报告，他在其中提及《思索马基雅维利》最后一句话中的黑格尔引语并作了进一步引申（首版，Chicago 1959，页 12；重刊于《古今自由主义》，New York 1968，页 8）：“我们已经学习到，哲学必须防范想要有益世道人心的愿望——哲学只能内在地有益人心。我们一旦运用我们的理解力，就会时不时地理解某些重要的东西；而这种理解行为可能伴以对我们的理解力的意识，伴以对理解的理解，伴以 noesis noeseos，这种经验是如此高远、纯粹和高贵，以至于亚里士多德可以将之归于他的神。这种经验完全不依赖于我们最初思考的东西究竟是令人愉快的还是令人沮丧的，是美的还是丑的。它引导我们意识到，一切的恶在某种意义上都是必然的，只要其中有某种东西有待于理解。”

后 记

[141]施特劳斯在1972年就《思索马基雅维利》追加了一篇文章，对这本1958年出版的书做了值得注意的阐发。他利用此次《政治哲学史》出第二版的机会，亲笔撰文替换了1963年第一版的马基雅维利章，再次以专论的方式谈论马基雅维利。文章并非对《思索马基雅维利》一书的缩写，这样做大概激不起作者更大的兴趣。它也不是通常的政治哲学史概论中的一章，假如施特劳斯是要为他和克罗波西（Joseph Cropsey）所编的教科书写作相应的章节，那他在1963年就可以这么做了。事实上，文章因其着眼点及其难度而显得并不适合于这部书，编者在书中前言的第一句话中就说，这本书“首要的目的是向政治科学的本科生引介政治哲学”，而此文最终的位置本该是《柏拉图式的政治哲学研究诸篇》中的第13篇。在《马基雅维利》一文中，狭义上的政治只有次要的意义。比较来说，《君主论》只得到了简要的讨论。绝大部分篇幅是在讨论《论李维》。对马基雅维利的enterprise[事业]的谈论和对spritual warfare[精神战争]、propaganda[宣传]或obfuscation[隐晦]的谈论一样地少。[159]

---

[159] 在这篇文章的35个段落中，5个段落讨论《君主论》，21个段落讨论《论李维》（段落之重叠没有算在内），和在《思索马基雅维利》中一样，《曼陀罗》和《卡斯特乌齐奥·卡斯特拉卡尼传》也各自占有一个段落。《佛罗伦萨传》《战争的艺术》和马基雅维利的其他著作均未被提及。参看章末的阅读建议，并注意在《政治哲学史》开篇处对阅读建议中的A和B两种范畴的解说，页Ⅷ。——《马基雅维利》一文迄今发表过三次：《政治哲学史》，第二版（1972），页271-292；第三版（1987），页296-317；《柏拉图式的政治哲学研究诸篇》（1983），页210-228。行文中征引的是首版，附有段落数。

[142]无论如何，不能再加强《思索马基雅维利》三个“最后部分”所留下的印象，这是施特劳斯考虑的重点。他带着重要的顾虑修改了后记的修辞。不难揣测，鉴于《思索马基雅维利》首版之后十四年来所经历的接受和不接受，施特劳斯转移了重点，调整了方案。可以肯定，施特劳斯在《马基雅维利》一文中强调了《思索马基雅维利》的真正主题，以致它不能再被忽视，他还为其篇幅最长的著作强调了他在1964年为自己所有的研究记录下来的东西。他这本书的中心论题是神学—政治问题。同样确定的是，施特劳斯非同寻常的文章讨论了这本神学—政治论中的难点。它尤其为更好地理解IV章26段中的顶峰作了补充。以下，我仅限于给出很少的几个提示，这些提示可能会对我们当中的某些人有用。

文章一开始就提出何谓德性的问题，施特劳斯在另一处称其为“非常哲学的”，并将其区分于有关公民的政治问题。两招就足以让施特劳斯经过苏格拉底和亚里士多德的《伦理学》到达IV章26段中异常突出的德性magnanimity[宽宏]，并和《伦理学》一样将其与sense of shame[羞耻感]相对照，如我们在亚里士多德那里读到的那样，羞耻感“不是德性”。施特劳斯以此方式让读者注意，德性magnanimity[宽宏大度]与恶习humility[谦卑]在IV章26段的对立乃是基于他的清晰表述。随着下一招对先知以赛亚（Jesaja）（IV章3和5段）的呼唤，施特劳斯开始解释IV章26段的核心句子：

> 当先知以赛亚接到他的使命时，他感到自己是微不足道的，他被这种感受所制服：“我是嘴唇不洁的人，又住在嘴唇不洁的民中。”这意味着对于宽宏大度的含蓄诅咒和对羞

耻感的含蓄辩护。其理由已经在文中给出："圣哉！圣哉！圣哉！万军之耶和华。"但对于亚里士多德和所有希腊人来说，不存在神圣的上帝。谁有道理，希腊人还是犹太人，雅典还是耶路撒冷？

[143]在将马基雅维利引入文中之前，施特劳斯生平最后一次在著作中说出了"雅典还是耶路撒冷"的选择，他在《思索马基雅维利》中曾经对此做了比在任何一本其他著作中都更为深入的考察，但那时他没有明确说出这个选择。他同样最后一次提醒人们注意，哲学的权利和必然性赖于对一个问题的回答，即人类智慧是否足够有理有据地在"雅典或耶路撒冷"之间做出抉择。如果哲学缺少这些理据，那它岂不是和它的对手一样基于一种信仰之上？而这岂不意味着"雅典"全然的、最终的失败？"因为一种基于信仰的哲学已经不再是哲学"。[160]

鉴于开篇处的对峙，"伟大的传统"在《马基雅维利》一文中未被提及并不会令人惊讶。相反，施特劳斯谈到，基督教看到自己在接受拉丁语的时候不得不"在一定程度上"保存古代文献，并与之一道保护了自己的"死敌"（段28）。他现在还明确地将马基雅维利与奥古斯丁相对立，后者在《思索马基雅维利》中没有出现（段9）。总体而言，基督教明显获得了比在之前的书中更大的可见度。施特劳斯在10个段落中明确地论及基督教，

---

[160] 施特劳斯接着说道："也许正是因为这个未被化解的冲突，西方思想才一直没有停下脚步。也许这个冲突正是一种哲学的却不再是希腊的思想——现代哲学——的根本所在。正是为了理解现代哲学，我们才要研究马基雅维利。"《马基雅维利》，段1。参看《论古典政治哲学》，页90；《斯宾诺莎的宗教批判前言》（1961），载：《古今自由主义》，页256（倒数第二段最后）。参看《神学—政治问题》，页30－34。

第一次是在第13段中。五个连续的段落用来与基督教相对峙（段25-29），构成了这篇文章中最长的一节。[161] 施特劳斯选取了《论李维》中的五个段落来进行深入评述。其中位于中心的是《论李维》第Ⅲ卷第1章，[144]这一章包括了马基雅维利在《论李维》和《君主论》中对基督唯一的一次提及。[162] 与在《思索马基雅维利》中（Ⅳ，6）不同，施特劳斯翻译了这一处，并且是在第26段中，这一段以基督之死为对象，并展望了诉诸受难的榜样所具有的政治后果。“不抗恶这一基督教的命令或建议基于一个前提，即开端或原点是爱。这个命令或建议只能导致极端的无序或逃避。可是，前提变成了与它极端相反的反面。”[163]

在专论基督教的五段的中心，施特劳斯重复了他对《论李维》第Ⅰ卷第26章的解释，即对马基雅维利将圣经上帝刻画为一位僭主做了解释。这一次他预先考察了数字26的含义，这一考察将《论李维》的相关章节与《君主论》第26章相联系。

---

[161] 概念如 Christianity［基督教］、the Christians［基督徒们］和 Christian［基督徒］在第13、14、19、20和22段中共出现了5次，在施特劳斯论基督教的部分（段25-29）出现了17次，一共出现了22次。Bible［圣经］和 biblical［圣经的］在第21、22、28段各出现了5次和3次，anti-Bible［反圣经］在第22段中出现了一次，anti-biblical［反圣经的］在第28段中出现了一次。New Testament［新约］共出现2次，并且都在第27段。

[162] 施特劳斯通过选择的次序来突出中心：“……选取了以下五个章节或准章节：卷Ⅰ序言，卷Ⅱ章序言，卷Ⅱ第1章［应该是：卷Ⅲ第1章］，卷Ⅰ第26章，卷Ⅱ第5章。”《马基雅维利》，段17。施特劳斯在第27段对耶稣仅有的一次提及，对应着马基雅维利在第26章对基督仅有的一次提及。参看第15段。

[163] 注意施特劳斯在翻译中所做的改动。参看《什么是政治哲学?》，前揭，页44，《思索马基雅维利》，Ⅳ，12（186-189）。

> 我们看到，《论李维》的章节数是富有含义并且经过精心选择的。因此，这或许会诱起我们的好奇心，去看看《君主论》的章节数是不是同样富有含义。《君主论》包含了26章。26是希伯来语中上帝圣名（四字神名）的数字值。可马基雅维利知道这个吗？我并不清楚。[164]

施特劳斯承认，他并不知道马基雅维利是否知道四字神名的数字值，因而对数字26的意义所做的提示看起来令人诧异，这个提示立即被另一个提示所接替并且也没有在《思索马基雅维利》中被提及。如果我们把文章读作书的补充，并且看到，当施特劳斯写作Ⅳ章26段的时候，他是知道四字神名的数字值的，这种诧异也就消失了。[145]施特劳斯接着说：

> 26等于2乘13。13在现在并且在许久之前已经被认为是一个不幸的数字，可在之前的时代也被视作甚至首先被视作一个幸运数字。于是“两倍的13”或许既意味着好运也意味着厄运，因此两个加在一起就是：命运，fortuna。我们可以将之视为一个例证来说明一个观点，即认为可以用Deus sive fortuna[神即命运]这个公式来表达马基雅维利的神学（区别于斯宾诺莎的Deus sive natura[神即自然]）——这就是说，他认为神之为命运要臣服于人类的影响（诅咒）。

---

[164] 《马基雅维利》，段27。施特劳斯的“我并不清楚”对于我们解说Ⅳ章26段提供了帮助，它以第17段的“我相信”为前引，这一段澄清了Ⅳ章50段（242）中的一个重要陈述，并伴之以第31段的第二个“我相信”，第31段又关系到Ⅲ章53段（164），《思索马基雅维利》中的这一段与这篇文章中第26和27段有着某种关联。

通过征引《论李维》第Ⅲ卷第35章的一个说法——他在第14段中把这个说法解释为马基雅维利就《君主论》给予读者的一个提示——施特劳斯把读者指向了《思索马基雅维利》，作为进一步研究这种神学或准神学的提示；《思索马基雅维利》在《马基雅维利》一文中很少被提及，就像《君主论》很少在《论李维》中被提及一样："可要证实这一点，就眼下来说，所需要的论证'太长也太高远了'。"紧接着的是对《论李维》第26章中渎神的解释。[165] 施特劳斯在最后确认了马基雅维利在促使"他称之为'青年'的最优秀读者"去思考被禁止的思想时所依循的教育学意图。"这是他教育青年，或者用一个历史悠久的说法，这是他败坏青年的一个重要方面"（段27）。

对第Ⅳ章26段的解说随着第一段中两次最先提及magnanimity[宽宏]和condemnation of magnanimity[谴责宽宏]而开始，然后在散落于文本各处的各种提示和关联中继续，[166] 并且看起来在31段对magnanimity[宽宏]的第三次[146]也是最后一次提及中

---

[165] "因此让我们来看看，是否可以通过阅读《论李维》第26章来获得帮助……"《马基雅维利》，段27。马基雅维利的第26章的含义要从前面的《论李维》第25章来理解，而施特劳斯的第26段的意义则要从随后的第27段来揭示。

[166] 除了前面所引之处，还可参看第20段和第30段，后者包括了第Ⅳ章的第5节在内："马基雅维利就宗教所说的话或者所给出的建议，其实质并无原创性。他用'教派'来指代宗教，这个用法表明他所走的是阿威罗伊主义者，即那些中世纪的亚里士多德主义者的道路，他们作为哲学家拒绝向启示宗教作任何让步。虽然马基雅维利的宗教学说的实质并非原创，他发扬它的方式却非常富有创造性。他所认可的事实上并非神学而是政治神学，即神学服务于城邦，并且城邦可以根据情况来使用或不使用它。他暗示，如果存在着一个强大而能干的君主，宗教是可以没有的。而这事实上暗示了在共和国中宗教不可或缺。"强调为引者所加。

达到了终点。此前，在扼要重述马基雅维利就“我们的宗教”施加的批判时，humility[谦卑]曾唯一一次出场（段 25）。施特劳斯评述了马基雅维利在《论李维》第Ⅲ卷第 23 段所讲的卡米鲁斯（Camillus）的故事，他因抵御高卢、拯救罗马而获得盛名，却因自比于神而引来民众的仇恨，并因此倒台。卡米鲁斯让四匹白马来牵引他胜利的马车：

> 老百姓于是说，他因为骄傲而想和太阳神比肩，或者如普鲁塔克所说，想和朱庇特比肩（李维说：Jupiter et sol[朱庇特和太阳神]）。我相信，这一十足惊人的 superbia[狂妄]在马基雅维利的眼中乃是卡米鲁斯的宽宏大度的一个标志（段 31）。

施特劳斯相信，马基雅维利视为 magnanimitas[宽宏]的东西，在民众眼中是该被惩罚的，这是因其渎神的 superbia[狂妄]。因此，在最为关键之处用 humanitas 来替代 magnanimitas，用人道来替代大度（Groβgesinntheit），对于马基雅维利来说是政治明智的戒律。[167]

最后，施特劳斯校正了之前对马基雅维利与苏格拉底关系的陈述（段 33 – 35）。我们现在读到，马基雅维利并未“遗忘”苏格拉底（在结束语中我们两次读到他遗忘了苏格拉底），而是把苏格拉底给“压下去了”。此外，施特劳斯还尤其强调了将马基

---

[167] “……卡米鲁斯遭人仇恨的核心原因是……人们怀疑他出于骄傲而想等同于神，即等同于太阳。可让卡米鲁斯遭人仇恨的并非骄傲或野心本身，而是它们在一个公开行为中的表现。”Ⅲ，53（164）。参看本书德文版页 95 – 96 和 110 – 111。

雅维利与苏格拉底、亚里士多德及色诺芬相联又与智术师相区分的骑缝线（Trennlinie），其强调程度远甚于前书的结束语。[168] 马基雅维利和苏格拉底结成了反对智术师的统一战线，施特劳斯最后的话是对此所做的正式声明："苏格拉底的学生色诺芬不曾对政治的严酷无情、对政治中超越言谈的成分抱有任何幻想。[147] 在这个重要方面，马基雅维利和苏格拉底站在一起，共同反对智术师。"如果我们提出文章的首尾如何相接的问题，那么施特劳斯对于"智术师"所下的规定给了我们一个支点："智术师们相信或倾向于相信言辞的全能。"[169] 这是唯一一次提及全能。

---

[168] 《马基雅维利》，段 33。IV，82（291）和 IV，84（292）分别在结尾处论述了"被遗忘的"苏格拉底。段 34 – 35；IV，83（292）划清了苏格拉底与智术师的界线。——苏格拉底的名字在这篇共 35 段的文章中出现的次数，几乎与共计 224 段的书中出现的次数相当。

[169] 《马基雅维利》，段 35。参看《创世记》1 章；《约翰福音》1 章和 17 章。

政治的权利与哲人的认识

——论卢梭《社会契约论》的意图

一

[151]《社会契约论》是一位哲人的作品，他为了当众重新规定政治的权利和界限，而作为公民向公民发言。这本书的作者知道，对政治的哲学审理得是一本政治著作。谁要在著作中谈论政治，就得回答并清楚，他以何种性质、为了什么目的以及为了谁而写作。① 和《社会契约论》之前的政治著作一样，在标题页

① 在第一卷前言的两个中心句中，政治两度被说成是这本书的论题："人们会问我，我是不是一位君主或一位立法者，所以要来谈论政治？我回答说，不是，而且正因为如此，我才要谈论政治。"卢梭，《社会契约论》（*Du contract socia*；*ou*，*Principes du droit politique*），Amsterdam 1762，I，前言，2，页2（351）。笔者按照卷数、章节和段落来引用。括号中是 Robert Derathé 所编的 *Œuvres complètes* 第三卷中的页码。Paris 1959 – 1995，5 卷，Bibliothèque de la Pléiade（=OCP），笔者在字句上遵照这个版本。除了 Paul Moultou 和 Pierre-Alexandre Du Peyrou 所编的《社会契约论》的第一版和身后版本（*Collection complète des œuvres de J. J. Rousseau*. Genf 1782）之外，笔者还参考了如下版本：Edmond Dreyfus-Brisac（Paris 1896），Georges Beaulavon（Paris 1914），C. E. Vaughan（Manchester 1918），Maurice Halbwachs（Paris 1943），Bertrand de Jouvenel（Genf 1947），Ronald Grimsley（Oxford 1972）以及 Bruno Bernardi（Paris 2012）。

上，卢梭在自己的名字后面加上了 Citoyen de Geneve［日内瓦公民］，由此，他已经回答了“谁在发言”的问题。在第一卷的前言中，他用那时代的读者们的语言强调，他不是作为君主或立法者，而是作为公民在向他们发言。更准确地说，他是作为主权者的一员在向其他当下或将来的主权者成员发言，他们和他一样，因为有权利就公共事务发表意见，而有义务了解政治权利诸原则。将自身刻画为 membre du souverain［主权者的一员］标志着［152］向书中的精辟概念的过渡，这种过渡通过明确地诉诸“自由国家”而完成，作者作为一个自由国家的公民而生。他的出身将他置于幸福之境，让他在思索公民秩序的时候，“总是能发现新的理由”去“热爱”他自己国家的政府。卢梭用研究来履行他作为公民的义务，《社会契约论》呈现了这些研究的成果。他将要主张的学说是一种凭证，并受他的爱国主义所保护。②

卢梭要作为公民向公民谈论政治，就得先把目光投向政治的基础。他要揭示公民之成为公民和作为公民相连接的原则，才能向公民解释他们的权利、教授他们的义务。他要阐明一个组织良好的共同体需要哲人的认识，才能向他们宣讲他关于组织良好的

---

② 《社会契约论》以 Je［我］开篇，以 moi［“我”的重读人称代词形式］结尾；而第一卷前言则张弛于 Je veux［我要］和 *mon pay*!［我的祖国!］之间。前言是全书唯一以感叹号结尾的部分。——在日内瓦之外征用其母邦日内瓦的“政制”，即征用日内瓦的政制体系，这为卢梭开启了言说空间。卢梭在 1755 年选取了《论人类不平等的起源和基础》中的《献给日内瓦共和国》作为地点，来首次勾勒他的政治理论，并向“人类”宣布人民主权的原则，那时他就已经利用了这个空间。参看《论不平等》（*Discours sur l' inégalité*），Kritische Ausgabe，Paderborn 1984，6. Auflage 2008，页 11 – 12，注 12 及页 74；参看页 10，注 10；进一步可参看《论政治经济学》（*Discours sur l' économie politique*），OCP Ⅲ，页 267。［译按］《论不平等》即《论人类不平等的起源和基础》，以下均照作者的做法将其简称为《论不平等》。

共同体的学说。当卢梭作为一个“政治体”的维护者（这个“政治体”允许公民在一个“共同的自我”中重新发现自身）出场的时候，他证明了自己是哲人共有之事的促进者。《社会契约论》的作者是一位哲人，他的研究从一开始就以对“政治体本性”的认识为目标，他对政治生活的思考一直顾及哲学生活，在考察社会秩序的时候[153]从未忘记自然秩序。③ 卢梭在赞美了他在其中成为公民的共同体之后，紧接着以“L’homme est né libre，et partout il est dans les fers”[人生而自由，却无处不在枷锁之中]开篇，这个开篇显露了哲人与公民之间的鸿沟。第一卷第一章的这句开篇语的含义，要在读完了全部四卷、四十八章之后才能明白。因为读者如果正确地理解了这篇论文，就会发现全文是对这句开篇语的独特注解，文中不断地重新回到这句话，说明并深化之。“人生而自由，他被自由地生下来，却无处不在枷锁之中。”④ 卢梭的措辞让我们既可以历时性，也可以共时性地读这句话的前半部分，因此失去自由的既是类也是个体，这样，在后半句中，枷锁就既为社会化的历史又为社会习俗承担了责任，此两者都必然要施加强力于自然。开篇讨论的是社会中的人，谈到政治、公民和社会生存在根本上的依赖性。这一开篇关乎奴隶，同样也关乎主人。句中的枷锁同样适用于那些生活于“自由国家”而自感幸福的公民。卢梭绝没有向公民预言枷锁能从他身上取

---

③ I，7，2（362）；I，9，8（367）；参看I，6，1和I，6，5（367）；I，6，7（361）；I，8，2（364 –365）。仅第一卷就有20次涉及nature。

④ 参看后文的措辞，在I，2，8（353）中：Tout homme né dans l’esclavage nait pour l’esclavage…；在I，6，7（361）中：…ils naissent hommes et libres；以及在IV，2，5（440）：Décider que le fils d’une esclave nait esclave，c’est décider qu’il ne nait pas homme。

下。不过，他也做出了允诺，可他所允诺的，只是就什么能够把向公民状态的过渡“合法化”，以及就枷锁何以能够被证明为合理的问题，给出一个答案。对于这之前的问题，即从自由的出生到在枷锁中存在，这种“变化”是怎样发生的，卢梭用了一个简洁的“我不知道”作答。《社会契约论》中有多次提出或指向哲学问题，以显明对它们的忽略，这是其中的第一次。卢梭曾于七年前在《论不平等》中给予一位柏拉图或一位第欧根尼以深思熟虑的人类学分析[154]和谱系学重构，但《社会契约论》对此始终没有提及。它们位于括号之外。可《社会契约论》的开篇恰恰以那些分析和重构为前提，这骗不过卢梭的读者。并且，如果卢梭在《社会契约论》中给自己提出的任务是要向公民们展示，他们的枷锁如何能够被合法化，那么，他要是没有帮助有心的读者更好地理解枷锁本身的内涵，就算没有完成任务。《社会契约论》要阐述政治的权利，就无可避免地要一同揭示政治的界限。

卢梭以值得注意的三步走策略来接近第一卷的论题，即合法共同体的奠基，从而确定了全部下文的发展方向。1 章第二段的前三句话三度论及 droit[权利]。卢梭从强迫人民服从的暴力出发，这种暴力并不能联合人民，因为人民所要求的权利端赖于他们迫人服从的强力，而当人民具有足够的强力时，他们也将凭借同一种权利从服从之强迫中解放出来。第一句话中的权利没有为暴力增添任何东西。它没有为任何义务奠定基础。相反，第二句话从公民的视角出发，提出社会秩序是“一种神圣的权利”，“它是其他一切权利的基础”。公民不仅知道外在的强迫和暴力，而且懂得权利和义务。他生活在一张他自己所肯定、所相信、所据为己有的约束、目标和任务所织成的密网之中，这张网系于共同体的秩序，并从中获得了决定性的辩护。在第三句话中，卢梭回答了社会秩序本身的合法性根据何在的问题。因为“神圣权利”并不源于自然，“所以”，它必定要“奠基于约定”。在要么自然起源要么人为约定的选择中，被排除掉的第三者是神圣诫命。将神圣权威排除在权利的来源之外，卢梭的三步走正以此为遁点。第一步将force[强力]和droit[权利]相提并论，第三步则表明了第二步中的droit sacré[神圣权利]作为[155]droit fondé sur des conventions[建立在契约之上的权利]所具有的独特力量。第二步的权利通过约定而被奠定为权利，又通过第一步中的人民的赞成、意愿和信仰而被宣称为神圣。第三步的哲学结论，交织着对自然事件之世界的考察和对政治生活的洞见，前者与第一步相应，后者则要归功于第二步。三步走产生了卢梭在第一卷中要承担的两项任务，而这场对峙对所有四卷也都有规定性。首先，如卢梭自己马上补充的那样，他必须说明，进一步来看，共同体的神圣权利基于哪些习俗约定。* 其次，他必须回答，什么构成着第一句话中所引入的人民；人民是赞同、是有约束力的决定和看法的主体，没有他们的赞同，一种由约定所奠基的权利是不可想象的。卢梭从复数形式的各种习俗约定向单数形式的一种习俗约定回问，从而将这两个任务合于一处：作为政治主体的人民，能够创造这一种习俗约定，并将它变成一切权利的源泉。第5章“论总是必须回溯至一个最初的约定”，在事理上与第一章衔接得天衣无缝。第2、3、4章中断了论证，卢梭在其中与那些不知道为合法的共同体奠基或者与这种奠基相矛盾的立场进行争辩。在这三

---

* [译注]Konvention有两种含义，一为习俗，一为国际公约。作者既取其习俗含义，又取其约定含义。以下多译为“习俗约定”，以便与文中近似的词语“约定”（übereinkunft）、“契约”（Vertrag，Bund）等相关联又略相区别。根据语境，也有几处译为“习俗”。

章的中心，1章的三步走所悄然拒绝的学说的一个突出变种首次登场，卢梭正是在与这种学说的面对面中发展了《社会契约论》的构想。这一章的标题是“论强者的权利”，卢梭在这里从《罗马书》中引用了一句保罗的话并加以尖锐的评论，保罗的话主张一切权力都来自上帝。⑤

[156]卢梭在第一卷的中心章节展开了论证过程的第四个也是最后一个步骤，即向单数形式的一种习俗约定跃升；他还引入了bien public[公共福祉]和corps politique[政治体]这对核心概念。这位公民的辩护人宣称，即便他接受了他至此所反驳的一切，换言之，即便他承认了那些他在第2、3、4章所反对的、关于统治基础的违反理性或违逆公民福祉的观点，即便这样，“专制主义的拥护者们”仍然无法赢得什么。被驳倒的学说展示了专制者如何让众人

⑤ “一切权力都来自上帝，这一点我承认；可是一切疾病也都来自上帝。难道这就是说，应该禁止人去请医生吗？假如强盗在森林的角落里抓住了我，那么我是不是不仅由于强力而必须得把钱包交出来，甚至于就算我能藏起钱包，出于良心我也不得不把它交出来呢？因为毕竟强盗拿着的手枪也是一种权力啊。”I，3，3（355）；参看保罗《罗马书》13章1节和波舒埃（Jacques – Bénigne Bossuet），《依照圣经的话语所描绘的政治》（*Politique tirée des propres paroles de l'Ecriture sainte*），VI，2（De l'obéissance due au prince），Jacques Le Brun 编（Genf 1967），页192 – 193。加尔文如是评论保罗的话：Ratio cur debeamus subiecti esse magistratibus，quod Dei ordinatione sunt constituti. Quod si ita placet Domino mundum gubernare，Die ordinem invertere nititur，adeoque Deo ipsi resistit quisquis potestatem aspernatur：quando eius（qui iuris politici author est），providentiam contemnere，bellum cum eo suscipere est[我们应当顺服掌权者的理由，是因为他们都是神所指派的。假使神的旨意乃是要以这样的秩序来治理世人，那么凡想推翻神秩序的人，就是轻视神的权柄，也就是抗拒神；既是轻视神所设立的政府，也就是轻视神的护理，因此也就是与神为敌]。《保罗〈罗马书〉注疏》（*Commentarius in Epistolam Pauli ad Romanos*），T. H. L. Parker 编（Leiden 1981），页282。

臣服于自己，当权者通过什么让别人服从自己，而什么又构成了一位主人与其奴隶的关系。这些学说由此所带来的充其量只是aggrégation[聚集]，而没有达至association[结合]。即便那些诉诸这一种或那一种习俗约定的学说也没有更进一步，无论它们是将统治权限的转让系于确保太平的条件，⑥ 还是宣称契约认可了绝对的统治和无限的服从。⑦ 它们没有说明，订立契约的人民如何成为人民，或者什么把必须让渡权利的人民变成了这种权利的承载者。因此，即便卢梭认可了他为了公民的利益所反驳的一切，公民仍然没有处在一种能够连结他们的权利状态。他们还不是公民，因为尚不存在政治共同体。要奠定一个不矛盾的集合主体，这种主体若要能够接受并运用习俗约定的约束，能够调节公共的磋商和选举，[157]能够政治地行动，就需要回溯至一个最初的、一致的习俗约定。只有这种习俗约定才可算“社会的真正基础”。⑧

构成社会真正基础的这一种习俗约定，正是书名所谓的contrat social[社会契约]。在构成公民、使公民成其为公民的卓越的政治行动中，包含了卢梭对于开端问题的回答，即什么可以让社会的枷锁变得合法，什么能够为社会秩序的神圣权利奠基。社会契约只有以一致同意为基础，并因其基于严格的必然性，才能承受卢梭为其所加上的重负。卢梭在第6章引入cont-

---

⑥ 参看I，4，2－3（355－356）以及II，4，10（375）。

⑦ “最后，规定一方是绝对的权威，另一方是无限的服从，这本身就是一项无效的而且自相矛盾的约定。对于一个我有权向他要求一切的人，我们就并不承担任何义务，这难道不是清楚明白的事吗？难道这种既不等价又无交换的唯一条件，其本身不就包含着这种行为的无效性吗？”I，4，6（356）；此外注意《萨瓦代理本堂神父的信仰自白》（*Profession de foi du Vicaire Savoyard*），71断，*OCP* IV，页589；以及保罗，《罗马书》，9章11－23节。

⑧ I，5，1－3（359）。

rat social[社会契约]，和1章的三步走一样，他从自然状态中的权利所未能越出的暴力、强力和力量出发。由于个体用于自我保存的主要手段是 la force et la liberté[强力和自由]，所以，如果他把自己对于这些手段的支配力隶属于一个更高的暴力，如果他接受了权利状态所要求的限制，如果他同意社会所加给他的义务，他就没有足够为自己操心，而这是他所该做的，除非个体看到自己不得不赞同上述变化，或者看到这种变化对他自己有益。作为 contrat social[社会契约](卢梭也将之称为 pacte social，pacte fundamental 和 traité social) 的历史前提，卢梭只须假定契约的订立达到了一个点，在这个点上，个体不再能够停留于自然状态，因为他们作为个体所拥有的力量已经不足以克服自我保存的障碍，他们需要额外的力量，而这种力量只能从一种联合中发展起来，这种联合凭借其全部的共同力量来保卫每一个成员的人格和财产。即便公民们不难接受他的这个假设，卢梭自己却不能满足于阐明 acte d'association[联合行为]的需要。社会契约的辩护人说起话来，就好像是在一次公共磋商中为订立契约做宣传,[158]以达到一种一致的赞同。于是，他让自己的听众展望，通过社会契约可以发现一种 forme d'association[联合形式]，“由于这一结合，而使每一个与全体相联合的个人又只不过是在服从自己本人，并且仍然像以往一样地自由”。没有充分重视第一卷开篇的读者们，可能要在第三卷才能领悟卢梭在何种程度上说了 Pia fraus[善意的谎言]。我们将会继续讨论这种谎言的政治意义。当卢梭第一次为进入公民状态而论证的时候，他利用善意的谎言，让这种状态在订立契约者眼中具有一种诱人的外表，并修辞性地防范深刻的巨变，可在同一处，他又用清楚的区分和准确的概念规定了这种巨变的必然性。卢梭着眼于人类的历史来谈论这种跨越，对于人类而言，这种跨越至少要求一种“存在方式”的转变，否则人类就会灭亡；这种跨越具有如此深远的影响，以至于人类只有通过严格遵守 contrat social[社会契约]的规定才能联成一体：对 liberté naturelle[自然的自由]的放弃必须按照社会契约的本性来进行，从而使得 liberté conventionelle[约定的自由]对自然自由的取代能够变得合法。契约的本性确定了政治体的结构，对于契约本性所规定的条款的任何一点偏离都会将契约变得无效，政治体的成员将随之解散，并返回到他们的自然状态。社会契约所要求的步骤是何等深入，这可以从如下总括一切的条款中看出：*l'aliénation totale de chaque associé avec tous ses droits à toute la communauté*[每个结合者及其自身的一切权利，全部都转让给整个的集体]。⑨ 每一位订立契约者都将他所有的权利交付给转让行为所产生的共同体，这并不意味着，他在共同体之前或之外有着不同于他的暴力、强力和力量的权利，而是意味着，他不保留任何权利，以使得他所从属的集体主体（Kollektivsubjekt）能够成为权利的唯一源泉[159]和政治决断的最后裁决。若是没有 aliénation sans réserve[毫无保留地转让]，自然状态就会继续存在，或者会在社会的中心重又出现，因为主权的核心问题 Quis iudicabit[谁来裁决]仍然没有得到回答。通过 aliénation sans réserve[毫无保留地转让]，contrat social[社会契约]创建了一个政治体，政治体中的成员只通过自身相连，并仍然能像主权者一样行为。社会

---

⑨ 卢梭接着说：“因为，首先，每个人都把自己全部地奉献出来，所以对于所有的人条件便都是同等的，而条件对于所有的人既都是同等的，便没有人想要使它成为别人的负担了。”I，6，6（360－361）；参看Ⅱ，4，3（373）。

契约的本性提供了卢梭在前言开篇处所要求的规则，这种规则应当既合法又可靠。⑩

这本书的完整标题中所提到的政治权利的诸原则，要毫无例外地回溯至社会契约。更准确地说，诸原则为社会契约的本性提供了一个系统的解释。Du contrat social ou Principes du droit politique[论社会契约或政治权利的诸原则]，书名中的次序因而有着充分的理由。初稿的标题 Du contrat social ou Essai sur la forme de la République[社会契约论或关于共和国形式的论文]，可以让人在对照中联想起柏拉图和马基雅维利，而卢梭确实与这两位哲人进行了持续的对话，这对话对于理解这本书具有极为重要的意义，他们也是书中仅有的两位不断被论及或提及而没有受到批判的哲人。⑪ 卢梭甚至在日内瓦手稿的标题页上斟酌过，用 De la société civile[论公民社会]来替代 Du contrat social[社会契约论]，

---

⑩ “我要探讨，在社会秩序之中，从人类的实际情况与法律的可能情况着眼，能不能有某种合法的而又可靠的政权规则。在这一研究中，我将努力把权利所许可的和利益所要求的结合在一起，以便使正义与功利二者不致有所分歧。” I，前言，1（351）。

⑪ Ⅱ，7，2（381）；Ⅱ，8，1（385）；Ⅲ，6，15（412）。Ⅱ，3，4 注（372）；Ⅱ，7，11 注（384）；Ⅲ，6，5（409）及注（1782 年版，*OCP* Ⅲ，页 1480）；Ⅲ，9，4 注（420）；Ⅲ，10，3 注（422）。——卢梭对副标题依次作了如下修改：从 Essai sur la constitution de l'Etat[关于国家构造的论文]到 Essai sur la formation du corps politique[关于政治体形式的论文]，到 Essai sur la formation de l'Etat[关于国家形式的论文]，再到 Essai sur la forme de la République[关于共和国形式的论文]。Edmond Dreyfus-Brisac 在其版本中以摹真本的形式重印了初稿手稿的首页，这本手稿现藏于日内瓦（页 245 旁边）；参看 *OCP* Ⅲ，页 1410。

可随后又放弃了。⑫ [160]卢梭最终选定的标题不仅在事理上是必然的，而且在和政治上的说话对象的交谈中也是确当的。与先前的措辞不同，这个标题突出了书中有激发性的论题，并且承诺了论题的实践意义。这个标题表明了在理论上为社会奠定基础的习俗约定，却没有把着重点放在书中与哲人的对话上。取而代之、跃居中心的是权利的诸原则，公民如果像这篇论文所主张的那样赞同契约，就可以诉诸这些权利原则。最后确定的标题支撑并强调了卢梭的决定，即宁愿先以辩护人的形象登场。⑬ [161]

---

⑫ Blaise Bachofen，Bruno Bernardi 和 Gilles Olivo 在其版本 Du contract social ou Essai sur la forme de la République （Manuscrit de Genéve）[社会契约论或关于共和国形式的论文（日内瓦手稿）]（Paris 2012，页 11 – 12 和页 31）中建议，可以依以下步骤来读卢梭对于主标题的编辑：（1） De la société civile，（2） Du Contract social，（3） du Contract social。根据他们的假说，卢梭该是在标题（1）上方写下了新标题（2），而后又抛弃不用并划掉，最终又在标题（1）下面写下了标题（3）。因此，手稿的原标题不是 Du Contract social[社会契约论]，而是 De la société civile[论公民社会]。手稿的图像却反驳了这个建议，一方面，无论从字体大小还是从安排布置上来看，最上面一行 Du Contract social 都和原本的副标题 Essai sur la constitution de l' Etat[关于国家构造的论文]相对应；另一方面，ou 在主标题和副标题之间独占一行，而最上面一行 Du Contract social 和原本的副标题与 ou 之间有着相同的行距。卢梭在原有的安排之后只能在主标题 Du Contract social 下方记下他曾考虑过的标题 De la société civile 和最终确定的标题。

⑬ 卢梭在谋篇和修辞方向上对初稿所做的诸多改动与标题重心的转移相一致。在初稿中，紧接着在 I 卷 3 章 "Du pacte fondamental"[论根本的契约]和 I 卷 4 章 "En quoi consiste la souveraineté，et ce qui la rend inaliénable"[主权在何处，什么使它无可被剥夺]中陈述了他的构想之后，卢梭用 I 卷 5 章来批判 Fausses notions du lien social[社会关系的错误观念]，现在，卢梭改写了这一部分并将其分布在三个章节中（I，2 – 4），安排在其后的是 I 卷 6 章中他自己的回答和 I 卷 5 章中辩护性的引论。可最重要的是卢梭删去了 I 卷 2 章 "De la société générale du genre humain"[论人类的普遍社会]中的长篇论述，在初稿中，1 章 "Sujet de cet ouvrage"[本书论题]只有短短几行，这

政治体的辩护人展示了成为一个公民，这在严格意义上意味着什么。公民的辩护人说明了，主权者的权利如何抵御一切以更高权利之名所发动的攻击，这更高的权利或是历史的，或是自然的，或是神的权利。卢梭用了十个连续的章节来陈述政治权利诸原则，始于第 I 卷第 6 章“Du pacte social”［论社会公约］，终于第Ⅱ卷第 6 章“De la loi”［论法律］。论证张弛于主权者所源出的契约和主权者用来表达其意志的法律之间，卢梭在本质上将主权者规定为意志。事实上，卢梭首先谈的是主权者所特有的意志，而后才第一次提及主权者之为政治体的诸多关联中的一种。卢梭对社会契约的本性的解释开始于对契约本身的表述，而表述又引入了 volonté générale［公意］这个诸原则的关键概念：“我们每个人都以其自身及其全部的力量共同置于公意的最高指导之下；并且在共同体中接纳每一个成员作为全体之不可分割的一部分。”契约公式被一个分号分为两个部分，而 volonté générale［公意］构成了这部分之间的铰链，这个公式

个第 2 章才是真正的开篇。在那里，卢梭主要与狄德罗的文章（《百科全书》［*Encyclopédie*］，第五卷，1755）相争辩，而没有提及他的名字；并且这一章的标题影射着波舒埃的书《依照圣经的话语所描绘的政治》第 1 卷中的第二篇“De la société générale du genre humain naît la société civili，c'est - à - dire celle des Etats，des peuples et des nations”［论人类的普遍社会天生是文明社会，即国家、人民和民族］(Jacques Le Brun 编，页 11)，这也同样没有被提及。在卢梭看来，对狄德罗（他将 volonté générale［公意］与人类相关联）和其他理论家（他们将“普遍的人类社会”提升为自然权利的承载者）的哲学批判，对于展开 Principes du droit politique［政治权利的原则］而言，是可以或缺的：它会打断对公民的直接发言。最后，卢梭本来是用“L' homme est né libre，et partout il est dans les fers”［人生而自由，却无处不在枷锁之中］这句话作为第 I 卷第三章“Du pacte fondamental”［论根本的契约］的开篇的（*OCP* Ⅲ，页 289），在这本书最终的、经过斟酌之后的版本中，卢梭把这句话用作全书的开篇，将它置于其政治学说的前列。

表达了根本上的主体转换，引发了缔约者毫无保留的权利转让。随着对 volonté générale[公意]的呼唤，个体被联系于一个集体，人格转变为一个全新整体中不可或缺的组成部分。远在卢梭把立法的力量称为国家的心脏之前，这个契约公式已经将 volonté générale[公意]显明为政治体的核心规定。⑭ [162]契约所产生的集体，“其共同体成员的数目，就等于大会中所有的票数”；同时，如卢梭在解释之初所强调的，这种集体也通过契约获得了“它的统一性、它的公共的大我，它的生命和它的意志”。为免得人怀疑他通过 contrat social[社会契约]究竟要建立何物，卢梭补充说，从“全体个人的结合”所形成的“公共人格”，以前称为 Cité[城邦，即 Polis 或 Civitas]，现在则称为 République[共和国]或 corps politique[政治体]。⑮

卢梭将政治体描述为交互关联与双重特征的复杂统一体。当政治体被动时，它的成员就称它为 Etat[国家]；当政治体主动时，就称它为 Souverain[主权者]；当政治体被用来和同类相比较的时候，则称为 Puissance[政权]。换言之，就其拥有最高权威而言，它是主权者；就其通过自身作为主权者所颁布的法律而获得秩序而言，它是国家；就其与其他政治体相关、与它们相分别又相合作、在它们面前维护自身而言，它是一种坚实的对内和对外权力。Citoyens[公民们]作为 Sujets[臣民]服从国家的法律，而这些法律是他们在共同体中作为 Souverain[主权者]而宣布的。⑯ 公民的双重特征反映了每个缔约者通过 acte d'association[联合行为]而亲自接受的双重义

---

⑭ I，6，9（361），注意初稿中的表达 I，3，3（页 290）。Ⅲ，11，3（424）。

⑮ I，6，10（361－362）。

⑯ I，6，10（362）；参看Ⅲ，18，9（436）中的准确表达。

务。作为主权者的成员，缔约者受缚于个体，作为国家的一员，他又受缚于主权者。与此不同的是，主权者并不受缚于自身，因为“主权者若是以一种为他自己所不得违背的法律来约束自己，那便是违反政治共同体的本性了”。就此而言，主权者可以和与自己订约的个体一样：和自己与他人所订的契约不同，他可以出于自己的权限重新抛弃他与自己所订之约。对于主权者而言，对于依照契约运用最高暴力的人民而言，“不能有任何一种具备约束力的基本法”，“哪怕是社会契约”，这是从 contrat social［社会契约］所得出的结论，这也确认了一个集体主体的建立，这个集体主体懂得主张自己是权利的唯一源泉。⑰［163］政治体的建立，与个体只服从自己、仿佛没有政治归属一般的自由状态完全无法并存。缔约者与自身订立了双重义务，当契约的辩护人强调这一点的时候，哲人清楚地说明了，公民是在政治体所规定的功能中作为主权者和作为臣民接受了这种义务的。不过，公民还不只处于主权者和臣民的交互关联中。如我们所看到的那样，作为主权者的部分，他此外还承载着双重特征：他是一个集会的 membre［成员］，这个集会包括了所有的公民并且按照票数来计算；他又是一个团体的 membre［组成部分］，这个团体将他们纳入一个共同的大我，它有自己的生命和特殊的意志。卢梭一方面明确地说出了公民作为主权者和臣民的双重特征，另一方面，他却没有明确地说出，归属于一个集会和一个团体这两种归属性中的双重特征。通过谈论 membre［成员或组成部分］的双重意义，他毋宁在一定程度上掩盖或模糊了这种双重特征。然而，对于恰切地理解他关于政治权利诸原则的学说，尤其是对于

---

⑰ Ⅰ，7，2（362 - 363）；参看Ⅱ，12，2（393 - 394）；Ⅲ，18，9（436）。

理解 volonté générale[公意]，公民的第二层双重特征正有着决定性的意义。这表现在“个体论”读法上，这种读法诉诸对于一个集会的归属，也表现在“整体论”读法上，这种读法相反地主张对于一个团体的归属。如果没有思考这种双重特征，就无法解开十分著名的卢梭“悖论”。反之，如果思考了这种双重特征，也就不需要通过召唤神秘主义的传统来理解 volonté générale[公意]概念了。

公民不是作为个体，而只是 in corpore[在共同体中]，才是主权者。因此在两种双重特征的一种当中，主权者是单数，与复数的 Sujets[臣民]相对。主权者的意志要得到彰显，就需要公民集会。只有当公民在集会中作为公民，不是作为私人，而是作为 corps politique[政治体]的组成部分来投票时，主权者的意志才能得到彰显。两种双重特征中的另一种指向了这一点。根据政治权利诸原则，人民大会是政治体的最高机构。[164]任何东西和任何人都不可以让人民大会暂时退位待命。不过，社会契约所指派给人民大会的任务完成到什么程度，这有赖于其成员与 moi commun[共我]的等同程度，成员属于这个共我，他们是整体的部分，并将整体的事情理解为他们自己的事情。辩护人要赢取现实存在的公民们的赞同，因此他没有处处点明契约所要求的根本改变。⑱《社会契约论》当中的主权者预设了非常意义上的公民，而公民又预设了一系列政治、制度

⑱ 比如当他这样说的时候：“再者，主权者既然只能由组成主权者的各个人所构成，也就没有而且也不能有与他们的利益相反的任何利益；因此，主权权力就无需对臣民提供任何保证，因为共同体不可能想要损害它的全体成员；而且我们以后还可以看到，共同体也不可能损害任何个别的人。主权者正由于他是主权者，便永远都是他所当然的那样。”I，7，5（363）；参看I，9，6（367）；Ⅱ，1，1（368）和Ⅱ，3，2（371）；注意Ⅱ，3，2注（371）和IV，1，4－6（438）。

和经济的条件。只有从这些预设出发，才能理解第7章那句名言的规范含义，这句话将主权者的实然与应然等同了起来："主权者正由于他是主权者，便永远都是他所当然的那样。"因为只有当公意发言并掌握主导权的时候，主权者才存在。卢梭着眼于政治体中的下属所要履行的义务，通过 sujets[臣民]面对 souverain[主权者]所受的约束来谈论主权者问题，即公民的意志与个体的意志并非全等的问题。当卢梭在书中第二次谈论 volonté générale[公意]的时候，而这也是他在契约公式中引入这个概念之后的第一次提及，他在其中断定，"每个个体作为人来说，都可能具有与他作为公民所具有的公意相反或者不同的个别意志"。公民是 comme citoyen[公共之民]，是 volonté générale[公意]的承载，可他又不只是政治体的一个组成部分；毋宁说，他仍是一个独立的、物理的和自然的存在者，他的利益大可以与公共利益及习俗约定所奠定的 corps moral et collectif[道德整体]所要求于他的义务相抵牾。他若想要享有公民的权利[165]却不愿尽臣民的义务，那就是不义，这种不义的蔓延将会导致毁灭政治体的结果。如果个体将国家的法律人格与他自己"绝对的、从自然而来的独立实存"相对照（因为国家的法律人格"并非人"），将其视为一种 être de raison[理性所构造的存在]，一种只由理性所生的假想的存在者，那他就会被这样一种不义所误导。这是卢梭在第一卷中唯一的一次提及不义。用来应付臣民问题、应付他的不义或对法律的不够忠诚的是暴力、强力和力量，契约将它们交付给国家，以帮助国家确保其实存。因为社会契约隐含着，也就是说，必然包含着一种义务，"即任何人若拒不服从公意，全体就要迫使他服从公意"。辩护人接着解释说："这正意味着，人们要迫使他自由。"与自然自由不同，公民自由基于约定和强迫。政治体在必要情况下会强迫人们服从 volonté générale[公意]，这是其成员的自由的条件，他们的自由在于，除了服从主权者，服从公民大会的权威之外，不需要服从任何别的权威。此外，这也是公民彼此间所享有的自由的条件，“因为这就是使每一个公民都有祖国从而保证他免于一切人身依附的条件”。因此，关于确保臣民的 volonté particulière[个别意志]服从或隶属于主权者的 volonté générale[公意]的暴力，卢梭最终可以说，“唯有它才是使社会规约成其为合法的条件，没有这一条件，社会规约便会是荒谬的、僭越的，并且会遭到最严重的滥用”。我们再一次抵达这本书开篇所谓的枷锁。⑲

主权者问题还没有随着臣民问题而得到解决。政治权利诸原则就一种情况所提供的答案显然不适用于另一种情况。设置一种合法的强迫暴力能够防止臣民的不义，却不能确保主权者成员的正义。因为主权者拥有最高的暴力，[166]所以没有什么能够确保公民在人民大会上会服从 volonté générale[公意]，并将自身的 volonté particulière[个别意志]隶属于公意。主权者所遭到的制裁则会是政治体的死亡或社会契约的解体。就此，契约的辩护人指向了主权者的双重普遍性所意味着的保障：由于就主权者囊括了所有的公民而言，它是普遍的，又由于主权者的意志只以普遍法律的形式表达，所有的主权者成员都作为臣民臣服其下，因此，主权者不能偏爱或歧视任何一位公民，不能想要给某些公民更多地增加负担或更少

---

⑲ Ⅰ, 7, 6–8 (363–364)；参看Ⅱ, 4, 8 (375)；Ⅱ, 5, 2 (376) 并注意Ⅱ, 12, 3 (394)。

地减少负担。[20] 因而，公民的 volonté générale[公意]和个体的 volonté particulière[个别意志]之间的不能全等，就人民大会的成员来说，看起来并无任何后果。不过，真要没有任何后果，就还得满足以下两个条件之一：(1) 法律不仅适用于所有人，而且在相同程度上适用于所有人；或者 (2) 公意仅限于成为诉求各异的个别意志的平均值。第一个假定预设了，契约所创造的习俗平等使自然不平等失去了意义，不以工作能力和需求来区分公民，或者说，力量或天赋上的区别对于政治体来说无关紧要。[21] 第二个假定可以基于可普遍化的局部利益达到一种个体的联合，却无法形成一个城邦或共和国，在城邦或共和国中，公民们过着一种政治生活，并能够从一个被他们肯定为充满意义的整体来理解自身。因此，卢梭用 volonté générale[公意]作为契约的铰链和政治体的核心规定，这个契约将个体连结为公民，这个政治体将每一个组成部分视为整体不可分割的部分。哲人让读者可以理解，双重普遍性并不足以让政治体听从 volonté générale[公意]的引导，也不足以让主权者的实然与应然相符合。主权者的双重普遍性，[167]即不仅意志主体，而且它所能决定的质料，都是普遍的，这是政治权利的一个必然原则。然而，volonté générale[公意]要得到表达，就还需要主权者的成员作为 comme citoyen[公共之民]来表决，需要他们向自己提问，即他们的决定是否“有益于国家”，他们的意志是否以 bien public[公益]、bien commun[公共之善]和

---

[20] Ⅰ, 7, 5 (363)；Ⅱ, 4, 5-8 (373-375)；Ⅱ, 6, 5 (379)。

[21] 参看Ⅰ, 9, 8 (367)；Ⅱ, 4, 10 (375)；Ⅱ, 5, 2 (376)。注意Ⅱ, 6, 6 (379)；Ⅲ, 5, 4-7 (406-407)。

bien général［普遍利益］为方向。[22] 因为公共意志不仅就主体和质料而言是普遍的，还首先就其目标而言是普遍的：公共意志总是关乎政治体的普遍利益。volonté générale［公意］概念的基础是公民的利益和公民的正义。公意严格地悬设了权利，又实在地以政治为导向，公意概念是将这两者相交叉的尝试。卢梭对这两方面的兼顾说明了 volonté générale［公意］对经验上的大会意志的脱离，也说明了他对“特征化”的坚持。这种坚持使得他可以说：公意在投票中“未被达到”、主权者的成员“绕开了”公意以及公意最终“沉默”了，可只要政治体仍有生命，公意就不曾被“毁灭”或“腐蚀”；公意“总是稳固不变的和纯洁的”，尽管它可能被“占据上风”的其他意志所“凌驾”。[23] 卢梭的话，volonté générale［公意］是 toujours droite［永远公正的］，引起了许多反感，他说这话也正是要引起反感的，这话并不指向没有差错的神秘存在者。[24] ［168］这话也没有指望一种使人之为人总能行为正确的

---

[22] I，5，1（359）；I，7，7（363）；Ⅱ，1，1（368）；Ⅱ，4，8（375）；Ⅳ，1，5-6（438）。

[23] Ⅳ，1，5-6（438）；Ⅳ，2，4（440）；Ⅳ，2，8-9（440-441）。

[24] volonté générale［公意］同样并不是一个自足存在的实体，而与另一个被称为 volonté de tous［众意］的实体相冲突，注意这一点就可以澄清一个类似的误解。在《社会契约论》的构想中，volonté générale［公意］是一个根本概念，它标识了 corps politique［政治体］的意志。corps politique［政治体］的意志关系到 bien public［公益］。corps politique［政治体］意志的最高活动表现为 volonté générale［公意］（I，5，1；I，6，9；I，6，10）。它需要一个 assemblée［集会］来表达，在这个集会中它能够作为 volonté du corps du peuple［人民共同体的意志］来说话（I，6，10；Ⅱ，2，1）。公意的承担者是主权者的成员，前提是他们做 comme citoyens［公共之民］，他们的意志以 bien public［公益］、以政治体的善为指南（I，7，7；Ⅳ，1，5；Ⅳ，1，6）。卢梭在两章的标题中用了这个概念：“公意是否可能错误”（Ⅱ，3）和“论公意是不可摧毁的”（Ⅳ，1）。volonté de tous［众意］并非 volonté gé nérale［公意］的对立

品质，比如为他界定确当之事的普遍化能力，或提示他确当之事的良知。[25] 这话的意义在于，强调政治体必定要以自身利益为念，这种利益对于公民们而言是普遍的，对于共同体本身而言又是特殊的。这话依循的是柏拉图的原理，即每个人都总是欲求自身之善，而这并不意味着每个人都总是认识对于自身而言的善。[26] 卢

概念。卢梭在全书中两次谈及 volonté de tous[众意]。他在一处强调公意的规定性，强调它只以公共利益为虑，而所有人作为个人的意志则以私意为念，只是个别意志的加总。如果普遍利益与私人利益相合，公意就可以与众意相和谐（Ⅱ，3，2）。另一处谈的是社会纽带松弛、国家开始日益衰微的状况，那时局部利益获得影响力。随后，在公民大会的表决中占主导地位的就不再是齐心协力，公意也不再是众意了（Ⅳ，1，4）。参看初稿（I，7，3，页310）和《山中来信》（*Lettres écrites de la montagne*）（Ⅳ，19，*OCP* Ⅲ，页807）中的语言用法。

㉕ 卢梭对 volonté générale[公意]的政治构想与狄德罗针锋相对，后者将人类提升为一种公意的主体，由此而从 volonté générale de l'espèce[人类公意]中获得一种对人之为人有约束力的道德原则："个体必须以公意为准则，从而知道自己在何时该成为人、公民、臣民、父亲和孩子，以及在何时适于活着，何时适于死去。公意当为一切义务确定界限。您可以在全部人类都无可争议之处发现最为神圣的自然权力。人类可以通过自然权利来说明他们的思想和欲望的本性。您所理解、所思虑的一切都是好的、伟大而崇高的，只要它们是与普遍的和公共的利益相符合的。"狄德罗主张："公意在每个个体身上都是一种纯粹的理解行为，当感官沉默之际，公意就会思考人能够被他的同胞要求什么，他的同胞提出要求的权利又何在。"狄德罗保证，"存在着两种意志，一种是普遍的，另一种是局部的，普遍的意志[或公意]是永远不会犯错的"。《自然权利》（*Droit naturel*）Ⅶ和Ⅸ，载狄德罗（Denis Diderot），《全集》（*OC*），Paris 1975 年始，Ⅶ，页 28－29。

㉖ "由以上所述，可见公意永远是公正的，而且永远以公共利益为依归，但是并不能由此推论说，人民的考虑也永远有着同样的正确性。人们总是愿意自己幸福，但人们并不总是能够看清楚幸福。"Ⅱ，3，1（371）。此前卢梭已经有这样的论证："并不能由任何别的意志来许诺任何违反原意图者自身幸福

梭的话[169]表达了政治生活解释学的结论，即公民之所以为公民，是因为他们都愿意增进共同体的利益，避免对共同体的危害。因此，卢梭可以确实地断定，当共同体处于生死关头时，volonté générale[公意]是不会靠不住的。紧要关头最清楚地展示了 volonté générale[公意]的方向和标准是什么。㉗

为了能让公意来领导政治体，公民必须作为臣民服从法律，作为主权者的成员以公共福祉为先。因为主权者并不隶属于任何的暴力，所以要弥合公意要求与局部利益要求之间的鸿沟，公民就必须在政治体的善好中看到自己的善好，或者希望在为公益服务的时候达到自己的善好。为此公民的爱、德性或信仰就成了必需：爱即 amour de la patrie[爱祖国]，卢梭将热爱祖国理解为 amour de soi[自爱]的扩展；德性即履行义务所需的强大或克服，是从 amour-propre[自恋]*提升至德性所获得的自我欣赏或满足；信仰即相信自己是一个更大整体的部分，相信为之献身是值得的，并以之为标准来衡量自身的价值，这样一种信仰在 amour de soi[自爱]和 amour-propre[自恋]中皆能找到其共鸣。要给予公民的爱、德性和信仰以形式、养分和支持，就必须有好的法律，一种公共教育和政治制度，以巩固社会纽带、消除社会不平等、控

的事情。”Ⅱ，1，3（369）。参看Ⅱ，4，5（373）和Ⅱ，6，10（380）。

㉗ “……在这种情况下，公意是无可怀疑的；并且很显然，人民首要的意图乃是国家不至于灭亡。”Ⅳ，6，4（456）。这是卢梭在《社会契约论》中倒数第二次谈及 volonté générale[公意]。

* ［译注］卢梭的两个关键词 amour de soi 和 amour - propre，德文相应地意为 Selbstliebe 和 Eigenliebe。前者是健康的天性，它将人指向对于自身之善好的关怀；后者是社会性的虚荣，是从他人的眼光来观看自己，并从这种眼光出发和他人相攀比。两者都是对自身的爱，但起源不同，方向迥异，分别译为褒义的“自爱”和贬义的“自恋”。

制经济畸形发展并将共同体秩序的“神圣权利”植入行动者的经验。souverain[主权者]和[170]sujets[臣民]是公民的“同一意义的相关语”(identische Korrelationen),即便我们可以从不同的角度来观察公民,他也始终为一,㉘ 这种“相关”关系到主权者问题所指向的前提,同样也关乎臣民。政治权利诸原则为了解决臣民问题而保留了强迫的暴力,可卢梭在事实上远不能满足于此。后来,在为波兰所订的宪法草案中,卢梭用一个公式总结了政治的任务,这任务即在于“让法律来统治公民的内心”。㉙ 如果说,确保volonté particulière[个别意志]在公民作为臣民的属性中对volonté générale[公意]的隶属只能靠强迫,那么,这同一个公民在其作为主权者成员的属性中同样不可缺少强迫。换言之,为了能让公意来领导政治体,就必定需要一个组织良好的共同体,或者有智慧的institution,institution即制度或地基,即宪法,可也是教诲,* 而这些正是卢梭在阐明其政治权利诸原则之后紧接着讨论的话题。卢梭的institution让公民们可以在其自由的意识中赞同它,并让公民们可以骄傲地以为他们只是服从自己,骄傲地以服务共和国为己任,而这正是institution的智慧。

㉘ “……政治体的本质就在于服从与自由二者的一致,而臣民与主权者这两个名词乃是同一意义的相关语,这两种观念就结合为‘公民’这一名称。”Ⅲ,13,5(427)。

㉙ “除非用法律来统治公民的内心,否则就永远不会存在一个好的和稳定的宪法。只要立法的力量没有深入及此,法律就总是会被摧毁。”《关于波兰政体的思考》(*Considérations sur le gouvernement de Pologne*)Ⅰ,6,*OCP* Ⅲ,页955。参看《科西嘉宪法草案》(*Projet de constitution pour la Corse*),*OCP* Ⅲ,页950。

* [译注]法语中的institution包含了这几层含义,汉语无法用一个词对应译出,故而保留原文。

二

[171]哲人从社会契约的本性发展出了政治权利诸原则，他清楚地阐明了他对合法共同体的认识具有何种必然性。可此外，哲人的认识在《社会契约论》本身的构造中也占有一个特殊的位置和一个突出的地位。一旦我们思考了 volonté générale[公意]的规定性、追问了公意的政治前提，就会提出一个问题，即给予公民以好法律所需要的好法律从何而来；谁来教育教育者，谁来制定制度，这些教育者和制度才让公民成为原则意义上的公民；总而言之，如何才能创造一个组织良好的共同体，只有建立了这样的共同体，volonté générale[公意]才能达到自身的目标，而只要共同体没有服从 volonté générale[公意]的领导，就不可能是一个组织良好的共同体。所有这些问题汇聚在第二卷第 7 章“论立法者”当中。在那里，智慧关乎政治舞台，从而面对政治权利诸原则的学说将读者所引向的无计可施。在论述诸原则的部分，卢梭在第 10 章也是最后一章的第 10 段即最后一段，为这一转变做了准备。在第二卷第 6 章“论法律”的末尾，他将所有形式的法律定义为公意的行为，也就在第 6 章，他再一次说，人民永远都意愿自身之善。他让人回忆起公意学说（Doktrin）的柏拉图主义前提，并径直转入最重要的政治问题，即让意志朝向对于善的知识，让意志看得见，给它装上眼睛，帮助它进行判断，鉴于它的目标而给它必要的启蒙。

> 盲目的群众常常并不知道自己应该要些什么东西——因为他们很少知道什么东西对于自己是好的，这样的群众又怎能亲自来执行像立法体系这样一桩既重大而又困难的事业呢?[172]

> 人民永远是愿望自己幸福的，但是人民自己并非永远都看得出什么是幸福。公意永远是正确的，但是那指导着公意的判断却并不永远都是明智的。所以就必须使公意能如其所是地看到对象，有时还得让它看到对象该向他呈现的样子。

政治体所要做的是让理智与意志相联。政治体需要洞见的引导。"个人看得到幸福却又不要它；公众想要幸福却又看不见它。两者都同等地需要指导。所以就必须使前者能以自己的意志顺从自己的理性，又必须使后者学会认识自己所想要的事物。"从第一卷第6章到第二卷第6章，卢梭对政治权利诸原则的陈述以一段直言不讳的总结陈词作结，即知识必须在共同体中握有主导权，全部陈述的最后一句话是："正是因此，才必须要有一个立法者。"㉚

从哲学来说，"论立法者"是这本书最为重要的一章。这一章将政治问题分述为七个问题，这七个问题相互关联，使得链条的最后一环又与第一环相衔接。整个链条关系到哲人与政治的关系。㉛卢梭将好施恩惠或关怀人类的神的问题置于前端（I）。要为各个民族发现最好的规则，也就是说，要适于各不相同的特殊的政治社会，就必需 une intelligence supérieure[一种更高的智识]。必需一种更高的洞见，卢梭对之做了三重规定，使之为人类所不可及，并显

㉚ Ⅱ，6，10（380）。另参看Ⅱ，3，4（372）。

㉛ 和在他的其他著作中一样，卢梭在《社会契约论》中也很少正面谈论哲人，取而代之的是对 le sage[智者]或 le génie[天才]的谈论，以避免与时髦哲人的混淆。在Ⅱ，7，11（384）中，他明确地脱离于哲人"高傲的哲学"。这是《社会契约论》中唯一的一次提及 philosophie[哲学]。此外 philosophique[哲学的]、philosophe[哲人]、philosopher[哲思]各出现了一次：I，8，3（365）；IV，8，13（463）；IV，8，32 脚注（468）。就此请参看笔者的专著《论哲学生活的幸福》，前揭，页 123－130 以及脚注 62。

现为一位神的洞见。这种更高的智识，（1）“洞察人类的全部情感而又不受任何情感所支配”，[173]（2）“与我们的本性没有任何关系，但又能认识人性的深处”，（3）“它自身的幸福虽与我们无关，然而它又很愿意关怀我们的幸福”。这些标准把要寻找的立法者指明为一位神，㉜ 从而将神性立法者的问题尖锐地凸显出来。他该为人类之善而努力，可并没有一种共同的善好将他与人类相联。为了弥合这道裂隙，卢梭效法马基雅维利，引入了荣誉；可对于立法者来说，如卢梭所说的那样，只有在立法已然式微或已成过去之后，这荣誉才在很大程度上散发光芒。对所谈论的更高智识的刻画因而以如下规定作结：（4）“最后，这智识在时世的推移里才赢得了遥远的荣誉，它能够在一个世纪工作，而在另一个世纪欢享荣耀。”㉝ 然而，对于一位神或一位哲人的更高洞见来说，对一种 gloire

---

㉜ 注意Ⅲ，6，16（413）并参看《论哲学生活的幸福》，页 91－101 和页 335。——在Ⅱ，7，1（381）中，卢梭在开头提到 une intelligence supérieure［一种更高的智识］的时候，用的是单数，在这一段的最后一句话中他又转用复数：“要为人类制定法律，简直是需要诸神。”在初稿中他却保留了单数：“总而言之，需要一位神来为人类制定好的法律。”Ⅱ，2，1（312－313）。——在Ⅱ，7，1 中换成 Dieux［诸神］，与Ⅰ，2，6（353）和Ⅳ，8，1（460）中对 Dieux［诸神］的重要提及建立了联系，这种联系在初稿中是没有的。

㉝ 初稿中没有第四个规定，而前三个规定在那里都已有原型：Ⅱ，2，1，页 312。——科西嘉人布塔福柯（Mathieu Buttafoco）在 1764 年请求卢梭作为 Législateur［立法者］为科西嘉制订宪法，那时，他为了说动卢梭而在字句上采用了卢梭用来刻画 intelligence supérieure［更高的智识］的四个规定中的三个，加以适当的调整之后用来形容卢梭。《布塔福柯将军致卢梭的信》（*Le capitaine Mathieu Buttafoco à Rousseau*），1764 年 8 月 31 日，《卢梭通信全集》（*Correspondace complète de Jean Jacques Rousseau*），考订版，établie et annotée par R. A. Leigh，Genf－Banbury－Oxford 1965—1998，52 卷（＝CC），CC XXI，页 85－86。

éloignrée[遥远荣耀]的展望难道就足以让他们屈身去做立法工作吗?[34] 既然创制人民必需一种更高的智识,[174]那么起源问题(Ⅱ)也由此得到了说明。奠基于社会契约的合法创制以一种有智慧的创建为前提(卢梭强调这种创建是极其罕见的),或者预设了一种历史性的准备,这种准备才使得一种秩序可以与政治权利诸原则相合。"发明机器的工程师"并不为这种创制的塑造力所决定,创建者以从人类中造出公民为己任,他的洞见不是从约定中得来的。[35] 社会契约乃是要把个体转变为政治体的一个环节,这种转变要求一种全面的变化,其范围之广泛并非对《社会契约论》的解释一开始所能展示的。卢梭在描述他给立法者所布置的任务时,最为清楚地说明了公民的人类学转变问题(Ⅲ):

> 可以说,敢于为一国人民进行创制的人,必须自己觉得有把握能够改变人性;能够把每个自身都是一个完整而孤立的整体的个人转化为一个更大的整体的一部分,这个个人就以一定的方式从整体里获得自己的生命与存在;能够通过恶化人的境况来使之变得强大;能够以作为全体一部分的有道德的生命来代替我们人人得之于自然界的生理上的独立的生命。总之,他必须抽掉人类本身固有的力量,才能赋予他们以他们本身之外的而且非靠别人帮助便无法运用的力量。[36]

---

[34] 注意施特劳斯,《柏拉图〈法义〉的论辩与情节》(*The Argument and the Action of Plato's* Laws),Chicago 1975,Ⅱ,12,页29。并参看《论哲学生活的幸福》,前揭,页231-235。

[35] Ⅱ,7,2(381)。

[36] Ⅱ,7,3(381-382);参看 I,6,6(360);Ⅱ,4,5(373);Ⅲ,2,7(401);进而参看《爱弥儿》(émile ou de l'éducation)I,*OCP* IV,页248-249。

卢梭在“论社会公约”中将社会契约的所有其他规定都回溯到 aliénation totale[全面的转让]这一个规定，而“全面的转让”并不只在于全部有利于政治体的权利诉求和权利保留的表达行为，还指向一种更深地介入人类境况的要求。[37] 问题Ⅲ位于问题Ⅱ的根本处，[175]并且说明了问题Ⅰ的优先性。创制人民需要这样一位慈善的立法者，他拥有关于人类本性和政治体本性的充分知识；需要一位奠基者，他在开始工作的时候就已经知道他的作品服从于何种必然性；需要一位智者，他绝不会幻想自己能够解除基于习俗约定的社会与自然之间的张力，或者能够通过立法者的艺术持久地抑制这种张力。

政治权利诸原则说明了一位 Législateur[立法者]的必要性，他的支点不在这些原则本身当中，这种更高的洞见在合法的秩序中也没有宪法上的位置。“立法者在一切方面都是国家中的一个非凡人物。如果说由于他的天才而应该如此的话，那么由于他的职分他也同样应该如此。”因为他的职分及其活动既不能与 magistrature[行政]也不能与 souveraineté[主权]相混淆。这一职分“缔造了共和国”，却“不在共和国的组织之内”。显然，Législateur[立法者]既没有主权者也没有行政者（即政府）的权限。智慧的立法者并非创制的一部分，可若是没有他，便不会有良好的创制。通过 Législateur[立法者]的超宪法地位问题（Ⅳ），通过他为智慧所主张和保留的宪法之外和宪法之上的地位，卢梭最清楚地揭示了政治与

---

[37] 就Ⅱ，7，3 中的表述 d'altérer la constitution de l'homme[恶化人的境况]，需要注意，卢梭在他的著作中只在“恶化”“败坏”或“走样”的意义上来使用 altérer 一词，而不是中立意义上的“转变”。在初稿中，他甚至写道：qu'il mutile en quelque sorte la constitution de l'homme pour la renforcer[以某种方式败坏人的境况，以此来加强它]。Ⅱ，2，3，页313。

哲学之间无可化解的张力。同时，当卢梭强调，“号令法律的人”不应该号令人，因为否则的话，立法者便会遭受个人统治的腐蚀性影响，便会“永远无法避免其作品之神圣性为片面的观点所败坏”。吕库戈斯代表着自然神论的模型。“当吕库戈斯，”卢梭谈道，“为他的祖国制定法律时，是先逊位然后才着手的。”此外，在普鲁塔克那里可以读到，吕库戈斯离开了他所创立的城邦，并且再没有回来；不过，在此之前，他让公民们宣誓，[176]他们在他回来之前要毫无变动地遵从他的立法作品。[38] 然而，却不能说《社会契约论》的 Législateur[立法者]在“号令法律”。卢梭所坚持的毋宁是，“制定法律者”绝无或者绝不应该有 droit législatif[立法的权利]，并且“人民本身即使愿意，也绝不能剥夺自己的这种不可转移的权利”。因为，根据契约，只有 volonté générale[公意]能够连接个体，并且只有“在举行了人民的自由投票之后”，我们才能确切地或有约束力地断定 volonté particulière[个别意志]是否符合 volonté générale[公意]。卢梭接着补充说：“这一点我已经谈过了，但重复一遍并不是没有用的。”由此，他在“论立法者”一章的中心，再一次提醒我们注意诸原则中无可商榷的核心和政治的根本问题，此即人民赞同的洞见是不可缺少的（V）。[39] 一方面是超人的任务（问题Ⅰ、Ⅱ和Ⅲ），另一方面是仅仅基于他的智慧、不受宪法支撑又赖于众人赞同的 Législateur[立法者]的权威（问题Ⅳ和Ⅴ），[40] 两方

㊳ Ⅱ，7，4－5（382）。普鲁塔克，《吕库戈斯》（Lykurgos）29；参看3－5。

㊴ Ⅱ，7，6－7（382－383）；参看Ⅱ，1，3（368－369）。

㊵ “这样，人们就在立法工作中发现同时似乎有两种不相容的东西：它既是一桩超乎人力之上的事业，而就其执行来说，却又是一种形同无物的权威。”Ⅱ，7，8（383）。

面之间的分歧最终通过智者和非智者之间的理解问题（VI）而被尖锐化，以至于看起来简直无可化解："智者们若想用自己的语言而不用俗人的语言来向俗人说法，那就不会为他们所理解。可是，有千百种观念是不可能翻译成通俗语言的。"人民的理解问题一方面基于自然的不平等："太概括的观念与太遥远的事物都同样地超乎人民的理解能力。"另一方面，又受着历史的限定：个体必定要受制宪的决定性影响，他们必定要已经成为公民，才能不只是以他们的个别利益为标准来衡量政治秩序，才能自愿地承受好的法律所要求于他们的种种缺乏（问题Ⅲ）。简言之，人民[177]必定得是有智慧的创制的作品，才能欢享智者的创制（问题Ⅱ）。㊶

Législateur[立法者]既没有强制手段来让主权者接受他的洞见，也不能用合适的语言把他的智慧告诉人民，他的任务是要如此"创立"人民，以使得 volonté générale[公意]得到表达并且达到目的，可为此他既不能依靠 la force[强力]，也不能依靠 le raisonnement[说理]，他因此"有必要求之于另一种权威"，并使用一种修辞，凭借这种修辞，他无需论证就能成功地说服。我们由此而触及了崇高言辞或高贵谎言的问题（Ⅶ），这个问题对前面所述的六个问题做出了回答。必须为立法赋予更高的、超人的权威，这种必然性"迫使各民族的祖先自古以来都去求

㊶ "为了使一个新生的民族能够爱好健全的政治准则并遵循国家利益的根本规律，便必须倒果为因，使本来应该是制度的产物的社会精神转而凌驾于制度本身之上，并且使人们在法律出现之前，便可以成为本来应该是由于法律才能形成的那种样子。"Ⅱ，7，9（383）。

助于上天的干预，并以他们自身的智慧来敬仰诸神”。[42] 卢梭虽然没有明言，可他所讨论的实为高贵的谎言，高贵谎言不仅向前关系到神话式的立法者为自身所要求的神性权威（由此可以见出高贵谎言对问题Ⅱ、Ⅳ和Ⅵ的回答），而且同样地关系到一种信仰，即相信人民有一天可以像服从自然法则一样服从国家的法律，相信可以在共同体的形成中发现与人类发展中起作用的力量相同的力量，这些都是人民应该持以为真的意见，这样他们才能“自由地服从”，才能赞同洞见并且“顺服地承受公共福祉的锁链”（[178]对问题Ⅲ和Ⅴ的回答显现于此）。[43] 通过“公共福祉的锁链”，卢梭再一次补充了第一卷开篇处的“枷锁”。当伟大的立法者们将他们的智慧归在诸神名下之时，他们其实是不得不掩盖自己的智慧，这种不得不然将我们引回这一章开篇处的 gloire éloignrée[遥远荣耀]（问题Ⅰ），现在，其意义得到了一清二楚的展现：对于 grand Législateur[伟大的立法者]来说，只有洞察了被掩藏的智慧，对遥远荣耀的展望才得到了实现。立法者所能拥有的最高承认，在于哲人的认识，从关怀人类的上帝问题到崇高言辞的问题，这些问题都是政治问题的必然表达，哲人在这种必然性中理解了政治问题。

紧接着对七个问题的阐明之后，卢梭在这一章最长的第11段中高度赞扬了立法者，其溢美的程度是马基雅维利以来的哲人

---

[42] 《社会契约论》中第一次提及 sagesse[智慧]是在讨论高贵谎言的时候，即在讨论人类智慧转变成神性权威的时候。这一章总共12段，在其中的第10段，卢梭引入了对诸神智慧的诉诸，这种做法，正如柏拉图在《法义》十二卷的第十卷中，让雅典异乡人引入了对宇宙诸神的诉诸。

[43] Ⅱ，7，10（383）；注意《科西嘉宪法草案》，页950（最后的残篇）。

所不曾有过的。raison sublime[崇高的道理]是创立并保持一个组织良好的共同体所必需的，可这种道理却超过了 hommes vulgaires[俗人们]的理解能力，于是，Législateur[立法者]将他们的决定(实际上是立法者自己的决定)“托之于不朽者之口，为的是让神圣权威来吸引那些为属人的深思熟虑所无法打动的人们”。[44] 崇高的道理要求崇高的言辞。[179]可前者并不只是后者。崇高的道理也绝不只是熟巧或狡黠。正如立法并非立法者令其代己发言的诸神的作品一样，立法的持存也不依赖于立法者所借用的奇迹，因为“荒唐的把戏”尽管可能纠集一群乌合之众，却“唯有智慧才能使之长久持存”。Législateur[立法者]无论是为了获得他所面向的那些人的信仰，还是为了创立一种证明那种信仰为合理的制度，他都需要智慧。“唯有立法者的伟大灵魂，才是足以证明其使命的真正奇迹。”Législateur[立法者]的作品基于那些使他与众不同的 raison sublime[崇高的道理]、sagesse[智慧]和 grande âme[伟大的灵魂]，并因而基于他的天性：如果高贵的谎言该有一种

---

[44] 卢梭为这句话加上一个脚注，给出了《论李维》I，11 中的一个相关处。马基雅维利支撑了卢梭的论证（问题Ⅵ和Ⅶ）。紧接着卢梭所引的这句话，马基雅维利接着说：“所以，有心消除这种困难的聪明人，便会求助于神明。吕库戈斯如此，梭伦如此，和他们目的相同的许多人，亦复如此。”《论李维》I，11，Francesco Bausi 编（《马基雅维利全集》，Rom 2001，I/2），页 80。——第二卷第 7 章共有三个脚注。第一个关系到影响了“斯巴达人幸福”的吕库戈斯的立法（381）。第二个脚注谈论了加尔文作为政治奠基者而非作为神学家的功绩，这也是对基督教的唯一的一处仿佛明确的谈论，在第二卷第 7 章中，基督教和耶稣一样很少被提到——“无论时代多么深刻地变更了*我们的*礼拜，只要祖国之爱和自由之爱尚未在我们当中熄灭，对于这位伟人的回忆就不会停止被赞颂。”（382，强调为引者所加）。卢梭在前两个脚注分别谈论了吕库戈斯和加尔文，而在第三个脚注，他却让马基雅维利自己开口说话。

真理的话，那么这就是它的真理。[45] 奠基者们让诸神和他们的智慧一起受人敬拜，可卢梭既没有举米诺斯（Minos）也没有举努玛（Numa）作为奠基者的例证。相反，他指向了三种启示宗教中最早的一位先知和最近的一位先知。因为，他只谈到了犹太教的法律和伊斯兰的法律，两者都分别诉诸启示信仰的唯一真神作为它们的发起者，卢梭评价说，这两种法律“直到今天还在显示着订立了那些法律的人们的伟大”。在卢梭说这句话的时候，他已经冒险前进到很远的地方，他还通过一种尖锐的划界为这句话加上了弹簧，他将自己区分于那些以启蒙之名、以 De tribus impostoribus[三个骗子]这篇变为口号的论文为标识与启示宗教作战的哲人们。“虚骄的哲学或盲目的宗派精神”只看到侥幸的骗子在行骗，而 le vrai politique[真正的政治家]，柏拉图意义上的真正的政治家或真正的政治理论家则会赞叹那种“伟大而有力的天才”，那种天才支配着立法者 - 先知所创造的、持存了几个世纪的制度，为之注入灵魂。[46]

[180]当卢梭承认立法者 - 先知的“伟大灵魂”是神圣法律的真正发起者的时候，他救赎了这种灵魂，让这种灵魂获得了它

㊺ “人人都可以刻石立碑，或者贿买神偷，或者假托通灵，或者训练一只小鸟向人耳边口吐神言，或者寻求其他的卑鄙手段来欺骗人民。只会搞这一套的人，甚至于也偶尔能纠集一群愚民，但是他绝不会建立起一个帝国，他那种荒唐的把戏很快也会随他本人一起败亡。”Ⅱ，7，11（384）。

㊻ Ⅱ，7，11（384）。在《社会契约论》中，Le politique 既可以理解为“政治家”，也可以理解为“政治理论家”。其背后隐含着这个概念的柏拉图式含混，除了Ⅱ，7，11 之外，还请参看Ⅱ，9，5（388）和Ⅱ，12，5（394）。不过，其主要含义是“政治理论家”或“政治作家”（偶尔也有“政治意识形态理论家”的含义）：Ⅱ，2，2（369）；Ⅱ，2，2（370）；Ⅲ，6，14（412）；Ⅲ，7，3（413）。le vrai politique 只出现在Ⅱ，7，11。

所应得的荣誉。与此同时，他无可避免地对启示宗教的政治谱系学做了一番勾勒。在结尾处，他简洁地拒斥了一种观点，即认为“政治和宗教在人间有着共同的对象”，他将这种观点归在华伯登（William Warburton）主教的名下。与基督教政治神学家针锋相对，卢梭主张，“在各国起源之时”，宗教乃是为政治服务的工具。政治从一开始就享有优先性。㊼

Législateur[立法者]的智慧对于第二卷的整个下半部分都具有规定性。第二卷第7章之后的五章讨论智者的认识对于良好共同体的必要性，这种认识并不限于创始奠基之时，卢梭也不再以立法者-先知为例来解说这种认识。“论人民”三章（Ⅱ，8-10）以 sage instituteur[智慧的创始者]开篇，以 homo sage[智慧的人]结尾。在“论各种不同的立法体系”一章（Ⅱ，11），Législateur[立法者]同样也具有支配性。这一卷的最后一章“法律的分类”（Ⅱ，12）以 grand Législateur[伟大的立法者]作结，在第二卷第7章的引发之后，这是他的第二次、最重要也是最后一次出场。㊽ 连续三章“论人民”与第三卷连续三章“怎样维持主权权威”相呼应，“论人民”将目光转向 Législateur[立法者]手中的材料，从而展示了立法者“创制”人民需要何种根本洞见和特殊知识，[181]又需要何种能够连接并运用这两者的判断力。因

㊼ Ⅱ，7，12（384）。关于卢梭对华伯登的使用，参看《论哲学生活的幸福》，页431-432。

㊽ Ⅱ，8，1（384）；Ⅱ，10，5（391）；参看Ⅱ，10，2（389）；Ⅱ，10，4（390）。Ⅱ，11，5（393）；Ⅱ，11，5（393）。Ⅱ，12，5（394）。sagesse[智慧]在《社会契约论》中共出现了四次。指涉个人的两次使用分别在Ⅱ，7，10和11（383-384），并且都关系到 Législateur[立法者]。另外两处指涉元老院的贵族制度：Ⅲ，5，5注（407）和Ⅲ，6，13（412）。

为一种制度只有有益于该当分享这种制度的某群特殊人民，才能算是好的制度。一套本来很好的法律必须遇到“适于承受它的”人民。在既定情况下，好的制度是无法实现的，而这种情况实为绝大多数，对于这一点的认识明确地属于智者的洞见，并且是其中相当重要的部分。事实上，卢梭的解释正以对成功之少有的强调为主导动机。三章中的第一章探讨立法的历史前提，第二章集中讨论有关实事本性的认识，第三章则指向狭义上的自然条件。在所有这三章中，卢梭都强调了正确认识的关键意义：在第二卷第 8 章中，认识关系到人民的发展状况，尤其是人民对于立法而言的成熟度；在第二卷第 9 章中，关系到对一个国家做规模上的规定；在第二卷第 10 章中，关系到一个共同体要具备最强的力量和最高的自足所需要的人口与版图的比例。[49] 此外，卢梭还以身作则，展示了智者不仅要会说振奋人心的言辞，还要懂得说促人警醒的话。在历史章即三章中的第一章中，卢梭转向人民，向

---

[49] Ⅱ，8，5（386）；Ⅱ，9，5（388）；Ⅱ，10，1－2（388－389）。——卢梭举出彼得大帝的判断为例，来说明对一国人民发展状况的误判带来了何等重大的影响：“他看到了他的人民是野蛮的，但他一点也没有看到他们还没有成熟到可以开化的地步；他想要使他们文明，而当时所需要的本来只是锻炼他们。彼得首先是想造就出德国人或英国人，而当时本应该先着手造就俄国人。”卢梭承认彼得有“模仿的天才”，却否认他有“真正的天才”，在此他的矛头所向是伏尔泰，因伏尔泰把彼得描述为政治家和立法者的典范。1759 年，伏尔泰在《彼得大帝治下的俄罗斯帝国史》前言中，说彼得大帝“或许是所有称职的君主中最该受后世敬仰的一位”，而在四年之后，在这本书的第二部中，伏尔泰把彼得大帝称为“真正的政治家”（Ⅱ，8）。在 1759 年，伏尔泰把彼得大帝作为立法者与吕库戈斯和梭伦相对照，以赞美彼得大帝通过法律“将男男女女组成了社会，为陆军和海军建立了纪律，为他的国家开启了所有技艺上的进步”。《历史著作集》（*Œuvres historiques*），René Pomeau 编，Paris 1957，页 532，1687，1688－1689。

他们解释，革命就像个体生命中的危机一样，它可以产生一种向更好状况的根本转变，[182]可他紧接着就补充说，这只是événements rares[例外事件]，并且此类事件无法在一国人民的生活中重演。“自由的人民啊，请你们记住这条定理：自由可得；却不可失而复得。”位于三部曲中心即三章中的第一章的是另一个告诫，即在追求内在秩序的同时，不可忽视了外在安全的要求，不可忽视共同体的自我保存这一诫命。第三章最终在一幅画面中达到顶峰，这幅画面将一种良好立法的历史前提与自然条件如此完备地集于一处，以至于读者几乎不能被鼓舞去期望，他们还能径直解决政治问题。[50]

第二卷最后两章的主题是Législateur[立法者]事业的最后向导及其影响力的真正范围。卢梭在“论各种不同的立法体系”章开篇处说道：

> 如果我们探讨，应该成为一切立法体系最终目的的全体最大的幸福究竟是什么，我们便会发现它可以归结为两大主要的目标，即自由与平等。自由，是因为一切个人的依附都

---

[50] Ⅱ, 8, 3 – 4 (385); Ⅱ, 9, 4 (388); Ⅱ, 10, 5 (390 – 391): “然则，什么样的人民才适宜于立法呢？就是那种虽然本身已经由于某种起源、利益或约定而结合在一起，但还完全不曾负荷过法律的真正羁轭的人民；就是那种没有根深蒂固的传统及迷信的人民；就是那种不怕被突然的侵略所摧毁的人民；就是那种自身既不参与四邻的争端，而又能单凭自身的力量抵抗任何邻人或者能借助于其中的一个以抵御另一个的人民；就是那种其中的每一个成员都能被全体所认识，而又绝不以一个人所不能胜任的过重负担强加给某一个人的人民；就是那种不需要其他民族便可以过活，而所有其他民族也不需要他们就可以过活的人民；就是那种既不富有也不贫穷而能自给自足的人民；最后，还得是那种能结合古代民族的坚定性与新生民族的驯顺性的人民。”

要削弱国家共同体中同样大的一部分力量；平等，是因为没有它，自由便不能存在。

立法者着眼于作为整体的政治体来考察一切立法都要预设的两个“主要目标”。他采取了公民的视角，公民将自身理解为政治体的一个部分，将自身的自由在本质上理解为政治自由，即成为公民的自由。[183]他对于平等的关切同样也是政治的，进一步来看，这种关切实际上是在担心社会权力的聚集和经济财富的累积会与法律的权威相对抗，会削弱人民的主权地位。“没有一个公民可以富得足以购买另一个公民，也没有一个公民穷得不得不出卖自身。”社会和经济的不平等如果太严重，对亚里士多德的中道如果产生了太极端的偏离，就会有利于暴政，就会损害共同体的政治秩序。[51] 不过，“一切良好制度的这种普遍目的”必须顺应具体的状况，每国人民都应当获得un sistême particulier d’institution[一种特殊的制度体系]。与强调顺应同样重要的是对称颂的展望。每国人民都该获得一种无可混淆的印记，来强化人民之间的联系；还应该获得一项使命，来让公民为之而感骄傲。如果Législateur[立法者]在这方面犯了错误，如果他为创制所采取的原则与nature des choses[事物的本性]不符，那么他的事业就会失败，国家就会最终被摧毁。卢梭在这一章的结尾处影射了贺拉斯的话Naturam furca expelles tamen usque recurret[即便你用粪叉来搅和自然，自然也总

---

[51] “你想要让国家长治久安吗？那就要尽可能地缩小两极差距：既不能允许巨富也不能允许乞丐的存在。这两种自然相匹配的状态，对于公共福祉来说，是同样有害的；一者会成为暴政的帮凶，另一者会成为暴君；公共自由的交易总是在这两者之间进行，一方买，另一方出卖公共自由。”Ⅱ，11，2（392）。

是要回返]，这一影射出立法者的艺术要接受何种标准的检验。“论法律的分类”一章接着详述了这种艺术在何处可以达至其最为本己的可能性。根据政治权利诸原则的陈述，将法律区分为三种类型该是读者意料之中的了，即区分为loix politiques[政治法]、loix civiles[民法]和loix criminelles[刑法]，前者关系到主权者、政府和国家秩序，后两者关系到民法与刑法；但卢梭又在这之外附加了第四种法律，称之为“所有法律之中最重要的一种”，并用了全章最长的一个段落来论述。这种法律“既不是铭刻在大理石上，也不是铭刻在铜表上，而是铭刻在公民们的内心里”，[184]并构成了“国家的真正宪法”。卢梭所说的是“习俗、习惯，而尤其是舆论”，并且说这里事关“伟大的立法者所秘密从事”的部分。读者在阅读后来的科西嘉和波兰宪法草案的时候，可以逐条进行分析，看看立法者卢梭为了塑造人民的生活方式、稳定政治体系并成就科西嘉的自给自足或波兰的完整，而动用了何种制度；看看他如何通过经济措施、国家使命，通过节庆和荣耀、奖赏和惩罚为公共教育配备手段，看看他通过何种方式努力为政治阶层植入新的尊崇，让amour-propre[自恋]服务于共同体，让公民们可以与moi commun[共我]相等同。这两部宪法草案直观地展示了grand Législateur[伟大的立法者]如何en secret[秘密地]工作，也说明了第二卷第12章何以要把mœurs[习俗]、coutumes[习惯]和opinion[舆论]称为最重要的一种法律，尽管根据政治权利诸原则来看，它们恰恰不是法律。[52]

---

[52] Ⅱ，12，5（394）。在六章之前，即原理部分的最后一章，卢梭将法律规定为公意的行为，并因此规定为公民主权的行为本身：Ⅱ，6，5和7（379）。

智慧的引入和从政治理想主义中冷静下来，此两者在《社会契约论》中有着同样重要的意义。在全书的篇章安排中，论述 l'art du Législateur[立法者艺术]的六章平衡了之前论述 principes du droit politique[政治权利诸原则]的十章。权利诸原则无关任何历史情境，因为它们仅仅基于一种对社会契约本性的连贯解释，在这后六章中，权利诸原则被配以政治的情境，并由此与历史现实取得了联系，而这为第三和第四卷的文脉埋下了伏笔。如果说诸原则能够为革命性的诉求奠定基础，能够断定每个时代的既有秩序的非法性并且要将其推翻的话，那么，立法者的艺术又尖锐地揭示出要建立一个体制良好的共同体是多么渺茫。[53] [185]卢梭说，“在欧洲还有一个国家”适于“立法”，也就是说适于在《社会契约论》的意义上创制，这就是科西嘉岛，第二卷第7至12章的缓和在这个说法中得到了象征性的表达。这个说法位于三章“论人民”的结尾处。[54] 考察政治现实所带来的缓和与立法者自身所代表的冷静相一致。因为，对于卢梭来说，Législateur[立法者]的形象主要不是用来解决政治问题的，而是用来公布、标识并体现政治问题的。Législateur[立法者]不是 Deus ex machina

---

[53] “立法工作之所以艰难，倒不在于那些必须建立的东西，反而更在于那些必须破坏的东西；而其成功之所以如此罕见，就正在于自然的单纯性与社会的种种需要不可能结合。的确，这一切条件很难汇合在一起；于是我们也就很少能见到‘体制良好的国家了’”。Ⅱ，10，5（391）。

[54] 三章的最后一段话是这样说的——见Ⅱ，10，6（391）：“欧洲却还有一个很可以立法的国家，那就是科西嘉岛。这个勇敢的民族在恢复与保卫他们的自由时所具有的豪迈与坚决，的确值得一位智者来教导他们怎样保全自由。我有一种预感，总有一天那个小岛会震惊全欧洲的。”科西嘉民族英雄保利（Pasquale Paoli）的一个忠实信徒曾于1964年8月31日给卢梭写信（参看本章脚注33），那时他就援引了卢梭的“赞颂”并敦促卢梭本人来作“这一位智者”。

[机械降神]，用来解决实施权利诸原则时所遇到的困难。《社会契约论》也清楚地展示了，“智慧的创制”并不是无论何时何地都可能，即便成功了，也只能在一段有限的时间内持存。因为，在政治体自身的习俗道德本性与其成员的天性之间存在着无可化解的张力，由于这种张力，政治体受制于那使它无法持存的必然性。[55] Législateur[立法者]展示了一个体制良好的共同体必须由智慧来领导。可卢梭既没有从政治体的需要中推导出智者有义务用他的智慧来服务于公意，也没有赋予智者以权利去悬置公意，取代公意成为主权者，从而用自己对于普遍善好的洞见来施行统治。相反，卢梭在论立法者艺术这一部分的结尾处，用了比任何其他地方都更为清楚的语言来强调人民主权不容商讨的权利原则：[186]“人民永远是可以作主改变自己的法律的，哪怕是最好的法律；因为，人民若是喜欢自己损害自己的话，谁又有权禁止他们这样做呢？”[56] 智者需要人民的赞同才能赋予他的洞见以权利的力量。卢梭在《社会契约论》中亲自提议的唯一的一条法律也属于这个保留条件，他准确地表述了并力劝主权者接受这条法律，而论文的政治顶点也被安排在此：关于公民信仰的法律。[57] 在《社会契约论》中，柏拉图是作为一位可能的立法者而出场的另一位哲人，卢梭说，柏拉图拒绝为阿卡狄亚人和昔兰尼人制定法律，因为他知道，在他们当中不可能实现什么智慧的创制。两

---

[55] 参看 I，6，6（360）；I，7，7（363）；I，9，8（367）；Ⅱ，7，3（381－382）；Ⅲ，2，5－7（400－401）；Ⅲ，11，1－3（424）。

[56] Ⅱ，12，2（394）；参看 I，7，2（362）；Ⅲ，18，3（435）；Ⅲ，18，9（436）。

[57] Ⅳ，8，31－35（467－469）。

国人民都太富有了，因而无法允许引入公民的平等。[58]

卢梭在《社会契约论》最具有哲学性的部分确证了政治权利诸原则，这促使我们追问，卢梭为何一改所有先辈的做法，将人民主权与智慧或洞见的最高权力作为其政治学说的支柱，他由此构成了一种张力，这种张力却又被他的后继者们太快地卸掉了。最具哲学意味的部分显然同时也是这本书中最具柏拉图色彩的部分，因此，可想而知，卢梭从这一部分开始通过明确地援引柏拉图而留下的蛛丝马迹值得我们追寻。卢梭三度提及柏拉图的名字，两次在第二卷第7和第8章，一次在第三卷第6章。位于中心的是立法者柏拉图之为 le sage instituteur[明智的创制者]，他拒绝了作为立法者而行动的请求，以此证明了自己的智慧。位于立法者两侧的是对作者柏拉图的两度提及，并且都是[187]作为《治邦者》(*Politikos*) 这一篇对话的作者。第二次是在第三卷中最具有政治重要性的章节，"论国君制"。在那里，卢梭用柏拉图的"天生君王"来反对 Gouvernement royal[国君制]的历史现实中所能指望的国君们，"天生君王"用自己的知识、认识和判断证明了自身是真正的政治家。柏拉图强调，严格的哲学意义上的政治家是极为罕见的，卢梭由此引证了柏拉图。卢梭在"论立法者"一章中首次提及柏拉图，在那里他同样强调了政治家的罕

---

[58] Ⅱ, 8, 1 (385)；参看普鲁塔克，《论君主必须智慧》(*Qu' il est requis qu' un Prince soit savant*)，载《普鲁塔克道德文集》(*Les œuvres morales de Plutarque*)，Genf，Iacob Stoer，1621 (阿米约[Amyot]译)，I，页425。[道德文集 50，779D。]为什么在柏拉图看来，昔兰尼人的财富使得他们不适合从他那里为他们的国家获得好的法律和一种秩序呢？就此，普鲁塔克给出了另一种在准确度和政治性上都略逊一筹的解释："自以为幸福的人是最骄傲，最桀骜不驯，最难以被驯服和统治的。"

见。这里援引《治邦者》是要强调创建者的独特地位，强调 grand Législateur[伟大的立法者]比 grand Prince[伟大的君主]还要罕见。不过，卢梭开启与《治邦者》的关联时，还带有另一重隐含着爆炸性的比较。柏拉图在他的书中界定政治家的时候，得出了与卡里古拉（Caligula）相同的结论，区别在于，卡里古拉依据的是事实，而柏拉图依据的则是权利。[59] 卢梭假定，读者会想起来他第一次谈及卡里古拉推论的情形。事实上，《社会契约论》中共有三次提及卡里古拉的 raisonnement[推论]，和谈及柏拉图的次数相等。在第二卷第七章中，两条线索交织在一起了。我们如果想要理解卢梭在第一次提及柏拉图时所说的话，就得回去看他第一次如何谈及卡里古拉的 raisonnement[推论]。在第一卷第 2 章中，卢梭谈到，根据斐洛（Philon）的记载，皇帝卡里古拉曾经论证说，就像 un pâtre[牧羊人]的品质高出于羊群的品质，作为人民首领的 les pasteurs d' hommes[人类牧人]，其品质同样地高出于人民的品质。卡里古拉的结论是：君王皆神明，或者说，人民皆畜生。[60] 因此，[188]卡里古拉的结论与柏拉图的思路之间的差异在

---

[59] “卡里古拉根据事实所做的推论，柏拉图则根据权利而在他的《治邦者》中以同样的推论对他所探求的政治人物或者做人君的人物，做出了规定，但是，如果说一个伟大的国君真是一个罕见的人物，那么一个伟大的立法者又该怎样呢？”Ⅱ，7，2（381）。

[60] Ⅰ，2，6 –7（353）。安迪利（Arnauld d' Andilly）翻译了斐洛的《晋见盖乌斯》（De legatione ad Caium），题为《亚历山大里亚的犹太人向皇帝卡里古拉所遣使团团长斐洛撰写的报道》（Relation faite par Philon de l' Ambassade dont il estoit le chef, envoyée par les Juifs d' Alexandrie vers l' Empereur Caïus Caligula），并作为附录用来补充他所编辑的约瑟夫斯（Flavius Josephus）的《犹太史》。卢梭所读的正是这个版本。这个版本对卡里古拉的 raisonnement[推论]做了如下记叙：“正如那些牛群羊群的牧者既非牛亦非羊，而

于，卡里古拉从君王统治的事实推论出君王的nature supérieure[优越天性]，而柏拉图则将君王统治的权利奠基于君王的nature supérieure[优越天性]，也就是说，“天生君王”凭借其更高的洞见而能够与人民有如此的差别，仿佛牧人区别于他所牧养和命令的畜群，君王统治的权利正系于这个前提之上。第一次提及柏拉图向读者指明，卢梭在开始原则部分之前，在第一卷中拒绝了统治的头衔，可在统治头衔之下还有一个头衔未被阐明：基于卓越洞见之上的统治。[61] 用第一卷的话来说，卢梭明确地列举了自然不平等的两种表现，其中，以la force[强力]为基础的诉求不但得到多次讨论，还成为第一卷第3章这个中心章节的论题；相反，la génie[天才]直到第一卷的最后一句话才被提及，而后在第二卷第7章中以立法者天才的形式重新返回，并由此展现了这个概念的突出含义。[62]

卢梭本可以像他谈论提供保护的强力那样来谈论创建秩序的洞见：统治权限的转移预设了，要构建一种集体主体作为权利的源泉，并且因此预设了社会契约；[189]若没有主权者的合

是比这些动物的天性远为卓越的人，同样，那些统治着世上所有造物的人，也当不只被视为单纯的人，而是当被奉为诸神。”Paris，Louis Roulland，1696，第5卷，页490。

[61] 从卢梭在Ⅱ，7，2（381）中对柏拉图的谈论可以看出，他不会把他在谈论卡里古拉之前不久对格劳秀斯（Grotius）的反驳用在柏拉图身上：“他最常用的推论方式，一贯都是凭事实来确定权利。人们还可以采取另一种更能自圆其说的方法，似也不见得对于暴君更为有利。”I，2，6－7（353）。

[62] 在《社会契约论》中，génie[天才]共出现了七次。在I，9，8（367）有关自然不平等（“在强力和天才上的不平等”）这一处之后，接下来五次都直接或以对照的方式（génie imitatif[模仿的天才]对照着vrai génie[真正的天才]）关乎Législateur[立法者]：Ⅱ，7，4（382）；Ⅱ，7，5注（382）；Ⅱ，7，11（384）；Ⅱ，8，5（386）。第七次使用关系到一位现代哲人，卢梭纠正了他的错误：Ⅲ，4，6（405）。

法决议，没有任何一个头衔、一种诉求、一笔财产可以成为一种权利。因此，这里所关系到的并非两种对称的情况，仿佛对一种诉求的解说可以免去对另一种的解说，因为读者可以简单地将答案运用到另一种情况。卢梭的不解说正是要让人注意这一点。la force[强力]明确地在政治体的权利架构中找到了自己的位置，相反，la génie[天才]则同样明确地拒绝了这样一种位置。卢梭把强力扬弃在主权者的强力之中。相反，他把政治权利诸原则所指向的洞见安排在了这些原则所规定的秩序之外，正因为如此，立法者的作品虽要归功于他的 intelligence supérieure[卓越才智]，可只有通过主权者的同意才能获得法律效力。卢梭既保持了洞见的特殊地位，同时又坚守人民主权，这要归因于一种政治上的明智。如果真正理解了《治邦者》，就会发现其中已经包含了这样的论证，而卢梭熟知这些论证。他晓得：认识的诫命无法与政治共同体的要求和需求相通约；将洞见作为统治头衔来引入，这会冲破社会秩序；例外无法被正常化；统治的施展必定需要智者；哲人的“政治家”极有可能被智者所模仿；而人民无法将两者区别开来；正如卡里古拉夺取了《治邦者》中的比喻，为了他自己的目的而将其歪曲成了相反的样子，“天生君王”也极容易被专制者玩弄于股掌之间，被他夺去“天生君王”的诉求和声望。不过，卢梭的政治明智（politische Klugheit）不只表现于这种仿佛超历史的明智，他的大多数先驱虽然和他共有这种明智，却没有人像他一样，把人民主权提升为权利原则。卢梭清楚地看到，推崇哲人统治为本该防备的教士统治铺平了道路，而且，诉诸洞见的权威会有一种危险，即如果一种洞见声称自己高过一切理性的话，那么诉诸这种洞见的权威这一行为就会凌驾于洞见本身的权威之上并毁灭之。

[190]卢梭意识到启示宗教对于政治和哲学的重大转折意义，因此而发展了《社会契约论》的构想。基督教的挑战尤其规定了这篇论文的修辞和策略。卢梭避免造成任何可能让哲学靠近宗教的印象。他也放弃了对哲思的公开敦促。他相信，适于哲学的读者会通过深入研究政治这另一种生活方式而被引向哲学。这本书极为透彻地描述了政治生活，竭尽全力地论证了政治对于宗教的优先性。这本书还竭力促进与最强大的政治权力的联合，即与人民结成联盟，其他哲人，尤其是马基雅维利，也曾着眼于同一个重大转折而考虑过此事。在“论国君制”一章，柏拉图最后一次被提及，马基雅维利以人民导师的身份出场，并且卢梭还提请读者注意《君主论》，将之作为“共和党人之书”来推荐。卢梭的这一章和马基雅维利的书一样，都不只是以通常意义上的国君制或国君为论述对象。[63] 卢梭和马基雅维利位于反对神权政制的共同战线之上，他们都把神权

---

[63] Ⅲ，6，5（409）。“马基雅维利的《君主论》乃是共和党人的教科书”，在论文的身后版本中附有卢梭为这句话添加的一个脚注，这个脚注既指向了共和制与国君制之对立所进一步引出的方向，也同样强调了《君主论》的隐微之维。在 OCP 版本中，这个脚注被放在了参考资料中，在 1782 年的版本中，这个脚注如下：“马基雅维利是个正直的人，也是个善良的公民；但由于依附美第奇家族，所以不得不在举国压迫之下，把自己对自由的热爱伪装起来。他选择那样一位可诅咒的主人公这件事本身，就充分显示了他的秘密意图；而他的《君主论》一书中的准则与他的《论李维》和《佛罗伦萨史》两书相矛盾，也说明了这位深刻的政论家的读者们到那时为止都是一些浅薄的或腐化的人。罗马宫廷曾严厉禁止他这本书。我很相信这一点，因为书中描写得最明晰的正是罗马的宫廷。”强调为引者所加；注意施特劳斯，《思索马基雅维利》，Glencoe 1958，页 332 脚注 54。

政制视为最为僭越的政制，[64] 因为神权政制对臣民施加深入骨髓的控制[191]和极其严酷的迫害。直到第四卷第8章，卢梭才点名指出了《社会契约论》心目中的相反立场。在“论公民宗教”第一段的第一句话、核心段落的第二句话和最后一段的第三句话，我们分别三度碰见了 le Gouvernement Théocratique［神权政府］，la Théocratie［神权政制］和 le Gouvernement Théocratique［神权政府］。在第三次也是最后一次谈及卡里古拉的 raisonnement［推论］之时，卢梭引入了这个概念，正如他在第一次谈及卡里古拉时，将诸神引入《社会契约论》一样，与诸神一道被引入的是上帝之为命令其畜群的牧人。从提及卡里古拉的这几处可以清楚看出，卢梭并没有把神权政治狭隘为教士统治，而是在广泛的上帝统治的意义上来理解神权政治概念，而这也是约瑟夫斯创造这个概念时所考虑的含义。[65]《社会契约论》是一切形式的神权政制的对立构想。它用人民主权来反对上帝的主权。正如不同形式的政府可以与共和国相容，即与人民主权相容，神权政制，即诉诸上帝的主权，也可以导向不同的政制形式。《社会契约论》[192]在一种自然存在者的契约之上为社会奠基，并坚持政治的权利而反对启示的权威，以此驳斥了所有形式的神权政制，从蒙受神恩的国君制直至教士宗教的僧侣政制。只要《社会契约论》没有被理解为对于神权政制挑战的回应，卢梭这本书的意图就仍然未得到理解。

---

[64] 或者用《社会契约论》中的一个区分来说，就是最为专制的（despotischste）统治。不过，卢梭既没有在《社会契约论》中，也没有在他的其他著作中持守这一区分。参看Ⅲ，10，10（423），参看Ⅰ，2，4（353）和Ⅳ，8，28（467）。

[65] 就我所知，没有任何一位《社会契约论》的编辑者和评论者曾提及神权政制（Theokratie）概念的经典出处。

三

[193]政治的权利要经受其具体的历史情境的考验。卢梭在之前的考察中采用的是创建者的视角，而后，他在《社会契约论》的下半部分才论及对于公民的政治生活而言具有规定性的现实。第三卷和第四卷把目光投向了 loix politiques[政治法]，或通常所谓的国家宪法，这两卷在论证过程中虑及了在 droit politique[政治权利]诸原则的论述中有意忽略的因素：行政力量、政府形式以及 corpus politique[政治体]中的部门和架构。这些因素虽然是从属于主权者或从主权者推导出来的，对于政治的实现来说却并不因此而更少重要性。[66] 事实上，如果社会契约的辩护人一开始真的想竭力证明其展望的合理性，即通过订立契约来创建一种联合，在其中，“当每一个人与所有人联合的时候，就仿佛只是听从他自己，就还和从前一样自由”，那么他就应该不仅把立法者与守法者之间的交互关系置于听众面前，还得立即将政府作为 corps intermédiaire[中介体]引入，这种联合的成员有义务服从政府的决定。这种服从义务不只限于政府，就其使得主权者的法律具备效力而言，这种服从毋宁说明确地延伸到了行政力量的全部规范、措施和手段。可政府强迫服从的权限[194]拒绝被转译成主权者和臣民之间的“同一性关联”，主权者和臣民是同一位公民的两个方面。将政府作为独立体引入，这标识了《社会契约

---

[66] 对于这两卷的共属性，卢梭在目录中已经做了说明，他在其中如此描述了这两卷的内容：“第三卷。所论为何种政治法，即何种政体形式”和“第四卷。续所论为何种政治法，以及人们用何种手段来增强国家的宪法”。（*OCP* 的版本没有照搬卢梭的目录。）

论》的一个转折点。在论文的前半部分，le gouvernement[政府]及 le magistrat[行政官]只是被预告为研究的对象，并且前半部分虽然指向了卢梭使用这个概念的特殊含义，却没有说明这种含义。有关 magistrature[行政]，读者只知道它是一种个别意志的行为并关乎个别材料，以及无论是 magistrature[行政]还是 souveraineté[主权]，都不归 Législateur[立法者]管辖。[67] 卢梭用第三卷的独特开端来强调他对政府的讨论意味着何种转折。第三卷共有十八章，其篇幅为全书之最，并远超其他各卷；卢梭在这一卷之前加上了一个只有一个段落的前言，这段前言强调，gouvernement[政府]这个词的准确含义"还不曾很好地解说过"，也就是说，这个概念尚没有得到恰切的规定——卢梭在前两卷中没有，卢梭的前辈们也没有。第三卷和第一卷一样，都有一个特殊的前言，卢梭为第一卷中的九章加了一个包含三个段落的前言。卢梭由此突出了《社会契约论》中在构想和术语上偏离传统最为明显的两章，这首先表现在主权概念，其次表现在政府概念上。此外，卢梭在第三卷第一章"政府总论"的开篇处向细察深思的读者提出了明确的要求。这个要求在《社会契约论》中独一无二，并构成了一项革新之三重准备中的最后一个环节，这项革新期盼着读者的理解。[68] 卢梭强调，只有人民具有立法的力量，并

---

[67] Ⅱ，4，6（374）；Ⅱ，6，9 及脚注（380）；参看Ⅱ，6，6（379）。Ⅱ，2，1（369）；Ⅱ，6，8（379）；Ⅱ，7，4（382）。

[68] "我提请读者注意：本章必须仔细阅读，对于不能用心的人，我是无法讲清楚的。"Ⅲ，1，1（395）。位于第一章的开篇第一段之前的是前言中的那一段，而位于前言之前的又是第二卷的最后一段，这一段预告了接下来一卷的主题（Ⅱ，12，6），这也是其他各卷所没有的。所有这三段都只有唯一的一句话。

且作为主权者，人民的"所有行为""都只能是法律"，在强调了这一点之后，卢梭引入了政府，政府是用来"联系国家和主权者"的机构和功能，[195]接受主权者的委托而行使公共权力。对 gouvernement[政府]的第一个定义将政府规定为 corps intermédiaire[中介体]，即臣民和主权者之间的中间体和中介体。"这一中介体的成员自称为行政官或者*国王*（Könige），也就是说*执政者*；而这一整个的中介体则称为*君主*（Fürst）。"卢梭的术语表颇有挑衅意味，他从政治现实中拿来通常的概念，为之赋予一种新的含义。"君主"用来称呼政府的整体，而政府远非主权者，它"只是"主权者的"官吏"。君主根据主权者的准则行动并受主权者监督。"国王"所标识的是政府的成员，人民设立了他们且可以重新废除他们。他们"仅仅"是"主权者的官吏"，是被暂时赋予他们的权力的"受托人"。第三卷第1章中对 gouvernement[政府]的第二个定义将政府"或最高行政"规定为"行政权力的合法运用"。对具体事务的决定属于它的权限。因此，卢梭既用 gouvernement[政府]来称呼政府的机体，也用它来称呼政府的权限。在前一种情况下，如果谈论的是个别的统治者，卢梭就用 prince[君主]或 magistrat[行政官]来作为 gouvernement[政府]和 les magistrats[行政官们]的同义词。在第二种情况下，同义词则是 magistrature[行政]，并且，gouvernement[政府]和 magistrature[行政]都严格地区分于它们的对立概念 souveraineté[主权]。[69]

对 gouvernement[政府]的"准确含义"的规定具有多重意涵，这些意涵在第三和第四卷中起着重要作用。（1）将政府定义

---

[69] Ⅲ，2-3（395-396）；参看Ⅱ，6，5（379）。Ⅲ，4-7（396）；参看Ⅲ，2，1-4（400）。

为一种特殊的功能、权限或能力（Kapazität），这使得政治体，并且首先是主权者，可以得到细致的分析。因为这其实是对主权学说的补充和具体化。当主权者以普遍的形式就一个普遍的问题表明立场的时候，所关系到的是一种主权行为。当他就一个特殊的问题做出决定，或做出一种特殊的安排，所关系到的则是一种政府或行政行为了。因为主权者只要将主权行为转让给他者，就会侵害社会契约，[196]使政治体失效，所以，主权者可以而且必须将统治行为委托给一个他自己的机体，这样政治体才能具备行动能力。不过，这并不意味着他必须或哪怕是能够将所有的统治行为转让给这个机体。举例来说——当然，这又不只是一个例子：人民大会通过一种主权行为为共同体确定统治形式，这种确定是一种“政治法”的对象。当同一次人民大会接着在选举中决定统治该委托给哪些人的时候，这样一种决定本身又是一种统治行为——人民大会根据其作为政府的能力而选举出行政力量的委托者。⑳（2）主权与政府的功能差异使得卢梭可以将人民主权学说与各种极不相同的政府形式相结合，可以根据历史情境和具体事态，以巨大的灵活性对待民主制、贵族制、国君制或混合制政府。因此，卢梭可以在一方面根据政治权利诸原则证明民主制（政府掌握在全部人民或绝大多数人手中）、贵族制（政府掌握在少数人或一批精英手中）和国君制（政府掌握在一个国王手中，或如斯巴达掌握在两个国王手中）都是政府的合法形式，而在另一方面，同时又毫不退让地坚持共和国（主权保留在全体人民手

---

⑳ Ⅲ，17，1－5以及7（433－434）。同样，主权者通过法律为自身保留了赦免权，他在具体情况下运用这种权利的时候，是在行使他作为政府的权威。参看Ⅰ，5－5和7（377）。

中）是唯一合法的共同体形式。[71]（3）主权者与政府的功能区分使得卢梭可以清楚地将政府理解为隶属于主权者的机构、机体或机关，同时并不因此而更少强调 corps intermédiaire[中介体]自身的权利。政府的创立并非基于人民和政府之间的一种契约，而是要回溯到主权者的意志和命令，政府的隶属地位由此得到了简明的表现。[197]政府的权利基于法律，并且统治者是基于主权者的决定才获得了他们的职位。一种政府契约或统治契约是与社会契约相冲突的，因为主权不容分割。[72] 主权者要通过委托的方式将行政权限转让给一个特殊的机体，这与以下三点洞见相合。首先，政治体需要一种有效的强制力，来实施法律并确保公民自由的基础；[73] 其次，共同体必需一个机构来持续地处理内外事件，为了掌握共同体的方向，这个机构最好能够在自身中集聚经验、内行、判断力和果敢；最后，行政权限的转让可以保护唯一的权利来源，即保护主权者完成其最本己的功能：volonté générale[公意]该在这个机体中就普遍问题发表看法，这个机体如果持续地就具体问题做决定，就会有被误导或被腐化的危险，因此要确保它免于这种危险。法律不该同于命令，并当在制度上与措施相区别。[74]（4）将政府定义为作为臣民的公民与作为主权者的公民之间的中介体，这开启了对于政府强弱的考察，政府的强弱赖于机体的紧缩或扩散：政府的执行力与统治者的人数成反比，因此，“民主”政府的执行力最差，而“君主”政府的执行力最强。这个原理使得

---

[71] Ⅲ，3，1－5（402－403）。

[72] Ⅲ，1，6（396）；Ⅲ，16，1－7（432－433）。参看本书德文版页158－159。

[73] 参看本书德文版页165。

[74] 参看Ⅲ，4，1－3（404）。

卢梭可以根据版图的大小和人口的多少为共同体赋予不同的政府形式——幅员辽阔的国家需要紧缩的政府，小城邦国则可以承受一个松散的政府——这个原理的根据又在于分析内在于 corps intermédiaire[中介体]的力量，或更准确地说，在其成员中起作用的力量。卢梭在行政官个人当中区分了三种[198]“根本不同的”意志：(1) 以个体利益为方向的 volonté propre de l'indivudu[个人固有的意志]；(2) 仅仅以政府作为一个机体的利益为方向的 volonté commune des magistrats[行政官的共同意志]或 volonté de corps[团体的意志]；以及 (3) 将统治者规定为公民并关乎政治体福祉的 volonté du peuple[人民的意志]或 volonté souveraine[主权的意志]。在“完美的立法”之下，第一种意志应该“毫无地位”，第二种应该是“极其次要的”，因此，第三种意志，即 volonté générale ou souveraine[公意或主权意志]应该“永远是主导的，并且是其他一切意志的唯一规范”。“相反，按照自然的次序，则这些不同的意志越是能集中，就变得越活跃”，也就是说，越是关乎个体这一自然的中心，就会更活跃。于是，volonté générale[公意]“便总是最弱的”，volonté de corps[团体的意志]占第二位，而 volonté particulière[个别意志]则“占一切之中的第一位”：“因此之故，政府中的每个成员都首先是他自己本人，然后才是行政官，再然后才是公民。这种级差与社会秩序所要求的级差直接相反。”就政府这一 corps intermédiaire[中介体]，卢梭诊断出了自然秩序与社会秩序之间的矛盾，显然，这个诊断不只对于政府形式及其与各种共同体的适应性，而且对于全部政治体的考察，都具有非常重大的意义。⑮

---

⑮ Ⅲ，2，5－7（400－401），着重为引者所加。参看Ⅲ，1，17 和 20（398，399）；Ⅲ，10，1 开头（421）；Ⅲ，10，9 脚注末尾（423）。

卢梭对于 gouvernement［政府］两重含义的解说尤为值得注意。这不只是因为其解说对于考察政治体具有广泛的意义，而且因为第三卷的修辞所具备的两种特征与之相关。一方面，卢梭就传统对“最好政府”的谈论展开了不屈不挠的批判；另一方面，他用一些政府来解说他关于“政府形式”的学说，然而，从政治权利诸原则来看，这些政府恰是非法的。对“最好政府”的批判突出了卢梭向政治现实的转向，并为他的一条原则赋予了表达，即“不只是对于不同的人民来说，［199］而且对于不同时代的同一人民来说，好的政府可以是不同的”；这个转向和这条原则又与卢梭努力要确保“立法者的艺术”具备一个尽可能大的构造空间相应。根据自然条件和历史情境来规定政府的恰当形式或强大程度，即 corps intermédiaire［中介体］合适的紧缩或扩张，这被委诸 Législateur［立法者］的判断。⑯ 从第 1 章开始直到第 9 章都在逐步上升的批判，在第三卷第一部分的结尾处达到顶峰，⑰ 在这里，卢梭对最好政府的问题给出了讽刺性的回答，并且提出了一个同样讽刺性的要求，即通过

---

⑯ Ⅲ，1，9（397）。Ⅲ，2，13（402）：“……而立法者的艺术就正是要善于确定这一点：使永远互为反比例的政府的力量与政府的意志，得以结合成为一种最有利于国家的比率。”

⑰ “关于什么是最好的政府形式，在各个时代里，人们曾经有过许多争论，却没有考虑到它们之中的每一种形式在一定情况下都可以是最好的，而在另一种情况下又可以是最坏的。”Ⅲ，3，7（403）；参看Ⅲ，7，3（413）。“如果有人要绝对地提问，哪一种才是最好的政府，那他就是提出一个既无法解答而又无从确定的问题了；或者说——假如我们愿意这样说的话——各民族的绝对的与相对的地位有多少种可能的结合，也就有多少种最好的答案。”Ⅲ，9，1（419）。

人民的数量，根据人民数量的增减，来计算政制的质量。[78] 卢梭对最好政制学说的攻击突出了政治上的现实主义，可读者不该因此忘记，就规范问题，或传统所谓的最好政制问题，《社会契约论》早已做出了回答。卢梭可以在第三卷中以如此巨大的灵活性阐发他关于“政府形式”的学说，[200]是因为第一卷和第二卷已经确定了最重要的东西，此即人民主权和智慧的超宪法地位。卢梭对“各种政府”的研究从一开始就预设了共和国是唯一合法的共同体形式。他引用他所不能称为合法的政府作为例证，这使得他的解说与读者处身的政治现实相关联。卢梭在他自己的术语表和传统的术语表之间来回变换，这同他用前辈们称呼主权者的 Rois[国王]和 Prince[君主]来标识统治者和政府的做法一样，具有同一种批判意义。卢梭在探讨政府之前就发出了警告，他这么做是有道理的。

在卢梭对各种政府的探究中，贵族制这种政府形式位居中心章节。贵族制和国君制的相同之处在于，卢梭只将这两种政府与智慧相联。在贵族制中，这种关联是积极的，在国君制中

---

[78] “假定一切情况都相等，那么一个不靠外来移民、不靠归化、不靠殖民地，而在它的治下公民人数繁殖和增长得最多的政府，就确实无疑是最好的政府。那个在它治下人民减少而凋零的政府，就是最坏的政府。统计学家们，现在就是你们的事了；就请你们来计算，来衡量，来比较吧。”Ⅲ，9，4（420），强调为引者所加。——一方面是赞美公共安稳的“臣民”，另一方面是赞美个体自由的“公民”，这两方面就什么是最好政府的标志争执不下，卢梭在Ⅲ，9 正文中并未就此做出决断；他为这一章附加了一个长篇脚注，在这个脚注的末尾，他明确地诉诸马基雅维利，就此做出了决断：“一点点不安可以给予灵魂以张力，而真真使人类繁荣昌盛的，与其说是和平，不如说是自由。”Ⅲ，9，4 脚注（420）。

则是消极的。贵族制和国君制标识了争执的真正两极。[79] 卢梭区分了三种形式的贵族制，即自然的、基于选举的和继承的。就“自然的”贵族制，卢梭说，它“只适用于纯朴的人民”，这种贵族制并非卢梭在技术意义上所谓的政府，而是一种承认经验及年龄权威的政制，也就是说，善好与传统在这里是被等同的。[80] 在继承的贵族制中，政治权限随着父辈的财产过渡给孩子辈，[201]而没有征询主权者的意见或没有主权者的介入，卢梭将之称为一切合法的政府中“最坏的一种”；相反，基于选举的则是“最好的”：是“真正意义上的贵族制”。与民主制相比，贵族制有着三个重要的优点：（1）立法的力量与执行的力量执掌在不同的人手中，这样，主权者权力的运用就不会与通常的安排和个别决定相混淆。（2）在民主制中，所有的公民天生都是行政官，与之不同，在贵族制中，政府局限于少数人，并且行政官只有通过选举才能获得职位。（3）讨论政府事务的集会更便于举行，相关事宜可以得到更好的解释和更有效的解决，并且“可敬的元老们比起不知名的或者受人轻视的群众来，也更能够维持国家的对外威信”。其中最核心的优点是对统治者

---

[79] “论贵族制”是直接讨论政府的第三卷前半部分九章中的第五章，又是具体论述政府形式的五章中的第三章。第三卷第 3 章：“政府的分类”；第 4 章：“论民主制”；第 5 章：“论贵族制”；第 6 章：“论国君制”；第 7 章：“论混合政府”。有关智慧（sagement gouvernè，les plus sages，l’extrême sagesse）参看Ⅲ，5，5；Ⅲ，5，7；Ⅲ，5，5 脚注（407）和（sage，sagesse，每次都在相反的意义上使用）Ⅲ，6，11（411）；Ⅲ，6，13（412）。

[80] “最初的社会是以贵族制来治理的。各家族的首领们互相讨论公共事务。年轻人服从经验的权威，毫不勉强。因此才有了长老、长者、元老、尊长这些名称。北美洲的野蛮人到今天还在这样治理他们自己，并且治理得非常之好。”Ⅲ，5，2（406）。

的选举，这使得公共职位的分配取决于公众对这些人、他们的能力和德性的尊重，从而使得Législateur[立法者]可以对之加以控制，因为estime publique[公共价值]取决于公民的opinion[意见]，而这正是Législateur[立法者]“所隐秘从事的”事。如果在对统治者的选举中，具有重要性的是正直、洞见、开明和经验，那么这些素质“就会成为智慧统治的附加保证”。第三卷第5章中的magistrats[行政官们]的lumières[洞见]，与卢梭在十章之前引入全书论证的grand Législateur[伟大立法者]的sagesse[智慧]不只有着潜在的关联。卢梭在强调了立法者的艺术之后，在各种政府形式中尤为表彰贵族制，这标识着卢梭的政治理论与古人政治理论的最高接近。[81] 卢梭指出，贵族制[202]比民主制需要“更少一些德性”，可为此贵族制需要另外一些“它本身所特有的德性”。他举出富而有节和贫而知足为例，“因为彻底的平等在这里似乎是不合时宜的，那是连斯巴达也不曾见过的”。卢梭所不曾强调指出的，是贵族制尤为需要智而有节。[82]

初看上去，卢梭对国君制的讨论与对其他政府形式的讨论并无两样。根据第三卷第1至第5章中所使用的术语表，国君制的特殊

---

[81] “总之，最好的而又最自然的秩序，便是让最明智的人来治理群众，只要能确定他们治理群众真是为了群众的利益而不是为了自身的利益。”Ⅲ，5，7（407）。比较Ⅲ，5，5（407）中所列的若公民要“得到智慧的统治”则统治者所需要的优点（la probité，les lumières，l'experience），与Ⅳ，3，8（443）中所列的“一个组织良好的国家中一切公民共有的”特征（le bon-sens，la justice，l'intégrité）。

[82] Ⅲ，5，4（406）；注意Ⅲ，10，3脚注（422）。Ⅲ，5，5-6（406-407）；参看本书德文版页171-172和183-186。Ⅲ，5，9（407）；参看本章脚注81和本书德文版页172-173以及188-189。

之处在于“君主”的法律位格与国君的自然人格合而为一，* “国王们”的集体缩减为一个唯一的国王，或者政府的机体以身体的形式显现。在国君制中，prince[君主]的 volonté de corps[团体的意志]与 magistrat[行政官]的 volonté particulière[特殊意志]是一回事，政府由此达到了力量的顶峰。如果国君的 volonté particulière[特殊意志]能够无需和其他行政官相争，并因此而没有摩擦损耗地运用行政权力，并且 volonté du peuple[人民的意志]占据了支配地位，那么“一切就都朝着同一个目标前进”。可国君制之被视为合法的政府也只到此为止。卢梭紧接着补充说，国君如此高效地操纵国家机器，其目标并不是“公共的福祉”。“国王们想要成为绝对的”。他们不想成为卢梭意义上的“国王”，他们不想成为主权者的“行政官”，他们想要成为主权者本身。第三卷第 6 章所讨论的国君、国王和君主否认了《社会契约论》的主权者。souverain[主权者]因此在“论国君制”一章中没有位置；卢梭因此在这一章区分了 gouvernement monarchique[国君制政府]和 gouvernement républicain[共和制政府]；他因此偏离了这篇论文的术语，将国君制与共和制相对立。[83] 这其实是对君主的批判，卢梭在批判的开头解释了，

---

* [译注]如作者在上文所解释的那样，卢梭有意用“君主”（Fürst）来指称政府整体，用“国王”（König）来指称行政官，而我们通常所理解的一国之君则用 Monarch 来指称，相应地要用“国君制”来译 Monarchie。需要指出的是，这里所谓的国君制与我们通常所谓的君主制完全是一回事，只不过因为卢梭在这个文本中特殊的术语用法，我们才需要做这样的译法区分。

[83] 吉尔丁曾指出，souverain[主权者]一词在卢梭阐述政府形式的所有其他章节中都出现了，唯独在论述国君制的章节中没有出现。见《设计论证：卢梭的〈社会契约论〉》（*Rousseau's* Social Contract: *The Design of the Argument*），Chicago，1983，页 114。有关国君制与共和制的区分，参看Ⅲ，6，5（409）；Ⅲ，6，8（410）；Ⅲ，6，13（412）；进而可注意Ⅲ，8，6（415）；Ⅲ，8，7－8（416）。参看Ⅱ，6，9 脚注（380）。

[203]为什么想要全权统治的国王们不遵循一条原理，即获取人民的爱戴是他们确保统治的最佳手段：绝对君主无法信赖源于臣民之爱的权力，因为这种权力对他来说始终是棘手的，只在某些条件下归他所有，也就是说，他无法凭借可供他支配的手段来控制或强行获得这种权力。源于臣民恐惧的权力却不一样，因为是否让恐怖蔓延或者通过惩罚来获得服从，这全由他来支配。卢梭并没有逐字逐句地复述马基雅维利在《君主论》那个著名章节中的论述，可他明确地将读者指向了“共和党人之书”。在其批判的最后，卢梭又说，他所揭示出来的国君制的现实并未逃过“我们的作家们”的眼睛，可这并没有让他们为难。[84]“他们说，补救的办法就只有毫无怨言地服从。据说上帝震怒时便派遣坏国王降世，所以人们就必须忍受，将其视为上天的惩罚。”卢梭在第一卷第3章批判强者权利的时候，在其批判的结尾处曾援引保罗的话“一切权力都来自上帝”，他现在让人回忆起那句话的政治含义，这句话是通过神学来将非法统治合法化。和第一处一样，他在这里简洁而讽刺性地反驳神学立场。这种立场最著名的代表人之一是加尔文（Jean Calvin）。[85]

---

[84] 卢梭在前面已经反驳了 politiques royaux[王权派政论家们]，他们赋予君主以种种必需的德性，并总是假定“君主真的就是他所应当是的那种样子”。Ⅲ，6，14（412）；参看Ⅰ，7，5（363）。

[85] Ⅲ，6，16（413）；参看本书德文版页155和189－192及本文德文版脚注63。“……神的话语……不仅让我们服从那些正义地行使职权、忠诚地履行义务的君主们的统治，而且也服从那些德行平庸的君主，他们该得到其地位所应得的。因为尽管我们的主表明统治者是他独特的慷慨馈赠，用来保护人类的救赎——即便他命令统治者去做必须做的事情——尽管如此，他同样表明，那些施行统治的人并不是依自身来统治，而是单单从我们的主那

[204]“君主”篡夺主权是第三卷下半部分的一贯主题。卢梭称其为政治体一直面临的危险。不仅国王们想要成为绝对的，政府也在不断地抵制主权。行政权的扩张危害了立法权。在政治体中，没有哪个 volonté de corps[团体的意志]能够与君主的意志相匹敌，“因此迟早有一天，君主最终必定会压倒主权者并毁坏社会契约”。篡夺主权的倾向相当于“那种内在的、不可避免的弊病”，或者那“从政治体一诞生起就在无休止地”摧毁政治体的痼疾，“就像衰老和死亡最后会摧毁人的身体一样”。卢梭绝非偶然地动用衰老与死亡的说法。他不仅谈及政府收缩或浓缩的“自然倾向”，即从民主制过渡到贵族制进而过渡到王政；他还把国家的解体称为政府（无论是全体君主，还是其中的某一个成员）篡夺主权权力的结果，或者把向群氓制、寡头制和暴君制的“蜕化”称为“体制最好的政府的自然而又不可避免的倾向”。没有任何“人类的作品”能够长久地胜过自然，政治无法否定自身的人类学条件。“如果斯巴达和罗马都灭亡了，那么，还有什么国家能够希望亘古长存呢?”对政治权利诸原则的认识使得哲人能够告诉公民，什么可以将公民状态的锁链“合法化”。可恰恰这种认识是与一种洞见相联的，即

里得了统治权。因此，那些只追求公共福祉的统治是我主善意的镜像和标本；另一方面，那些行为不义、运用暴行的统治则是我主因为人民的不义而用来惩罚他的奴隶的。但是，后一种和前一种统治都拥有同样的尊严和威望，我们的主把这种尊严和威望赐给合法的头领。”Jean Calvin：《基督教要义》（*Institution de la Religion Chrestinne*）（1560）。IV，20，25，Jean-Daniel Benoit 编（Paris 1961），页 530，强调为引者所加。

没有任何东西和任何人能够使合法的共同体“永恒存在”。[86][205]Législateur[立法者]着力将个体转变成公民，可他对人类本性的改变是有界限的。即便立法者的艺术也无法阻止 volonté particulière[特殊意志]“不断地”损害 volonté générale[公意]，而且，就像卢梭在不断地着眼作为整全的 corps politique[政治体]来研究 corps intermédiaire[中介体]时所展示的那样，相同的问题既出现在 magistrats[行政官们]身上，也出现在 citoyens[公民们]和 Sujets[臣民们]身上。政治体内在的根本缺陷无法被 Législateur[立法者]排除，这种缺陷只能得到清楚的展示，从而让公民力所能及地采取措施，抵制对主权的篡夺。在“论政治体的死亡”之后，是三章“怎样维持主权权威”（Ⅲ，12－14），这三章与上一卷讨论立法者艺术的三章“论人民”（Ⅱ，8－10）构成了对应，在这三章而且只有在这三章中，卢梭敦促公民们，要维护主权权威，要坚决抵抗对主权权威的任何侵犯，要极为警惕地保护主权权威不受任何缓慢的侵蚀。卢梭之所以如此强调篡夺主权的危险，其最深的原因在于，他将“政治生活的原则”定位于主权权威。公民的存在（Bürgersein）完全赖于主权权威的施展。在保卫人民主权之际，臣民也在维护自己的公民身份。这三章分别论述公民大会的必要性与可能性（Ⅲ，12）、确保定期召集公民大会

---

[86] Ⅰ，1，1（351）和Ⅲ，11，1（424）：“……千万不要梦想使它成为永恒。”参看霍布斯（《利维坦》Ⅱ，30）：“……在人类开始构建不完美且容易蜕变成无序的联合体许久之后，勤勉的沉思或许可以找到能使人类的构建除非遭遇外来暴力否则都能长久持存的理性原则。而这正是我在这本书中所做的事情。至于那些掌握权力而能够运用这些原则的人是注意还是忽略这些原则，就眼下来说，与我个人的兴趣只有微乎其微的关联。”Michael Oakeshott 编（Oxford 1946），页 220。

的制度性预防措施（Ⅲ，13）以及公民大会的有序进行（Ⅲ，14），从而径直深入到了政治生活的核心处。[87]

[206]政治体的中心在公民的主权权威，同理，公民的政治生活的核心在于投身共和国。参与主权和服务国家给予政治生活以内容，从而使得公民可以在政治体的视域中来理解自身，从政治体出发来自我规定，朝向政治体来自我筹划。对于和 moi commun［共我］相认同的公民来说，劳心于 corps politique［政治体］，或者更准确地说，劳心于 corps politique［政治体］的最佳可能性，变成了真正的生活重心。他的认同和他的参与是触动了他又充满着他的同一桩公共事务的两个方面。因此，政治生活和政治体也面临着两种危险。其一，君主对最高权力的篡夺使公民参与变得不可能。其二，是公民介入的萎缩瓦解了对共和国的认同。而这两种危险又交错在一起，所以卢梭在警告对主权权威的篡夺的同时，又在呼吁公民意识（Bürgersinn），从而可以紧接着维护主权的章节对政治生活的没落予以批判，这种没落助长了对主权的篡夺。卢梭用这段话来作为第三卷第 15 章的开篇：

> 一旦公共服务不再成为公民的主要事情，并且公民宁愿掏自己袋里的钱而不愿本人亲身来服务的时候，国家就已经是濒临毁灭了。需要出征作战吗？他们可以出钱雇兵，而自己待在家里。需要去参加议会吗？他们可以推举议员，而自

---

[87] Ⅲ，10，1－3（421）；Ⅲ，10，5－8（422－423）；Ⅲ，11，1－2（424）。"政治生命的原则就在于主权的权威。立法权是国家的心脏，行政权则是国家的大脑，大脑指使各个部分运动起来。大脑可能陷于麻痹，而人依然活着。一个人可以麻木不仁地活着；但是一旦心脏停止了它的机能，则任何动物马上就会死掉。"Ⅲ，11，3（424）。

己待在家里。由于懒惰与金钱的缘故，他们便终于有了可以奴役自己祖国的军人和可以出卖自己祖国的代表。

“论议员或代表”一章从一开始就有挑衅的意味。其中有两句话非常著名：主权不能被代表；只有当共同体“很小”的时候，主权者才有可能维护自己的权利。[88] 第一句话其实只是重复了[207]原理部分说得再清楚不过的道理：主权，volonté générale[公意]，要么在场，要么就不存在。第二句话并非涉及一种确定的信条，而是对一种期待的表达，这种期待为政治智慧的一个原则赋予了效力。[89] 这一章真正的挑衅因素并不在于对代表制本身的批判，而在于对现代世界的价值评价的批判，以及在于通过这种批判而勾勒出来的政治生活的图像。如这一章的开篇所展示的那样，对议员或代表的批判首先是对那些让自己被代表的公民的批判，他们不运用自己作为corps politique[政治体]成员的权利，并想要用金钱来免去自身的义务。批判针对这样一种观念，即认为公民可以通过免去公共任务、服务和活动来赢得自由。批判针

---

[88] “正如主权是不能转让的，同理，主权也是不能代表的；主权在本质上是由公意所构成的，而*意志又是绝不可以代表的*；它只能是同一个意志，或者是另一个意志，而绝不能有什么中间的东西。因此人民的议员就不是也不可能是人民的代表，*他们只不过是人民的办事员罢了；他们并不能作出任何肯定的决定*。凡是不曾为人民所亲自批准的法律，都是无效的；那根本就不是法律。”Ⅲ，15，5（429－430），强调为引者所加。“仔细考察了一切之后，我认为除非是城邦非常之小，否则，主权者今后便不可能在我们中间继续行使他自己的权利。”Ⅲ，15，12（431）。

[89] 注意第三卷第12章和第四卷第4章中对罗马人民大会的强烈提示和深入阐发，并参看本书德文版第184－185页。十年之后，在《关于波兰政体的思考》中，卢梭论述了如何根据政治权利诸原则为这个欧洲面积最大的国家实施改革。

对的是公民生存的贫瘠化和碎片化。卢梭的挑衅象征性地表现在他对劳役的赞美中，劳役比租税更不违反自由，也表现在他对现代价值观的攻击中，现代人把商业、金钱和财务看得太重要了。

> 钱财这个字眼是奴隶的字眼；在城邦里是不知道有这个字眼的。在一个真正自由的国家里，一切都是公民亲手来做，没有任何事情是要用钱的。他们绝非花钱来免除自己的义务，反而是花钱来亲身履行自己的义务。

突出意义上的公民，区别于 bourgeois［市民］的 citoyen［公民］，[90]以共同体的事务为己任。他［208］不是逃避，而是积极地寻求公共事务。"共同幸福"是他自身幸福的一个本质部分。他找到了自身，他在介入共和国的时候实现了他的 amour de soi［自爱］和 amour－propre［自恋］。[91] 卢梭通过回溯到自然来质疑政治理想主义，其中所包含的挑衅意味还要超过在政治生活的陈述中所包含的挑衅。因为这一章的高潮在一个戏剧性场景所包含的要素中，卢梭对政治生活的哲学上的保留在这个要素中得到了体现。卢梭指向希腊人，在希腊人当中，人民"不断地"在广场上集会，从

---

[90] 卢梭在《爱弥儿》中引入了 citoyen［公民］和 bourgeois［市民］这对政治—哲学区分，《爱弥儿》和《社会契约论》是同时发表的。参 I，页 249－250。

[91] "国家的体制愈良好，则在公民的精神里，公共的事情也就愈重于私人的事情。私人的事情甚至于会大大减少，因为整个的公共幸福就构成了很大一部分个人幸福，所以很少还有什么事要个人再费心去寻求……只要有人谈到国家大事时说，这和我有什么相干，我们就可以料定国家算是快完了。"Ⅲ，15，3（429）。参看本书德文版页 169－170，并参看《论哲学生活的幸福》，页 161－163。

而亲力亲为一切人民所需要做的事情。他们之所务乃是自由。不过，他们的自由是有条件的，他们有着温和的气候，即一种不为他们所控制的条件，他们还有不自由的奴隶为他们劳动，奴隶的不自由是他们自由的条件。紧接着希腊人的例子，卢梭呼喊道："什么！难道自由唯有依靠奴隶才能维持吗？也许是的。两个极端碰到了一起。凡是自然界中根本就不存在的事物都会有其不便，而文明社会比起其他一切来就更加如此。"卢梭接着转向现代的人民，补充说道："你们没有奴隶，然而你们自己就是奴隶；你们以你们自己的自由偿付了他们的自由。你们曾大肆夸耀你们的这种偏好，然而我发现其中却是怯懦更多于人道。"[92]

[209]出于怯懦的奴隶究竟是怎么回事，奴役的精神从何而来并最终混入现代人当中，直到第四卷的最后倒数第二章，卢梭才谈论及此。相反，第三卷清楚地强调了政治生活的界限。对 corps intermédiaire[中介体]的分析，以及严格意义上的 citoyen[公民]的图像，让人清楚地看到中介体所要遭受的习俗强制，看到内在于公民的幻念的力量。因此，这一卷不仅阐明了公民状态无可逃

---

[92] Ⅲ，15，1（428－429）。Ⅲ，15，2（429）；有关对劳役的赞颂此外还可参看《科西嘉宪法草案》，前揭，页930和932，以及《关于波兰政体的思考》，Ⅸ，5和10，前揭，页1006，1009。Ⅲ，15，9－10（430－431）；参看《山中来信》，Ⅸ，45，前揭，页881："古代人民不再是现代人民的榜样；无论从哪个角度来看，古代人民对于现代人民来说都太过陌生了。尤其是你们，日内瓦人啊，要保护你们的位置……你们是商人、手工艺人和市民，你们总是忙于私利，忙于你们的工作、交往和盈利；你们这些人啊，对于你们来说，自由本身无非是一个工具，使你们可以无障碍地获取并安全地占有。"

脱的锁链，因为公民状态“不是自然的”，[93] 而且还重新拾起并继续展开第二卷下半部分的论述，进一步明确断言，锁链并不是在任何时间和任何地方都可以被“合法化”的——政治自由“并不是所有国家的人民都能够有的”。政治体无法摆脱自然条件和社会前提，这些前提条件不是处处都有、时时都可达到的。如果说读者在第二卷中领会到，在当时的欧洲几乎没有哪个国家能够获得一种《社会契约论》意义上的制度，那么，他在第三卷中还会看到，只有“极少数国家”拥有法律，而且即便在有法律的地方，也就是说，即便在成功地建立了政治体的地方，这种政治体也从一出生就已经携带着死亡的萌芽。只有在主权权威完好无损的政治体中，或者换言之，只有在人民能够施展主权权威的政治体中，才有合乎政治权利诸原则的法律。因为法律是 volonté générale［公意］的行为，就是说 volonté générale［公意］不但在其中得到了表达，而且还是不断地得到表达。法律具有效力，是因为 volonté générale［公意］虽然能够却没有改变或取消法律。[94] ［210］对主权的篡夺因此而切中了合法共同体的要害。并且，卢梭既然将政治体的根本缺陷最终归结为自然秩序和社会秩序之间的一种必然矛盾，《社会契约论》篇幅最长的一章就比其他各章都更契合于卢梭所引的那句贺拉斯的话，根据那句话，自然最终赢得了对于艺术作品的胜利。

---

[93] 第三卷第 15 章的戏剧性高潮是卢梭就 société civile［公民社会］所说的话，这段话兼顾到社会契约的辩护者在第一卷第 8 章“论社会状态”中所做的赞颂。这段话的表述使得读者往往很愿意忽略其中所包含的一个决定性的限定：“……若不是对新处境［即社会状态］的滥用使他往往堕落得比原来的出发点［即自然状态］更糟的话，他［即人类］一定会对那个幸福的时刻感恩不尽的……”I，8，1（364），强调为引者所加。

[94] Ⅲ，8，1（414）；Ⅲ，15，8（430）；参看Ⅱ，10，5（391）和Ⅱ，10，6（391）。Ⅲ，11，3－5（424－425）。

四

[211]政治的界限在《社会契约论》第二和第三卷中得到了超政治的和政治的规定，第四卷又从历史的角度对之做了考察。卢梭回溯到先于政治体并超越政治体的自然，研究了影响着政治体内在架构的必然性，又在论文的最后附带讨论了历史上最常与政治体相抵触的权力。和对政治权利的辩护一样，对政治之限度的考察也以论述宗教的一章为遁点，《社会契约论》所有重要的论证线索和行文脉络都汇聚在这一章当中。不过，在卢梭在倒数第二章第一次具名提到神权政治和基督教之前，第四卷已经以独特的方式转向了历史。以罗马制度为论题的四章构成了这一卷的主要部分，它们分别论及人民大会（IV，4）、保民官制（IV，5）、独裁制（IV，6）和监察官制（IV，7）。卢梭之所以如此侧重这些罗马制度，有两点原因。首先，可以通过这些制度来展示一个前基督教的共同体的政治秩序，并为陈述基督教所意味的历史转折（IV，8）做好准备。其次，对“地上最自由也最强大的人民”的制度所进行的解说可以让读者看到，政治权利诸原则能够如何被解释，必须如何被运用，这样，一个政治体才能在一段时间中存在。[95]

---

[95] IV，4，2（444）。有评论者认为，第四卷4到7章是或多或少可以忽视的，或者认为卢梭写这几章只是为了充数，是为了让第四卷和前三卷的规模相当，这些评论者们没有认识到这四章的上述两个重要功能。笔者虽然在这里出于篇幅的考虑——像某些其他论者一样——简洁地处理了卢梭对罗马制度的讨论，却意识到，它们对于狭义上的卢梭的政治学说具有重要意义。这种分析和卢梭对日内瓦、科西嘉和波兰的共同体所做的深入分析一道，共同构成了卢梭狭义上的政治学说。

[212]卢梭通过第四卷4－8章又把线索引回第二卷的下半部分，在那里，卢梭以立法者的艺术为论题，并首次将目光转向政治权利诸原则可能或不可能实现的前提。这几乎适用于全部第四卷，因为即便第四卷1－3章，也是在讨论与原则的体现相关联的历史条件，以及实施这些原则时所要注意的准则。第四卷与第二卷相连，只不过，重心已经从创建问题转移到了维护合法共同体的困难，而合法的共同体只有在第三卷中，随着政府的引入，才获得了行动能力。位于第二卷和第四卷之间的，是对政治体的构造和解构，对其生命与死亡的描述，对其持久危险的解剖和诊断，这种危险就是主权力量可能遭到篡夺。最后一卷的前几章（IV，1－3）又一次强调了原则部分的核心概念，这是非常合乎逻辑的。卢梭以否定的方式来澄清，他用历史上的失误来说明问题，他通过展望公意最终的“沉默”来强调 volonté générale[公意]要得到表达并展现其“一切特征”所需要的必要条件。现在，通过 Souverain[主权者]、Législateur[立法者]和 Gouvernement[政府]之间的三角关系，共同体的图像已经得到完整的刻画，其被摧毁的危险也已经被点明，因此，合法秩序的必要条件也一清二楚了，此即公民在 comme citoyens[公共之民]的人民大会上投票，作为 corps politique[政治体]的一员，他们的行为要以 bien publique[公共之善]为目标。[96] 可是，公民的意志如何能够朝向政治体的善好，以使这种意志达到其目标呢？这个问题在原理部分的末尾呼唤出了 Législateur[立法者]（Ⅱ，6）。在第四卷的开头，卢梭让读者注意到，关系、习俗和[213]公民的纯朴本身可以做到在其他

---

[96] IV，1，4－6（438）；IV，2，9（441）；IV，3，8（443）。参看本书德文版页165－169。

历史条件下必须由立法者的智慧创造的东西：意志与判断的结合。只要“内心的社会联系”完好无损，政治要求一目了然，“公共福利到处都明白确切地表现出来”，就只需要“很少的法律”，并且立法都取得巨大的一致。显然，simplicité［纯朴］代表了 sagesse［智慧］。[97] 可纯朴的状态是脆弱的，并且纯朴并不知道如何改善自身，所以，读者该在《社会契约论》结尾一卷的开篇处，在对纯朴的赞颂中看到对二次纯朴的提示，这种二次纯朴奠基于立法者的艺术、政治家的知识和哲人的认识，由制度为其提供可能性，由信仰来承载，通过教育来建立。

在《社会契约论》中，政治明智的准则对政治权利的原则有补充之用，在第四卷中，政治明智的准则比在之前各卷都占据了更大的篇幅。与诉诸普遍性的原则不同，准则要适应各种特殊的情况。准则饱含着经验，着眼于具体的情境和实践上的功用。在公民的代言人陈述完政治权利诸原则，智慧在第二卷第七章成为论题之后，政治明智的准则才第一次得到表达。卢梭把“政治的健康准则”与“国家利益的根本规则”相提并论，而没有在这里进一步说明两者中的任何一个。不过，在论述立法的章节中（Ⅱ，7－12），不难看出，原则所奠定的人民权利虽然任何时候都可以改变法律，“甚至是最好的法律”，却遇上了一条准则，这条准则要求尽可能少地改变法律，以使法律不会减损其力量。事实上，卢梭在接下来一章通过一个最著名的改变法律的案例，说明了一项确实的权利和一条政治准则之间的差异。在第三卷第18章中，他再一次强调，主权者只要愿意，任何时候都可以改变政府的形式，即改变相应的政治法，可他紧接着又补充说，此类改

---

[97] Ⅳ，1，1－3（436－437）。

变始终是危险的：[214]“只要既存秩序与公共福祉没有冲突到无法协调的地步，就永远不要去改变；不过，这种谨慎是政治的一条准则，而非权利的规则。”准则的首要说话对象是潜在的政治家。在第四卷中，卢梭就一个组织良好的共同体的制度为他们准备了丰富的直观材料。他和马基雅维利一样，选择了罗马共和国来作为传达其观点的最重要的例证。“论罗马公民大会”是论述罗马的第一个章节，照段落数来算，这是全书篇幅最长的章节，在这一章之前，卢梭预先评注说，接下来的历史性考察“也许会更清楚地阐明”“所有的准则”，而这些准则是他通过人民大会上的投票与计票方式本也可以提出的。换言之，他让读者自己来总结出主权机构的准则。并且，他毫不犹豫地亲口断定，对人民大会的历史性解说以 lecteur judicieux[慎思明辨的读者]为对象，正如他开始对政府进行理论解说的时候断定这种解说要求 lecteur judicieux[仔细的读者]一样。[98] 慎思明辨的读者会从对于按照库里亚、百人团和部族来召开的公民大会的复杂讨论中辨识出，卢梭给予政治家的实践理性在实施原则的时候以多么大的运作空间。他尤其会从中发现，卢梭并没有把政治秩序的合法性系于平等的投票，而是系于公民大会投票时对所有公民的顾及。他会留心对于“混合政府”的赞颂，对平衡政治参与者和社会力量的建议。制度要适应政治体的状况，比如在腐败特别严重的时候就该进行

[98] Ⅱ，7，9（383）；Ⅲ，18，3（435）；Ⅳ，3，10（443）和Ⅲ，1，1（395）。有关政治准则，进一步可参看Ⅱ，8，4（385）；Ⅱ，9，2（387）；Ⅱ，11，4（393）；Ⅲ，6，5（409）；Ⅲ，6，13（412）；Ⅳ，1，1（437）；Ⅳ，2，4（440）；Ⅳ，2，11（441）；Ⅳ，3，7（443）；Ⅳ，4，2（444）；Ⅳ，4，10（446）；Ⅳ，4，36（453）。

不公开的投票，这些也不会被明辨的读者所忽略。[99] 此外，细心的读者还会发现一系列要点，这些要点仿佛是历史性考察[215]顺带留给人来思考的：从暴力、战争和军事在罗马政治秩序起源处被赋予的角色；到提示我们，最自由也最强大的人民的创建不是归功于一个 sage instituteur[智慧的创制者]，而是要回溯到两个或多个创制者；再到这一章的重心强调古人礼法胜过现代人的礼法；最后到挑战“西塞罗的权威”，批判罗马最具盛名的哲人，并接着在两章之后尖锐地批判政治家。[100] 卢梭接着公民大会继续讨论的三种制度都不是政治权利诸原则所要求的，而是政治明智的准则所促发的。与 Souverain[主权者]和 Gouvernement[政府]不同的是，这三种制度对于 corps politique[政治体]来说并不具有建构性，可它们又不像 Législateur[立法者]那样是超越制度的。它们毋宁说是制度的一部分，也就是说，它们处于主权者的法律规

---

[99] Ⅳ，4，21（449）；Ⅳ，4，25（450）和Ⅳ，4，32（451－452）；Ⅳ，4，35－36（452－453）。

[100] Ⅳ，4，3－4（444－445），Ⅳ，4，5（445－446），Ⅳ，4，14（447）；Ⅳ，4，19（448）；Ⅳ，4，36（452－453），参看Ⅳ，6，10（457－458）。在Ⅳ，4（444）的第一个脚注中，卢梭指向了暴力与礼法的二元性，这种二元性对于罗马的起源来说具有标志性：“罗马的名字据说是源于罗慕路斯（Romulus），是希腊语，意为强大；另一个名字努玛（Numa）也是希腊语，意为法律。这个城邦的两个国王起先就有着与他们的行为紧密相关的名字，这可能性有多大呢？”（参看《关于波兰政体的思考》Ⅱ，6，前揭，页957－958。）卢梭为《社会契约论》所选择的题辞也指向了暴力与礼法的这同一种二元性，要注意到这一点，读者需要在维吉尔那里查证这句源于《埃涅阿斯》的话——foederis aequas / Dicamus leges[让我们宣布一项契约的恰切规定（或法律）吧]，并考虑这个订立合约的要求所处语境以及是谁说出了这个要求。《埃涅阿斯》XI，321－322；参看 Roger D. Masters，《卢梭的政治哲学》（*The Political Philosophy of Rousseau*），Princeton 1968，页302。

范之下。与人民大会不同的是，它们并不具有立法权，然而，和 Législateur[立法者]不同的是，它们又通过一种行政行为来实现它们的功能。Tribunat[保民官制]、Dictature[独裁制]和 Censure[监察官制]的共同点在于，它们要给 Législateur[立法者]所体现的问题一个答案。它们关乎洞见对于共同体的不可或缺，洞见的无法被规格化，并且它们正是在制度上考虑这些的不同尝试。智慧在第二卷中所承担的使命中的一部分，在这里获得了次好的解决。[216]保民官制当是在政府和人民之间起沟通作用的独立机关，对两方面都能起节制作用。作为法律的最高护卫，保民官的职责是要维护政治秩序。他受托去阻止政府对主权权力的篡夺，同时也防止主权者过于匆忙地改变法律。独裁制所应对的是法律的僵化，是对例外进行普遍规范的不可能性，是立法者对非常事件和非常状况必定有所局限的预料。作为极其临时性的手段，独裁制的作用是在极其危险的时刻，能够保卫公共安全和国家的完整。当国家的生存受到直接威胁的时候，出于防卫的必要，独裁者有权在短时间内“让”法律“沉默”片刻、搁置主权权威，因为“在这种情况下，公意是无可怀疑的”。监察官制当代表 Jugement publique[公共判断]发声，同时也恰以此来控制这种判断。监察官的职责是维护习俗，培育风尚，强化公共舆论的权威。监察官所要监管的是共同体的生命要素，是公民的价值判断，荣誉、尊严和承认的概念，美好与高贵的观念。[101] 显然，这三种制度为“更高智识”的现时洞见提供了并不充分的替代物。这些制度所配备的权限掌握在官员手中，而官员们的判断力及其他

---

[101] IV，5，1－3（451－454）；IV，6，1－4（455－456）；IV，7，1－6（458－459）。

能力和特征有着显著的差异。为了限制保民官的权力，卢梭建议为保民官制设定职能区间。而独裁制只能是一种极为短暂的托管，绝不能延长其时限。监察官制则不能使用任何的强制措施。[102] Tribunat[保民官制]、Dictature[独裁制]和Censure[监察官制]是作为部分的替代物而被构想的，作为部分的替代物，它们回指向了Législateur[立法者]。事实上，没有哪一章比论述监察官制的这一章更有力地让人回想起Législateur[立法者]，这一章[217]结束了对罗马制度的考察，紧接着的是对Religion civile[公民宗教]的研究。[103]

“论公民宗教”是《社会契约论》中最长的一章，也是在“论立法者”之外最为精心构造的一章。这一章不只是要完成权利的原则和政治的准则对历史现实的面对。这一章引入了神权政治的反概念，这个反概念在政治上描绘了并在哲学上规定了人民主权构想的意义，因此，这一章包含着一个未被明言的要求，即要求读者从结尾出发来对全文作一整体的思考。[104] 如果卢梭的意图只在于根据政治权利诸原则来安排宗教，那么最

---

[102] IV，5，7（455）；IV，6，10（458）；IV，7，7-8（459）。

[103] “……公共的意见就是一种法律，监察官就是这种法律的执行者……”“只要矫正人们的意见，他们的风尚自然也就会纯正。人们总是爱好美好的事物，或者说，爱好他们所认为是美好的事物；然而正是在这种判断上，人们会犯错误；因此，正是这种判断需要加以规范。评判风尚的人就是在评判荣誉，而评判荣誉的人则是从公共意见里得出他的法则。”“一个民族的各种意见是从它的体制里诞生出来的。虽然法律并不能规范风尚，但是使风尚得以诞生的却是立法。立法工作薄弱的时候，风尚也就退化；而这时候，监察官的判断也不能做出法律的力量所不曾做出过的事情。”IV，7，1、3和4（458-459）。注意Ⅱ，6，10（380）和Ⅱ，12，5（394），并参看本书德文版页169，171-172，182-184。

[104] 参看本书德文版页188-192。

后五段或这一章的第三部分就已经足够了。这样一种安排尤其可以在第一卷的下半部分，或第二卷的上半部分，无论如何可以在第二卷第7章之前，已经成功达到。然而，第四卷第8章所要做的不只是法律上的规范（第三部分，段落31－35），在此之外还有类型学（第二部分，段落15－30），并且首先是政治与宗教关系的谱系学（第一部分A，段落1－7：基督教之前；第一部分B，段落8－14：基督教之后），同时，在三部分中的每一部，位于中心的都是与基督教的对峙，而卢梭在此之前从未具名地提及基督教。从政治社会的开端一直到当代的基督教对于政治体所意味的问题，“论公民宗教”的涵盖之广，在所有章节中是独一无二的。它把社会契约置入最宽广的历史视角。对政治与宗教的再次探讨联系着第二卷第7章中所勾勒的启示宗教的政治谱系学。[105]［218］开篇回溯到启示宗教之前，并通过诉诸原初的诸神统治，填补了卢梭七年前以人类学方式重构人类发展时保持开放的一个空缺：“起初，人类除了诸神之外并没有别的国王，除了神权政体之外就没有别的政府。”《论不平等》几乎以全然的沉默略过了诸神，现在，诸神的政治用处从一开始就受到关注：诸神通过它们所裁决的秩序提升了人类的社会性。它们在人民的兴起中有着协助之功，各国人民在自己的神的统治之下联成一体，借着所敬拜的神重新互相辨认，并通过自己的神与其他人民相区分。并且，人们可以通过基于诸神的权威，

---

[105] 参看Ⅱ，7，10－12（383－384）和本书德文版页179－180。在初版中，卢梭在“论立法者”章手稿背面写下了后来的第四卷第8章的初稿（Bachofen，Bernardi和Olivo版本，页93－107）。

作为主人登场，要求服从，找到信仰。[106] 因此，从社会契约的角度来看，诸神现出了一种雅努斯的面孔：它们为奠定政治体的习俗创造了历史前提，可它们也为一种与政治体相反对的非法统治赋予了权力。[107]

直到基督教兴起之前，政治和宗教一直保持着统一。“每一个政治社会的头上都奉有一个神”，所以，“有多少民族就有多少神”。多神论有着政治上的根据。它对应着政治社会的聚集与分离的必然性。诸神由诗人所创造，由立法者编纂成典。诸神与法律同在，那些法律确定了[219]对于诸神的崇拜，由此规定了诸神的存在。政治与宗教的一体使得各国人民之间的战争变成了诸神间的战争。战争既是政治的，同时也是神学的。卢梭强调，在这种战争中，人并不为神而战，相反“正像荷马的书中所说，倒是神在为人而作战；每一方都向自己的神祈求胜利，并且要偿付给神以新的祭坛”。诸神是 Etres chimériques［吐火女妖式的存在者］，它们之间并没有什么共同性，它们的权力所能达到的范围是那些敬拜它们的民族的疆界。“一国人民的神对于其他国家的人民并没有任何权利。异教徒的诸神并不是嫉妒的神，它们彼此间互相划分了对于世界的统治。”以这番描述为背景，摩西的立法所引入的革新登场了。虽然“甚至摩西和希伯来人民有时”也

---

[106] “他们所做的，正是卡里古拉所想的；而在当时，他们的想法是对的。必须经过一个长时期的感情上与思想上的变化之后，人们才会决定以自己的同类作为自己的主人，并且还自诩这样做会有好处。”IV，8，1（460）。参看《爱弥儿》IV，页646：“所有的习俗都以神圣的面目示人，这样就不会被侵犯；在权力被建立之前，诸神是人类的长官。”

[107] 参看《论不平等》，前揭，第二部分，页246和《导论》，前揭，页XLIV－XLVⅡ；以及《萨瓦代理本堂神父的信仰自白》，前揭，脚注18，8，页634和《论哲学生活的幸福》，前揭，页422。

采取诸神和睦共存的观念，但以色列的上帝是一位好嫉妒的神。摩西将人民的政治认同建立在一种宗教法律之上，这种宗教法律作为一位独一真神的法律，与所有其他神祇的法律相抵触，并且无论人民是被战胜、被奴役，还是被驱散，都要将其保持为人民。[108] 卢梭并未忽视，希腊人以他们自己的方式偏离了起初所发现的神学—政治全等，因为他们在各个城邦的政治差异之上架设了泛希腊的诸神，并试图在其他人民那里重新发现泛希腊诸神，以此来主张自己对于野蛮人的主权。卢梭还强调，罗马人在建立帝国的时候也满足于让他们的诸神占据高位，而让被战胜人民的诸神继续存在，并常常将这些神祇纳入他们自己的诸神队伍。罗马帝国的扩张所带来的结果，是一系列的神及其崇拜在罗马的领导下最终汇聚成“异教”，成了当时已知世界的“独一无二的宗教”。起初的多神论和后来的多神论的共同点，是政治的优先性。[109] [220]希腊人与罗马人的独特之处，以及犹太人区别于他们的革新，使得卢梭可以在谱系学部分的中心将基督教尖锐地区别于希腊人、犹太人和罗马人的共同点。在罗马帝国所创造的条件之下，耶稣——在《社会契约论》中只有这一次提及耶稣的名字——在地上建立了一个“精神王国”。这个国度的建立“划分开了神学的体系和政治的体系，从而使国家不再成为一元的，并

---

[108] IV，8，2－6（460－461），强调为引者所加。参看Ⅱ，7，11（384）以及《关于波兰政体的思考》中对于立法者摩西的论述，Ⅱ，2－4，页956－957。

[109] IV，8，3和6（460，461－462）。在罗马，宗教不只是向外扩张权力的工具，而且同样也是对内维系权力的手段，有关于此，卢梭在分析人民大会和元老院政治的时候有所按察。见IV，4，22－23（449）；参看IV，4，38（453）。

且造成了那种永远不断地在激荡着基督教各个民族的内部分裂”。“另一个世界的王国的那种新观念”不仅摧毁了共同体的统一性——希腊人和罗马人在政治上，犹太人在宗教上都达到了共同体的这种统一性；当观念获得了物质的形态，当体现这种观念的制度具备了必要的手段，“我们便看到，这个所谓的另一个世界的王国，在一个有形的首领之下，竟然变成了这个世界上最狂暴的专制主义”。在《社会契约论》中，只有教会的统治才受到如此不友好的刻画，教会的首领是耶稣在地上的代表，教会的权利和权力基于上帝的权威。[110] 对历史发展的进一步分析完全处于精神统治与政治统治之二元论的标志之下。这种双重统治导致了“一种法理上的永恒冲突，这就使得基督教的国家里不可能有任何良好的政体”。卢梭补充说，人们永远也无从知道，在 maître［主子］与 prêtre［教士］之间，究竟应当服从哪一个。卢梭借此以极简略的笔触说明了对于现代人来说主权问题何以成为核心的政治问题，而在古人那里却并非如此。卢梭在这里用 maître［主子］代替了 prince［君主］，通过准确地措辞，他同时指出，基督教为一种双重的非法统治赋予了权力。基督徒共和国的两只臂膀，无论是蒙受神恩的君主国还是教皇统治的教会，都是专制的一个部分，［221］都与合法的政治体不能相容；在类型学中，卢梭将基督徒共和国称为一种自相矛盾的概念。所有重建“古代体系”的努力，即在和宗教的关系中长久地确保政治的优先性，到那时为止都没有成功：l’es-

---

[110] IV，8，8－9（462）。专制主义（Despotisme）在《社会契约论》中共出现了八次。只还有另外一处用来称呼具体的机构或人，那里是在称呼皇帝提贝留斯（Tiberius）：Ⅲ，10，3 脚注（422）。可只有在 IV，8，9 才用了 le plus violent despotisme［最狂暴的专制主义］这样的措辞。

prit du christianisme a tout gagné［基督教的精神到处都获得了胜利］。[111] 英格兰的国王和俄罗斯的沙皇自立为国家教会的首领，可他们也没能打破教士的决定性权力。[112]“哲人霍布斯”“正确地看到了这种弊病并敢于提出补救的方法”，“他竟敢于提议把鹰的两个头重新结合在一起，并将一切都重引回政治统一体”，然而他也应该看到，“基督教的统治精神和他的体系是不能相容的，而且教士的利益永远要比国家的利益更加强大”。卢梭为培尔（Pierre Bayle）和华伯登（William Warburton）之间的争论作了仲裁，他用这个仲裁来结束历史性的回顾。卢梭反对现代哲人，主张没有一个国家是不以宗教为基础便能建立起来的。可他也反对英国圣公会的主教，认为基督教的法律归根结底有害于而不是有利于国家的坚强体制。[113] 基督教是现代政治的问题所在。

［222］为了澄清问题，卢梭将三种宗教类型引入了讨论，他也

---

[111] IV，8，11（462）。在各种最终失败的重建尝试中，卢梭首先提到穆罕默德。穆罕默德返回到摩西的革新，试图通过神圣的法律，即通过唯一真神那涵盖一切生活领域，囊括了政治、宗教和道德的唯一法律来为政治统一体奠基。然而，他又效仿基督教，为法律提出一种普遍的诉求。法律是为人民颁布的，可宗教却脱离了人民，在帝国兴衰的道路上变得独立了——“与国家的机体没有必然的联系了”。

[112] “圣餐仪式和逐出教会是教士的社会契约，教士通过这种契约而保持为各国人民和国王的主人。所有一同领受圣餐的教士都是同胞，无论他们来自地球的哪个角落。这个发明是政治上的杰作。在异教的祭司那里没有类似的东西，他们因此也从未构成一种‘教士’的团体。”IV，8，12 脚注（463）。参考IV，8，34 脚注（469）。

[113] IV，8，13 和 14（463－464）。参看本章脚注 47。在初版中，论述宗教一章的开篇是这样说的：“一旦人们进入政治社会而生活时，他们就必须有一个宗教，把自己维系在其中。没有一个民族曾经是，或者将会是没有宗教而持续下去的。即便它不曾被赋予一个宗教，它也会为自己制造出一个宗教来，否则它很快就会灭亡。”（页 336）参看本章脚注 105。

由此展开了政治和宗教关系的类型学区分。他把 Religion de l'homme[人类的宗教]刻画为“没有庙宇，没有祭坛，没有仪式，只限于对至高无上的上帝发自纯粹内心的崇拜”，他将之称为“纯粹而又朴素的福音宗教”或“真正的有神论”。相反，Religion du Citoyen[公民的宗教]在理想类型的意义上只适用于“一个唯一的国家”，“它规定了这个国家自己的诸神、这个国家特有的守护神”；它有“自己的教条、自己的教仪、自己法定的崇拜表现”，“它把人类的权利和义务仅仅伸张到和它的神坛一样远”。最后，Religion du Prêtre[教士的宗教]比其他两种宗教都“更可怪”，它使人们屈服于“相互矛盾的义务”，因为它给人以“两套立法、两个首领、两个祖国”，并因此阻碍人们“能够既是虔信者又是公民”。卢梭举喇嘛教、日本人的宗教和罗马基督教为这第三种宗教的例子，“从政治的角度来看”，卢梭将其归类为“坏得如此显著”，连证明都不需要了。可在事实上，他已经用了谱系学部分的下半部分来证明这一点，并且他在结束“教士的宗教”讨论时所下的判断绝不只适用于“罗马基督教”，而且适用于事实上存在的全部基督教或基督教整体，基督教将信仰之服从的生活对立于政治生活，此判断如下：“凡是破坏社会统一的，都是毫无价值的；凡是使人们陷于自相矛盾的制度，也是毫无价值的。”[114]“公民的宗教”将人整个地塑造成公民，就此而言，它不会使人们陷于自相矛盾。它把对神明的崇拜与对法律的热爱结合在一起；它让公民准备着为国家献身；它教育公民把为国效力理解成为国家的守护神效力。卢梭说，这是“一种神权政体”，在这种神权政体下，“除了君主之外绝不能有任何别的

---

[114] Ⅳ，8，15－17（464）。

教主”，“除了行政官之外也绝不能有任何别的教士”，因此，这恰是真正意义上的神权政制的反面画像。然而，“公民的宗教”是建立在谬误和谎言的基础之上的，它因此而欺骗了人们，使人[223]迷信，并把对神明的崇拜沦为空洞的仪式。这种宗教还具有排他性，它把公民变得“嗜血和不宽容”，“从而它就唯有靠谋害和屠杀才能够活下去；而且还相信杀死一个不信奉它那种神的人，也就是做了一件神圣的行为”。这种宗教也由此证明自己对于这样一种人民的安全是“非常有害的”，因为它将人民置于“与其他所有人民的天然的战争状态”。卢梭极尽修辞之能事，让人无从怀疑，返回政治与神学之全等的道路，返回守护共同体福祉、为共同体而争执并因此而受敬拜的诸神的道路已经被阻隔。[115] 城邦的诸神是局部的，扎根于此岸的，它们既无法与基督教的彼岸上帝相比，也无法经受后者普遍的真理诉求。它们被战胜和超越了。它们死了，因为它们已经不再可信。Religion du Citoyen[公民的宗教]随之衰亡了。这种宗教的基础是一种谎言，而一旦谎言被揭穿，这种宗教也就失去效力了。

Religion du l’ homme[人类的宗教]看来是一种纯粹道德范围内的宗教。卢梭引入人类宗教时所做的规定，让人联想起萨瓦代

---

[115] 读者如果将IV，8，18－19（464－465）中有关类型学的话与谱系学中对“所有初民的宗教”，尤其是对希腊人和罗马人宗教的描述相比较，就不难看出，对Religion du Citoyen[公民的宗教]的刻画是有所夸张的。首先是论述其破坏性的惊人之语，这些话与之前的说明显然相悖：“异教徒的神绝不是嫉妒的神，他们彼此间互相划分了整个世界”；在谱系学中，只有插入其中的有关摩西及其人民的评论与此相应：“的确，他们把那个被驱逐的、注定了要毁灭的，并且其土地还应该由他们来占领的民族——即迦南人——的神，视同无物。”IV，8，4（461）；参看IV，8，5（461）。

理本堂神父为基督教之后的人类所宣讲的 Religion naturelle[自然宗教]。然而事实上，卢梭在解说第一种类型的时候再一次探讨了基督教。[116] 因此，卢梭在这一章用了最大的[224]篇幅来对基督教进行政治的批判，而现在他采取了一个极端的入手点，不是从“当今的基督教”，而是从“与之全然不同的福音的基督教”入手。他返回“神圣的、崇高的、真正的宗教”，在其中，“作为同一个上帝的孩子，人类重新认识到大家都是弟兄”。更准确地说，他把目光从 Religion du Prêtre[教士的宗教]的现实性中转离，从而可以在“另一个世界的王国”进入历史性的堕落形态之前观察这种观念。基督教绝不支撑公民与政治体的 moi commun[共我]相认同。因为基督教期盼着彼岸，“只关心天上的事物”——“基督徒的祖国是不属于这个世界的”——又因为基督教以世界主义为方向，所以它并不促进最高的政治德性，而是阻碍之。政治体必定是特殊的，既然没有与政治体的特殊关联，“人类的宗教”就“只能”使法律去依靠其自身的“力量”，即法律只具备外在强迫所具有的力量，而没有扎根在公民的内心。“更有甚者，它远不能使公民的内心与国家相联，反而使公民脱离国家，正如脱离尘世间的一切事物那样。”卢梭带着强调语气补充说：“我不知道还有什么比这更加违反社会精神的了。”基督宗教使得信仰者对其行为在此世的成功或失败抱着一种“深深的淡漠”，弱化了信仰者对祖国的热爱。“如果国家繁荣，他也几乎不敢分享公共的幸福，他怕自己会因国家的光荣

---

[116] IV, 8, 20-30 (465-467)。Religion naturelle[自然宗教]的概念在《社会契约论》中从未被使用。有关《萨瓦代理本堂神父的信仰自白》请参看拙著《论哲学生活的幸福》第二卷：“卢梭和萨瓦代理本堂神父的信仰自白”，前揭，页 290-438。

而骄傲起来；如果国家衰微，他也要祝福上帝的手在对自己的人民进行惩罚。”[117] 从保罗到奥古斯丁，到路德和加尔文，直到波舒埃，非法统治通过基督教神学被合法化了，卢梭在《社会契约论》前三卷各处对之进行了批判，而当他重复并集结这些散落各处的批判，且把批判向前推至良心的时候，与基督教的对峙达到了高潮。基督徒相信，一切的权力都来自上帝，上帝的主权权威之正义统治着一切，[225]昏君是上帝的皮鞭；这样一种基督徒的良心成了合法共同体的阻碍，成了政治自由的对手。[118] 一个基督徒共和国是一块木头做的铁，因为基督教“只宣讲奴役与驯从”。基督教从一开始就在支持和促进专制，就呼吸着专制的气息。[119] “真正的基督徒被造就出来就是做奴隶的。”[120]

卢梭的类型学共探讨了三种类型的宗教，即 Religion de l'homme[人类的宗教]、Religion du Citoyen[公民的宗教]和 Religion du Prêtre[教士的宗教]，紧接着，在这一章的下一部分，卢梭安

---

[117] IV，8，21－25（465－466）。参看《山中来信》I，65，67，71 和 71 脚注 2，前揭，页 704－706，并注意《关于波兰政体的思考》I，5－7，页 959；Ⅲ，4，页 961；Ⅻ，12，页 1019。

[118] IV，8，26（466）。注意 I，3，3（355）；Ⅱ，6，2（378）；Ⅲ，6，16（413），并参看本书德文版页 155，203。Conscience[良知]在“论公民宗教”章中只在第 26 段中用到一次。在《社会契约论》中，对这个词仅有的另一次使用是在“论强者的权利”一章，I，3，3（355）。有关卢梭在良心问题上的立场，参看《论哲学生活的幸福》，前揭，页 191－193，282－283，355－356，429。

[119] 参看本书德文版页 190－191 及本文德文版脚注 63。

[120] IV，8，28（467）。IV，8，28 中针对 vrais Chrétiens[真正的基督徒]的尖刻评说对应着Ⅲ，15，10（431）中对 peuples modernes[现代人]的同样尖刻的评说。参看本书德文版页 208。

排了对 Religion civile［公民宗教］的探讨。* 可卢梭并没有把公民宗教作为第四种类型来引入。他也没有像刻画之前的三种类型那样来刻画它。他同样没有为之举历史上的例证。这个概念只出现了一次，只当 Législateur［立法者］卢梭在论文的最后向主权者提出立法建议的时候，只在这种法律的框架中出现了一次。[121] 第一部分描写了政治与宗教之对立的谱系学，卢梭的立法建议就是对这种对立的回答，并且也考虑到了第二部分所研究的三种类型的问题。和 Religion de l'homme［人类的宗教］不同，Religion civile［公民宗教］无可分解地同共和国的具体性缠绕在一起。和 Religion du Citoyen［公民的宗教］不同，公民宗教并不为共同体划定一位专属于它的神。和 Religion du Prêtre［教士的宗教］相对立，公民宗教否定了任何精神权力的统治诉求。公民宗教的职责是（1）确保政治对于宗教的最高权力，（2）通过宗教来为道德提供支撑，（3）将法律安扎在公民的内心，（4）在信仰事物上确保社会的和平及个体的自由。Religion civile［公民宗教］的构想有着双重前提。［226］首先，对于政治体来说，重要的是“每个公民都有一个宗教，让他可以热爱自己的义务”；其次，对于政治体及其成员来说，宗教教义的意义只在于“关乎道德，关乎认信宗教者彼此需要履行的义务”。[122] 就事理而言，位于 Religion civile［公民宗教］

---

* ［译按］注意 Religion civile［公民宗教］和 Religion du Citoyen［公民的宗教］是两个不同的概念。

[121] 在《社会契约论》中，Religion civile［公民宗教］除了在第四卷第 8 章的标题中出现之外，只在这一章第三部分的中心处，即在第 33 段，出现了一次（468）。

[122] “此外，每个人都可以有他自己所喜欢的意见，而主权者对于这些意见是不能过问的。因为，既然主权者对另一个世界根本无能为力，那么只

的政治构想之根本处的是认信与信仰或思想的区分，* 在现代哲人中，霍布斯彰显了这一区分，现在，它已经成了哲人们任何时候都可使用的区分。卢梭把通过法律来确定“一种纯属公民信仰的认信”判定为主权者的权利，不过，其条款“并不真的”是一种宗教的教条，而是一种 sentimens de sociabilité[社会性的情感]，是一种社会性所必需、约束力所要求的观点，是一种不可或缺的意见，“若没有这种意见，一个人就既不可能是良好的公民，也不可能是忠实的臣民”。[123] 主权者无法强迫任何人信仰法定的 profession de foi[信仰声明]，* 却可以把拒绝认信者驱逐出境，不是因为主权者认定他是“无神的”（gottlos），而是因为主权者视其为“反社会的”（unsoziabel）。如果有人公开承认了这些信条，而他的行为却又显示他并不真的相信，那就有死刑的危险：“因

要臣民今生是好公民，则无论他们来世的命运如何，就都不是主权者的事情了。”Ⅳ，8，31（468）。参看《山中来信》Ⅴ，81，前揭，页 787：“宗教永远不能干涉立法，除非宗教关系到人们的行为。法律可以命令人们行为或不为，但是不能命令人们信仰。”

* ［译按］公民需要公开宣称自己相信公民宗教的信条，并据其规范自己的行为，是为“认信”（Bekenntnis）。至于公民的内心究竟持有何种信仰（Glauben）或思想（Denken），公民宗教则不必过问。

[123] 参看本书德文版页 169–170。现代的君主根据其 ius reformandi[宗教改革法权]，宣称自己有权利为其臣民确定基督教的认信，卢梭归给主权者的权利是对此所做的回应。

* ［译按］在标题 Profession de foi du Vicaire Savoyard 中，Profession de foi，德文 Glaubensbekenntnis，通译为“信仰自白”，对于这个标题，本书也保持了这一译法。但“信仰自白”并未十分突出 Profession de foi 的公开宣称的意味，而这是迈尔在解释时所强调的，所以在文中 Profession de foi 的更恰切译法该是“信仰的（自我）声明”，出于通顺考虑，文中均译为“信仰声明”。另外 Bekenntnis 单独出现时，译为“认信”，也强调其公开宣称的意味。

为他犯了最大的罪行，他在法律面前说了谎。”⑫④ Législateur[立法者]对一种 profession de foi purement civile[纯粹公民性的信仰声明]的权利与要求所做的说明，清楚地表明了他在公共舆论中所要树立起来的新的价值评价。[227]就 Religion civile[公民宗教]本身，他说，应该“词句精确，无需解说和注释”。此外，还应该“简单”，应该“条款很少”。卢梭没有停留在给予指示，而是直接表述了构成“公民宗教”的十个信条：

> [1]强大的，[2]富有洞见的，[3]仁慈的，[4]先知的而又[5]安排命运的神的存在，[6]来生，[7]正义者的幸福，[8]恶者的惩罚，[9]社会契约与法律的神圣性；这些就是正面的信条。至于反面的信条，我只将其限于一点，那就是[10]不宽容：它属于我们已经排除了的崇拜。⑫⑤

---

⑫④ IV，8，32（468）。参看Ⅱ，5，6－7（377）。C. E. Vaughan（页XL）援引了卢梭于1761年在《新爱洛伊丝》（Nouvelle Héloïse）的一个脚注中所说的话：“如果我是长官，而法律为无神论者规定了死刑，我会从那些告发别人的人开始行刑，所有这些人都将受火刑。”V，5，*OCP* Ⅱ，页589脚注。

⑫⑤ IV，8，33（468－469）。1762年，卢梭自己实施了他在1756年8月18日《致伏尔泰的信》（*Lettre à Voltaire*）中所提出的难以被采纳的建议。不过他变换了形式，即将之表述为一个简洁的法律条款，而不再是最初提出来的那样：“所以我想让每个国家都有一部道德法典或一种公民性的信仰声明，它在正面包括了每个人都该认可的社会准则，在反面包括了每个人都该拒绝的狂热准则——不是因为这种准则不虔敬，而是因为它动乱人心。这样，所有能够合乎这个法典的宗教都可以允许存在，每种不能与之相合的宗教则要禁止，并且每个人都可以只拥有这部法典而没有别的宗教。若能精审地写出这样一部著作，我想，那将是所有著作中最有用处的一本，并且或许还是人类唯一的一本不可或缺的书。看哪，我的先生，这会是值得您去探究的主题……”34段，*CC* IV，页49。

显然，上半部分，即信条1－5，是下半部分，即信条6－10的基础；而在下半部分中，信条6－8又同属一类，相反，信条9和10有着各自的独特地位。卢梭将权力放在神性特征的开头，将仁慈放在中心，将安排命运或关心人类命运放在最后。这三支箭同洞见和先知（此两者将所有神性特征交叉成一个整全）一道，支撑着公民对于一个道德的世界秩序的信仰，对于一个充满了意义的秩序的信仰，公民和政治体在这个秩序中占据着一个突出的位置，而公民凭借“社会契约和法律”又可将自己视为政治体的一员。公民通过上半部分的最后一个信条而获得了这种突出的位置，这最后一条代表着上帝的正义，并构成了通往第二部分的桥梁。随着[228]对一位关心人类命运的神的信仰——无论是通过普遍的预防措施，还是通过特殊的关照，这位神都对人类的行为感兴趣——信条6－9为公民开启了对于未来报偿的展望，即公民的道德或政治德性和恶习会受到恰如其分的奖惩，即便不是在此世，也会在来生。来生的特征，与义人幸福的方式和持续时间、恶人的惩罚一样，都听任公民的想象力来决定。信条6－8并未就灵魂不朽的争论下断言，信条5也没有就普遍的神意或特定的神意下论断。智慧并没有在神性特征之列，这正符合“纯粹公民性的信仰声明”的低于哲学的规格。相反，在关于启示宗教的上帝的最具决定性的规定上，卢梭没有留下任何含糊之处。第一个信条承认Divinité［神］是puissante［强大的］，而非tout－puissante［全能的］，卢梭在此事实上堵住了否定哲学可能性的全能成为法定信条的道路。[126]

---

[126] 参看《论哲学生活的幸福》，前揭，页100－101，327－329（有关对全能的否定）；171，335，347－349，357－363（有关智慧和正义问题）；87－90，343－346（有关不朽）。

“社会契约与法律的神圣性”将政治体的特殊性安扎在了信仰声明之中。因为 contract social[社会契约]的行为所创造的乃是政治体，并且根据《社会契约论》，政治体也必定是特殊的。通过自视为其成员的公民，政治体获得了一个“共我”，通过公民为其所立的法律，政治体又获得了一个特定的形态。[127] [229]对于 Religion civile[公民宗教]来说，第九信条是决定性的。这一条使得公民宗教区别于 Religion naturelle[自然宗教]。这一条表述了真正政治性的信仰条款，并且这个条款的表述本身表达了，Religion civile[公民宗教]应当在《社会契约论》看待公民的双重面相中触动公民。这个信条裁决了 Citoyen[公民]的权利，社会契约是这种权利的唯一源泉，同时——因此是一个而不是两个条款——也裁决了 Sujet[臣民]的义务，法律是这种义务的唯一准绳。随着第九信条所谓的“神圣性”，卢梭返回到了他在第一卷开始引入的公民信仰，即相信社会秩序是“一种神圣的权利，是其他一切的基础”。位于这个开始和这个返回之间的是《社会契约论》的全部论证，在论证的开展中，卢梭一次谈及契约的“神圣性”，一次谈及立法者作品的“神圣性”，在另一些地方，他还把主权

---

[127] 在第九信条中，Contract social 首字母是大写的。文中出现的其他七处 contract social，这个概念均为小写，至于这一处大写指的是契约还是《社会契约论》这本书，则是没有疑问的：I，6，4（360）；I，7，2（362）；I，8，2（364）；I，9，1（365）；Ⅱ，4，8（375）；Ⅱ，4，10（375）；Ⅲ，16，2（432）。contract social 的神圣性在第九信条中所含有的意义，通过卢梭的 Contract social 而得到了规定。哲人在论述立法作品的著作中着手立法工作，这并非没有先例。《法义》（*Nomoi*）VⅡ，811 c－e。参看 Seth Benardete，《柏拉图的〈法义〉——发现存在者》（*Plato's* Laws：*The Discovery of Being*），Chicago 2000，页151，209，215。

者的权力、保民官制的设立和法律的权力宣称为“神圣”。[128] 在论文的开头，卢梭将公民的权利回溯到习俗约定并奠基于自然存在者的意志，从而毁坏了公民的神圣权利，而在论文的结尾，卢梭又通过一种习俗约定重建了对于一种神圣权利的信仰。因为宣布第九信条 la sainteté du Contract social et des Loix[社会契约与法律的神圣性]的情形无法掩盖，这个信条绝不是从之前的八个信条推论出来的，而是像全部的 Religion civile[公民宗教]一样，是基于一项政治行动、一种设定、一个习俗约定。当权利来源和法律的神圣性成了法定认信的一部分，这种神圣性就是 volonté générale[公意]的表达。换言之，不是 Religion civile[公民宗教]为 contract social[社会契约]赋予了合法性，而是 contract social[社会契约]为 Religion civile[公民宗教]赋予了合法性。结尾处的建构与开头处的解构实有相同的含义。“社会契约与法律的神圣性”的事理根据在于《社会契约论》所阐发的契约的本性。[129]

[230]卢梭三度标识了 Religion civile[公民宗教]第十信条的特殊性。他不仅把“不宽容”的禁令明确地脱离于之前的九条“正面信条”。通过将其宣称为唯一的“反面信条”并且放在最后，他还为之赋予任务，让它来标识认信的批判指向。最后，他还单单为这一条附加了一个说明，他由此说明，这条禁令所针对的不是普遍意义上的“不宽容”，而是着眼于一种特定的“宗教崇

---

[128] Ⅰ，1，2（352）；参看本书德文版页 154 – 155。Ⅰ，7，3（363）；Ⅱ，7，4（382）。Ⅱ，4，9（375）；Ⅳ，5，3（454）；Ⅳ，6，3（456）。

[129] 参看Ⅰ，7，5（363）；Ⅱ，6，5（379）；Ⅱ，7，7（383）；Ⅱ，12，2（394）；Ⅲ，18，9（436）。参看本书德文版页 162 – 165，169 – 170，177 – 178。注意卢梭在《一个孤独漫步者的遐思》中对契约神圣性的讨论，Ⅳ，9，*OCP* Ⅰ，页 1053 – 1054，并参看《论哲学生活的幸福》，页 193 – 196。

拜”。事实上，Religion civile[公民宗教]第十信条绝不能缺少“说明或评注”，以至于卢梭甚至把这一章剩下的部分都用来对它进行解说。把“不宽容”安排在“我们已经排除了的崇拜”之下，这将读者回指向了Religion du Prêtre[教士的宗教]；卢梭在类型学部分曾谈到，这种宗教“坏得如此显著”，以至于连想要证明这一点都是在“浪费时间”。Religion du Prêtre[教士的宗教]，或者更准确地说，“罗马基督教”，是Religion civile[公民宗教]的反面信条的直接目标。卢梭在《社会契约论》中实现了他原先在《论不平等》中所拟定的计划：他让这本书在攻击精神权力的统治要求中达至顶峰。[130] “神学性不宽容”的禁令考虑到了政治上的麻烦：“我们不可能和我们认为是受诅咒的人和平共处，爱这些人也就是仇视惩罚这些人的上帝了；我们必须绝对地要么是挽救他们，要么是折磨他们。”“神学性不宽容”必定会导致一种“公民性影响”。它导致“主权者不再是主权者”，而“教士成了真正的主人”。[231]第十信条所针对的不宽容为一种扎根更深的学说作保，即根据信仰的错误或缺失来判定一个人是受诅咒的，并将其视为“上帝的敌人”——如卢梭在《萨瓦代理本堂神父的信仰自白》的一个脚注中所准确表达的那样——这种敌意超越了所有其他敌意，并且如此被信仰的敌意必定会渗透到所有的

---

[130] 卢梭原本计划在《论不平等》倒数第二段中着手批判教士的精神权力以及由此而奠定的不平等（“所有不平等中最少理性、最为危险的一种”）。在终稿中，这段批判没有能够通过卢梭自己的审查，因而被删除了。卢梭小心地保存了相关的证明材料，其中还有一份手稿的誊清稿中相关的几页，其余部分则都散失了；这些证明材料以及一种细致的重构可见于拙编《论不平等》，前揭，页386－403及XLI－XLVII。此外请参看《致伏尔泰的信》中对“不宽容”的批判，第33段，*CC* IV，页49。

敌意中去。信仰者与上帝的敌友之分相等同，或者说与他所以为的上帝之为敌意相等同，这蕴含着一种政治上的爆炸力。卢梭因此一直往回挖掘到那决定了救赎与诅咒、奠定了上帝的敌友之分的信仰。对不宽容的批判是他的政治神学批判（Kritik der Politischen Theologie）的有机组成部分。“反面信条”是十信条中唯一的一个卢梭无疑会赞同的信条，无论主权者对立法建议作何决定。[131] 在阐发不宽容禁令的时候，卢梭既没有具名提及“教士的宗教”，也没有提及“罗马基督教”。取而代之的是他对 extra ecclesiam nulla salus［教会之外无救赎］学说与 Gouvernement Théocratique［神权政府］的衔接，从而在“论公民宗教”的倒数第二句话，第三次也是最后一次唤起《社会契约论》及其政治权利诸原则在最根本处所要反驳的构想。在开头处的预备性关联和这一章中心处通过其镜像所做的刻画之后，最后一次提及指向了标识着 Theokratie［神权政制］的核心问题：将一切统治和一切救赎都回溯至唯一真神的主权权威，这种主权权威在世上有其授权的代表和被呼召的诠释者，这种权威的服从要求深入个体的思想，［232］并将其系于自己的良心之上。[132]《社会契约论》的政治和哲

---

[131] IV，8，34－35（469）；《萨瓦代理本堂神父的信仰自白》脚注 17，前揭，页 628。卢梭对于“不宽容”的批判并不局限于历史上的狂热主义弊病或教会权威所带来的政治混乱，如圣巴托罗缪之夜（Bartholomäusnacht）（［译注］法国宗教战争中天主教势力对新教胡格诺派的大屠杀）或加尔文治下的日内瓦对塞尔维特（Michel Servet）施火刑，他在后来的辩护著作中征引了这些事例。参看《致贝尔蒙特的信》（*Lettre à Christophe de Beaumont*）*OCP* IV，页 161；《山中来信》Ⅱ，53 脚注，前揭，页 726；参看Ⅲ，50 脚注和 89，页 742，752。

[132] 参看本文德文版脚注 65 中所征引的这个概念在卢梭所读约瑟夫斯法文本中的经典出处。Folker Siegert 出了一个出色的考订版，并带有德文翻译：《论犹太教的原初性》（*Über die Ursprünglichkeit des Judentums*［Contra Apionem］），

学意图在多大程度上于“反面信条”中达成一致，也就在多大程度上没有在 Religion civile[公民宗教]的“正面信条”中聚集一处。第九信条所普遍规定的政治特殊物的圣化，究竟能否提升公民与“共我”的认同，是颇为可疑的；更难以想象这种圣化本身就可以鼓舞公民的爱国心。卢梭自己也不会不清楚，信条 6–8 的简洁勾勒并非对于问题的充分回答，卢梭曾向哲人们提出这个问题，也曾用这个问题来反驳萨瓦代理本堂神父，即什么可以替代波斯人的“报塞”地狱桥（Höllenbrücke “Poul – Serrho”）上的彼岸审判，来为道德律令赋予坚定的力量。几百年后，grand Législateur[伟大的立法者]或许可以找到办法来给予 Religion civile [公民宗教]以一种特殊的形态和有效的印记。卢梭自己却是对之怀有极大保留的。作为一种新宗教崇拜的创立者而登场，这并非他所要做的事情。[133] [233]这也可以在后来为科西嘉和波兰所立

Göttingen 2008，2 卷本，I，页 189。约瑟夫斯的神权政制概念被近代学者广泛接受，从斯宾诺莎经维科到伏尔泰。一个早期的征引可见于 Petrus Cunaeus，《论希伯来共和国（三卷）》（*De Republica Hebraeorum libri tres*），Amsterdam 1666，卷 I，1，页 4（原版 Leiden 1617）。——只有在“论公民宗教”的定稿中，卢梭才决定对神权政制采取三度陈述：分别在第一段的第一句话中，中心段落的第二句话中，和最后一段的第三句话中。在初稿中，这一章共有 25 个段落，Théocratie[神权政制]和 gouvernement Théocratique[神权政府]分别出现在其中的第 5 和第 25 段（前揭，页 337，342）。第四卷第 8 章第 1 段中第三次也是最后一次提及 raisonnement de Caligula[卡里古拉的推论]，将细致的读者引向了约瑟夫斯，这一次也是初稿所没有的。卡里古拉在初稿中并未出现三次，而是只出现了一次，在“论立法者”章第二段中（页 312）。

[133] 《萨瓦代理本堂神父的信仰自白》，脚注 18，9–12，前揭，页634–635。在“论公民宗教”的最终版本中，卢梭删去了对公开举行的宗教崇拜的提示。在初版中他原本是这么写的：“这种信仰声明一旦建立，就该每年以庆祝的方式更新一次，这种庆祝该伴以崇高而朴实的宗教崇拜，在这种崇

的宪法草案中得到印证。他要做的是阐明问题。他向未来的立法者指出了一条道路，可这条道路并不是他在当时能走的，也不是他所想走的。卢梭的时代处于他在《爱弥儿》中所说的保留条件之下。在《爱弥儿》这本书中，卢梭描绘了一种身处一个蜕化的社会却还能与自身保持一致的生活，而在描绘之前，他首先说出了这个判断："我们该把祖国和公民这两个词语从各种现代语言中删去。"卢梭接着说，他知道这样做的理由，可他并不想说，因为这并不属于他的论题。在《社会契约论》中，这个理由却是他的论题，并且也被说出来了：基督教精神夺取了一切，赢得了一切，感染了一切。[134] 因此，在这些条件之下，"纯粹公民性的信仰声明"首先是些防卫条款。[135] 可无论立法建议在政治上是否取得了成功，这些条款在此之外都是对一种诊断的最后确证，《社会契约论》从这种诊断出发又不断地重新回到这种诊断。对于社会性的人来说，那些锁链是无法被挣脱的，充其量只能将锁链合法化。卢梭并非偶然地把公民宗教的教义称为社会性的观点。

论文的最后一章由一个只包含了两句话的小段落组成。卢梭声称自己已经建立了"政治权利的真正原理"。在尝试把国家奠

拜中，行政官该是唯一的祭司，对祖国的热爱该在心中重新被点燃。主权者在宗教上只能做这么多了。"第 24 段，前揭，页 342；参看第 8 段，页 338。

[134] 《爱弥儿》I，前揭，页 250。IV，8，11（462）。基督教精神堵塞了返回"公民的宗教"的道路，在公民的权利平等之外另寻基础建立一个秩序良好的共同体已经变得不再可能，通过声称有洞见来获得统治头衔也已经不再可能。参看本书德文版页 189 - 192、208、223。

[135] "现在既然已不再有，而且也不可能再有排他性的国家宗教，我们就应该宽容一切能够宽容其他宗教的宗教，只要他们的教条一点都不违反公民的义务。但是有谁要是胆敢说'教会之外无救赎'，就应该把他驱逐出国家之外。"IV，8，35（469）

定在其基础之上以后，剩下来的就是“通过其对外关系来对国家加以支撑”。为此需要阐述国际法、通商、战争权和征服。而尤为重要的，或许是[234]探测小国家结成邦联对抗强权的可能性。[136]“但这一切构成了一种新的对象，而对于我短浅的目光来说就未免太遥远了；我该把这目光始终投向更加切近己身之物。”在探讨了政治的权利与界限之后，他在“结语”中回忆起那始终值得他报以最高关注的东西。他在此指向了某种最为重要的东西，《社会契约论》的研究运动在一个括弧之内，而这种东西位于括弧之外。卢梭的自我追忆在另一本书中得到了实现和思考，此即《一个孤独漫步者的遐思》。

---

[136] 第三卷第15章对于“结语”的最后一句话有着重要意义，这一章包含了一个预告：“下面我就要说明，怎样能够把大民族的对外力量与小国的简便的制度和良好的秩序结合在一起。”卢梭又为之添了一个脚注：“这就是我准备继本书之后所要做的工作，在探讨对外关系时，我将要讨论邦联制。这是一个崭新的题材，它的原则还有待确定。”Ⅲ，15，12及脚注（431）；参看Ⅲ，13，6（427）。

人名索引

（以下为德文版页码，即中文版方括号中的页码；索引为原版所有，译者只添了相应的汉译）

A

B

C

D

F

G

H

J

S

T

V

W

X

图书在版编目（CIP）数据

政治哲学与启示宗教的挑战 /（德）亨利希·迈尔（Heinrich Meier）著；余明锋译. --2版. --北京：华夏出版社有限公司，2023.6
（西方传统：经典与解释）
ISBN 978-7-5222-0185-6

Ⅰ.①政…　Ⅱ.①亨… ②余…　Ⅲ.①政治哲学-关系-基督教-研究　Ⅳ.①D0 ②B978

中国版本图书馆CIP数据核字（2021）第203392号

政治哲学与启示宗教的挑战

作　　者 ［德］亨利希·迈尔
译　　者 余明锋
责任编辑 李安琴
责任印制 刘　洋

出版发行 华夏出版社有限公司
经　　销 新华书店
印　　装 北京汇林印务有限公司
版　　次 2023年6月北京第2版
　　　　 2023年6月北京第1次印刷
开　　本 880×1230　1/32
印　　张 8.375
字　　数 188千字
定　　价 68.00元

华夏出版社有限公司　地址：北京市东直门外香河园北里4号　邮编：100028
网址：www.hxph.com.cn　电话：（010）64663331（转）
若发现本版图书有印装质量问题，请与我社营销中心联系调换。

西方传统：经典与解释

Classici et Commentarii

HERMES

刘小枫◎主编

古今丛编

欧洲中世纪诗学选译 宋旭红 编译

克尔凯郭尔 [美]江思图 著

货币哲学 [德]西美尔 著

孟德斯鸠的自由主义哲学 [美]潘戈 著

莫尔及其乌托邦 [德]考茨基 著

试论古今革命 [法]夏多布里昂 著

但丁：皈依的诗学 [美]弗里切罗 著

在西方的目光下 [英]康拉德 著

大学与博雅教育 董成龙 编

探究哲学与信仰 [美]郝岚 著

民主的本性 [法]马南 著

梅尔维尔的政治哲学 李小均 编/译

席勒美学的哲学背景 [美]维塞尔 著

果戈里与鬼 [俄]梅列日科夫斯基 著

自传性反思 [美]沃格林 著

黑格尔与普世秩序 [美]希克斯 等著

新的方式与制度 [美]曼斯菲尔德 著

科耶夫的新拉丁帝国 [法]科耶夫 等著

《利维坦》附录 [英]霍布斯 著

或此或彼（上、下） [丹麦]基尔克果 著

海德格尔式的现代神学 刘小枫 选编

双重束缚 [法]基拉尔 著

古今之争中的核心问题 [德]迈尔 著

论永恒的智慧 [德]苏索 著

宗教经验种种 [美]詹姆斯 著

尼采反卢梭 [美]凯斯·安塞尔-皮尔逊 著

舍勒思想评述 [美]弗林斯 著

诗与哲学之争 [美]罗森 著

神圣与世俗 [罗]伊利亚德 著

但丁的圣约书 [美]霍金斯 著

古典学丛编

荷马笔下的诸神与人类德行 [美]阿伦斯多夫 著

赫西俄德的宇宙 [美]珍妮·施特劳斯·克莱 著

论王政 [古罗马]金嘴狄翁 著

论希罗多德 [古罗马]卢里叶 著

探究希腊人的灵魂 [美]戴维斯 著

尤利安文选 马勇 编/译

论月面 [古罗马]普鲁塔克 著

雅典谐剧与逻各斯 [美]奥里根 著

菜园哲人伊壁鸠鲁 罗晓颖 选编

劳作与时日（笺注本） [古希腊]赫西俄德 著

神谱（笺注本） [古希腊]赫西俄德 著

赫西俄德：神话之艺 [法]居代·德拉孔波 编

希腊古风时期的真理大师 [法]德蒂安 著

古罗马的教育 [英]葛怀恩 著

古典学与现代性 刘小枫 编

表演文化与雅典民主政制 [英]戈尔德希尔、奥斯本 编

西方古典文献学发凡 刘小枫 编

古典语文学常谈 [德]克拉夫特 著

古希腊文学常谈 [英]多佛 等著

撒路斯特与政治史学 刘小枫 编

希罗多德的王霸之辨 吴小锋 编/译

第二代智术师 [英]安德森 著

英雄诗系笺释 [古希腊]荷马 著

统治的热望 [美]福特 著

论埃及神学与哲学 [古希腊]普鲁塔克 著

凯撒的剑与笔 李世祥 编/译

伊壁鸠鲁主义的政治哲学 [意]詹姆斯·尼古拉斯 著

修昔底德笔下的人性 [美]欧文 著

修昔底德笔下的演说 [美]斯塔特 著

古希腊政治理论 [美]格雷纳 著

赫拉克勒斯之盾笺释 罗逍然 译笺
《埃涅阿斯纪》章义 王承教 选编
维吉尔的帝国 [美]阿德勒 著
塔西佗的政治史学 曾维术 编

古希腊诗歌丛编

古希腊早期诉歌诗人 [英]鲍勒 著
诗歌与城邦 [美]费拉格、纳吉 主编
阿尔戈英雄纪（上、下） [古希腊]阿波罗尼俄斯 著
俄耳甫斯教祷歌 吴雅凌 编译
俄耳甫斯教辑语 吴雅凌 编译

古希腊肃剧注疏

欧里庇得斯与智术师 [加] 科纳彻 著
欧里庇得斯的现代性 [法]德·罗米伊 著
自由与僭越 罗峰 编译
希腊肃剧与政治哲学 [美]阿伦斯多夫 著

古希腊礼法研究

宙斯的正义 [英]劳埃德-琼斯 著
希腊人的正义观 [英]哈夫洛克 著

廊下派集

剑桥廊下派指南 [加]英伍德 编
廊下派的苏格拉底 程志敏 徐健 选编
廊下派的神和宇宙 [墨]里卡多·萨勒斯 编
廊下派的城邦观 [英]斯科菲尔德 著

希伯莱圣经历代注疏

希腊化世界中的犹太人 [英]威廉逊 著
第一亚当和第二亚当 [德]朋霍费尔 著

新约历代经解

属灵的寓意 [古罗马]俄里根 著

基督教与古典传统

保罗与马克安 [德]文森 著
加尔文与现代政治的基础 [美]汉考克 著
无执之道 [德]文森 著
恐惧与战栗 [丹麦]基尔克果 著
托尔斯泰与陀思妥耶夫斯基 [俄]梅列日科夫斯基 著
论宗教大法官的传说 [俄]罗赞诺夫 著
海德格尔与有限性思想（重订版） 刘小枫 选编
上帝国的信息 [德]拉加茨 著
基督教理论与现代 [德]特洛尔奇 著
亚历山大的克雷芒 [意]塞尔瓦托·利拉 著
中世纪的心灵之旅 [意]圣·波纳文图拉 著

德意志古典传统丛编

黑格尔论自我意识 [美]皮平 著
克劳塞维茨论现代战争 [澳]休·史密斯 著
《浮士德》发微 谷裕 选编
尼伯龙人 [德]黑贝尔 著
论荷尔德林 [德]沃尔夫冈·宾德尔 著
彭忒西勒亚 [德]克莱斯特 著
穆佐书简 [奥]里尔克 著
纪念苏格拉底——哈曼文选 刘新利 选编
夜颂中的革命和宗教 [德]诺瓦利斯 著
大革命与诗化小说 [德]诺瓦利斯 著
黑格尔的观念论 [美]皮平 著
浪漫派风格——施勒格尔批评文集 [德]施勒格尔 著

巴洛克戏剧丛编

克里奥帕特拉 [德]罗恩施坦 著
君士坦丁大帝 [德]阿旺西尼 著
被弑的国王 [德]格吕菲乌斯 著

美国宪政与古典传统

美国1787年宪法讲疏 [美]阿纳斯塔普罗 著

启蒙研究丛编

论古今学问 [英]坦普尔 著
历史主义与民族精神 冯庆 编
浪漫的律令 [美]拜泽尔 著
现实与理性 [法]科维纲 著

论古人的智慧 [英]培根 著
托兰德与激进启蒙 刘小枫 编
图书馆里的古今之战 [英]斯威夫特 著

政治史学丛编

驳马基雅维利 [普鲁士]弗里德里希二世 著
现代欧洲的基础 [英]赖希 著
克服历史主义 [德]特洛尔奇 等著
胡克与英国保守主义 姚啸宇 编
古希腊传记的嬗变 [意]莫米利亚诺 著
伊丽莎白时代的世界图景 [英]蒂利亚德 著
西方古代的天下观 刘小枫 编
从普遍历史到历史主义 刘小枫 编
自然科学史与玫瑰 [法]雷比瑟 著

地缘政治学丛编

地缘政治学的起源与拉采尔 [希腊]斯托杨诺斯 著
施米特的国际政治思想 [英]欧迪瑟乌斯/佩蒂托 编
克劳塞维茨之谜 [英]赫伯格-罗特 著
太平洋地缘政治学 [德]卡尔·豪斯霍弗 著

荷马注疏集

不为人知的奥德修斯 [美]诺特维克 著
模仿荷马 [美]丹尼斯·麦克唐纳 著

品达注疏集

幽暗的诱惑 [美]汉密尔顿 著

阿里斯托芬集

《阿卡奈人》笺释 [古希腊]阿里斯托芬 著

色诺芬注疏集

居鲁士的教育 [古希腊]色诺芬 著
色诺芬的《会饮》 [古希腊]色诺芬 著

柏拉图注疏集

挑战戈尔戈 李致远 选编
论柏拉图《高尔吉亚》的统一性 [美]斯托弗 著
立法与德性——柏拉图《法义》发微 林志猛 编
柏拉图的灵魂学 [加]罗宾逊 著
柏拉图书简 彭磊 译注
克力同章句 程志敏 郑兴凤 撰
哲学的奥德赛——《王制》引论 [美]郝兰 著
爱欲与启蒙的迷醉 [美]贝尔格 著
为哲学的写作技艺一辩 [美]伯格 著
柏拉图式的迷宫——《斐多》义疏 [美]伯格 著
苏格拉底与希琵阿斯 王江涛 编译
理想国 [古希腊]柏拉图 著
谁来教育老师 刘小枫 编
立法者的神学 林志猛 编
柏拉图对话中的神 [法]薇依 著
厄庇诺米斯 [古希腊]柏拉图 著
智慧与幸福 程志敏 选编
论柏拉图对话 [德]施莱尔马赫 著
柏拉图《美诺》疏证 [美]克莱因 著
政治哲学的悖论 [美]郝岚 著
神话诗人柏拉图 张文涛 选编
阿尔喀比亚德 [古希腊]柏拉图 著
叙拉古的雅典异乡人 彭磊 选编
阿威罗伊论《王制》 [阿拉伯]阿威罗伊 著
《王制》要义 刘小枫 选编
柏拉图的《会饮》 [古希腊]柏拉图 等著
苏格拉底的申辩（修订版） [古希腊]柏拉图 著
苏格拉底与政治共同体 [美]尼柯尔斯 著
政制与美德——柏拉图《法义》疏解 [美]潘戈 著
《法义》导读 [法]卡斯代尔·布舒奇 著
论真理的本质 [德]海德格尔 著
哲人的无知 [德]费勃 著
米诺斯 [古希腊]柏拉图 著
情敌 [古希腊]柏拉图 著

亚里士多德注疏集

《诗术》译笺与通绎 陈明珠 撰
亚里士多德《政治学》中的教诲 [美]潘戈 著
品格的技艺 [美]加佛 著

亚里士多德哲学的基本概念 [德]海德格尔 著
《政治学》疏证 [意]托马斯·阿奎那 著
尼各马可伦理学义疏 [美]伯格 著
哲学之诗 [美]戴维斯 著
对亚里士多德的现象学解释 [德]海德格尔 著
城邦与自然——亚里士多德与现代性 刘小枫 编
论诗术中篇义疏 [阿拉伯]阿威罗伊 著
哲学的政治 [美]戴维斯 著

普鲁塔克集

普鲁塔克的《对比列传》 [英]达夫 著
普鲁塔克的实践伦理学 [比利时]胡芙 著

阿尔法拉比集

政治制度与政治箴言 阿尔法拉比 著

马基雅维利集

解读马基雅维利 [美] 麦考米克 著
君主及其战争技艺 娄林 选编

莎士比亚绎读

莎士比亚的罗马 [美] 坎托 著
莎士比亚的政治智慧 [美] 伯恩斯 著
脱节的时代 [匈]阿格尼斯·赫勒 著
莎士比亚的历史剧 [英]蒂利亚德 著
莎士比亚戏剧与政治哲学 彭磊 选编
莎士比亚的政治盛典 [美]阿鲁里斯/苏利文 编
丹麦王子与马基雅维利 罗峰 选编

洛克集

上帝、洛克与平等 [美]沃尔德伦 著

卢梭集

致博蒙书 [法]卢梭 著
政治制度论 [法]卢梭 著
哲学的自传 [美]戴维斯 著
文学与道德杂篇 [法]卢梭 著
设计论证 [美]吉尔丁 著
卢梭的自然状态 [美]普拉特纳 等著
卢梭的榜样人生 [美]凯利 著

莱辛注疏集

汉堡剧评 [德]莱辛 著
关于悲剧的通信 [德]莱辛 著
智者纳坦（研究版） [德]莱辛 等著
启蒙运动的内在问题 [美]维塞尔 著
莱辛剧作七种 [德]莱辛 著
历史与启示——莱辛神学文选 [德]莱辛 著
论人类的教育 [德]莱辛 著

尼采注疏集

尼采引论 [德]施特格迈尔 著
尼采与基督教 刘小枫 编
尼采眼中的苏格拉底 [美]丹豪瑟 著
动物与超人之间的绳索 [德]A.彼珀 著

施特劳斯集

苏格拉底与阿里斯托芬
论僭政（重订本） [美]施特劳斯 [法]科耶夫 著
苏格拉底问题与现代性（第三版）
犹太哲人与启蒙（增订本）
霍布斯的宗教批判
斯宾诺莎的宗教批判
门德尔松与莱辛
哲学与律法——论迈蒙尼德及其先驱
迫害与写作艺术
柏拉图式政治哲学研究
论柏拉图的《会饮》
柏拉图《法义》的论辩与情节
什么是政治哲学
古典政治理性主义的重生（重订本）
回归古典政治哲学——施特劳斯通信集

***

追忆施特劳斯 张培均 编
施特劳斯学述 [德]考夫曼 著

论源初遗忘 [美]维克利 著

阅读施特劳斯 [美]斯密什 著

施特劳斯与流亡政治学 [美]谢帕德 著

驯服欲望 [法]科耶夫 等著

施特劳斯讲学录

追求高贵的修辞术

——柏拉图《高尔吉亚》讲疏（1957）

斯宾诺莎的政治哲学

施米特集

宪法专政 [美]罗斯托 著

施米特对自由主义的批判 [美]约翰·麦考米克 著

伯纳德特集

古典诗学之路（第二版） [美]伯格 编

弓与琴（重订本） [美]伯纳德特 著

神圣的罪业 [美]伯纳德特 著

布鲁姆集

巨人与侏儒（1960-1990）

人应该如何生活——柏拉图《王制》释义

爱的设计——卢梭与浪漫派

爱的戏剧——莎士比亚与自然

爱的阶梯——柏拉图的《会饮》

伊索克拉底的政治哲学

沃格林集

自传体反思录

朗佩特集

哲学与哲学之诗

尼采与现时代

尼采的使命

哲学如何成为苏格拉底式的

施特劳斯的持久重要性

迈尔集

施米特的教训

何为尼采的扎拉图斯特拉

政治哲学与启示宗教的挑战

隐匿的对话

论哲学生活的幸福

大学素质教育读本

古典诗文绎读 西学卷·古代编（上、下）

古典诗文绎读 西学卷·现代编（上、下）